Hrsg.: Wiebke Lüth und Marc A. Pletzer

Ein Traum wird wahr!

Veränderungsgeschichten,
die Mut machen

Hrsg.: Wiebke Lüth und Marc A. Pletzer

Ein Traum wird wahr!

Veränderungsgeschichten,
die Mut machen

Umschlaggestaltung: Guter Punkt, München, www.guter-punkt.de
Umschlagmotiv: © Leigh Prather / shutterstock
Satz und Layout: Buch-Werkstatt GmbH, Bad Aibling
Druck und Bindung: Aumüller Druck GmbH & Co. KG, München
ISBN 978-3-03804-049-1
1. Auflage 2014
© Blue Planet AG, Schweiz
www.blue-planet-ag.com

Danksagung

Wir danken unseren Teilnehmerinnen und Teilnehmern, den Podcast-Hörerinnen und -Hörern für ihre großartigen Beiträge zu diesem Buch. Wir danken ihnen für die Offenheit, mit der sie jeden von uns an ihrer persönlichen Veränderung teilhaben lassen. Sie sind die Stars!

Und wir danken Rosita Classen (www.gold-und-art.de) dafür, dass wir im Innenteil Bilder ihrer einzigartigen Kunstwerke verwenden dürfen. Da auch diese Seelenbilder ein einzigartiges Ergebnis unserer Seminare sind, macht es uns besonders stolz, diese Bilder in diesem Buch zu haben.

Inhalt

Einleitung

*E*s hat funktioniert: Wir, Wiebke Lüth und Marc A. Pletzer, haben nach ein paar Monaten des Sammelns, vieler E-Mails mit Teilnehmern, Aufrufen in der freshie-Insidergruppe auf Facebook und im NLP-fresh-up Podcast dieses wundervolle Buch zusammenbekommen. Was es enthält? Die Erfolgsberichte unserer Hörerinnen und Hörer, Teilnehmerinnen und Teilnehmer – eben all der Menschen, die direkt oder indirekt von der fresh-academy profitieren.

Die fresh-academy ist ein NLP-Anbieter – so lässt es sich in einem kurzen Satz sagen. Doch bei genauerem Hinsehen wird es dann doch spezieller und einzigartiger: Die fresh-academy ist eines der erfolgreichsten NLP-Institute der Welt. Sie gehört zu den wenigen Anbietern, die zwei NLP Master-Trainer haben, Wiebke Lüth und Marc A. Pletzer. Im deutschsprachigen Raum sind wir der einzige Anbieter mit zwei NLP Master-Trainern. Wir sind stolz darauf, dass wir gemeinsam mit unserem Team in zehn Jahren diese einzigartige Akademie aufgebaut haben.

Zehn Jahre fresh-academy!

Das, was in diesen zehn Jahren entstanden ist, hat Einfluss gehabt auf das Leben vieler Tausend Menschen im deutschsprachigen Raum. Familien entdeckten ein neues, liebevolleres Zusammenleben, manche Paare trennten sich und viele fanden sich neu. Nicht zuletzt gibt es heute drei fröhliche freshie-Babys, die ohne die fresh-academy vermutlich nicht auf der Welt wären. Das sind Kinder von Paaren, die sich an der fresh-academy kennengelernt haben – ein besonderes Ergebnis unserer Arbeit.

Im Mittelpunkt steht für uns eine ganz wesentliche Aussage: Die fresh-academy ist der Anbieter für Menschen, die sich verändern wollen!

Gibt es einen weiteren Aspekt, der typisch ist für diese Akademie? Wir glauben, dass es der Spaß ist. Der Spaß, mit dem wir unsere Arbeit jeden Tag tun. Der Spaß, den wir in unseren Seminaren haben. Und nicht zuletzt der Spaß, den Teilnehmer bei uns (wieder) erleben. Viele berichten, dass sie im Leben zumindest lange nicht mehr so viel gelacht haben wie in unseren Seminaren. Und für uns ist dies ein wichtiger Schlüssel für die Welt, die wir erschaffen wollen. Sie darf lustig werden, diese neue Welt, voller Witz, Spaß, Lockerheit und Leichtigkeit. Denn nur dann ist sie eine Welt, der wir und die Menschen in unserer Umgebung angehören möchten.

So ist die fresh-academy für uns heute schon viel mehr als ein bloßer Anbieter von Trainings. Mit der Facebook-Gruppe, den lokalen freshie-Treffen und den vielen Freundschaften von Teilnehmern untereinander ist eine Gemeinschaft entstanden, die viele Aspekte eines wundervollen Lebens in einer wundervollen Zukunft hat. Gegenseitige Anerkennung, ein liebevolles Miteinander, das gegenseitige Ermutigen und Unterstützen und das gemeinsame Lachen – all dies sind die herausragenden Ergebnisse unserer Arbeit und der Bemühungen von Menschen, die wir erreicht haben.

Ein Traum wird wahr ...

Das Motto dieses Buches ist bei uns Programm, denn in den zehn Jahren unseres Bestehens sind unglaublich viele Träume wahr geworden. Der wohl wichtigste ist, dass wir uns als Paar immer noch mehr lieben, an jedem einzelnen Tag. Das ist die Basis unserer gemeinsamen Arbeit und es ist die Basis für alles, was wir erreicht haben und weiter erreichen werden. Diese Beziehung ist für uns wie ein Wunder, denn nach anderen Erfahrungen strahlt sie in unserem Leben als Kraftquelle, als Rückzugsort und als Ort der Gemeinsamkeit weit über uns hinaus.

Es stimmt, wir sind für viele Menschen auch mit unserer Beziehung zu Vorbildern geworden. Und immer mehr Paare beginnen in dieser Zeit damit, die Beziehung ihrer Träume wahr zu machen. Liebe, Respekt, Freiheit, eine offene Kommunikation und ein intensives Gefühl der Zusammengehörigkeit – das sind die Bestandteile, die aus unserer Sicht sehr wichtig sind. Wenn in diesem Jahr unsere erste Paar-DVD erscheint, dann nehmen wir damit auch diese Rolle ernst und geben Menschen konkrete Hinweise, wie sie ihre Beziehung verbessern können.

Viele Teilnehmer berichten uns, dass sie deshalb so gerne mit und von uns lernen, weil wir das vorleben, was wir jeden Tag in unseren Seminaren lehren. So sind es keine leeren Worthülsen und keine netten kleinen Tricks, die wir den Menschen beibringen. Es ist unser Leben! Als unsere Kinder noch unsere Seminare besuchten, wurden sie von den anderen Teilnehmern in den Pausen oft gefragt: „Sind die wirklich immer so?" Und unsere Kinder gaben den erstaunten Fragern gerne Auskunft: „Ja, die sind wirklich immer so!"

Wiebke Lüth
und
Marc A. Pletzer

Als alles anfing

Vor zehn Jahren fanden die ersten Seminare in unserem Wohnzimmer statt, im ersten NLP-Practitioner, dem Anfängerkurs, saßen gerade einmal drei Teilnehmer. Und langsam, aber sicher stiegen die Zahlen, am Ende waren es dreizehn fröhliche Menschen, die sich in dieses Wohnzimmer drängten, um uns live zu erleben und ihr Leben zu verändern. Heute sitzen wir mit viel mehr Menschen in unserem eigenen Seminarraum, der mit professioneller Technik ausgestattet ist. Auch dieser Raum war lange Zeit ein Traum. Und dieser Traum wird immer weiterentwickelt. Vermutlich ist auch das ganz wichtig, wenn man das Leben seiner Träume lebt: Die Veränderung hört niemals auf, sie wird alltäglich und selbstverständlich.

Die Motivation für unsere Arbeit nehmen wir aus einem ganz einfachen Ziel: Wenn sich durch die Arbeit, die wir tun, nur ein einziger Mensch positiv verändert, dann hat sich unser Leben und unser Einsatz gelohnt! Vermutlich ist das der Grund, warum es dieses Buch mit seinen wundervollen, erstaunlichen, Mut machenden und fröhlichen Geschichten gibt.

Jeder Weg der Veränderung ist individuell und bei jedem Menschen anders. Auch das wird in diesem Buch sehr schön deutlich. Egal, wie viele Impulse wir geben, die Veränderung selbst leistet jeder einzelne Mensch ganz alleine. So sind die Helden dieses Buches die Menschen, die im Rampenlicht stehen, unsere Autorinnen und Autoren. Sie haben den Applaus verdient, denn sie haben sich verändert und ihrem Leben eine neue Richtung gegeben. Ob es der Umzug in ein neues Land ist, ein neuer Beruf, eine neue Firma, eine neue Partnerschaft oder der liebevolle Umgang miteinander – es sind die vielen kleinen Beispiele, die dieses Buch ausmachen.

Das alles ist sehr inspirierend, das werden Sie beim Lesen merken. Denn je mehr wir wahrnehmen, dass wir mit unserem Wunsch nach einem anderen Leben nicht allein sind, desto leichter wird es für uns. Nehmen Sie bitte auch diesen Aspekt dieses Buches wahr, es ist ein herrlicher Wegbereiter für Sie selbst. Es hilft, dass Sie Ihre Glaubenssätze über Veränderungen und das Erschaffen eines neuen Lebens über den Haufen werfen und einfach anfangen. Denn das ist genau das, worum es geht: Dass Sie einfach loslegen!

Viele von uns waren sich im Alter von 15 bis 20 ganz klar darüber, was aus dem eigenen Leben werden sollte. Wir wussten genau, was es sein würde, das uns glücklich macht. Und so ist es heute in unseren Seminaren oft genug nur die Aufgabe, die Teilnehmer wieder an diesen Traum zu erinnern. Wir wissen, dass diese Visionen, Wünsche und Träume in jedem von uns stecken. Es scheint manchmal, als hätten wir die von der anderen Seite mit in unser Leben gebracht. Doch leider wurden bei vielen Menschen diese Träume zerstört, weil etwas Erfolgversprechendes gelernt werden sollte. Oder weil es um Sicherheit ging. Doch mit dem Sterben des Wunsches ging oft der Verlust der Lebensfreude einher. Ist es da nicht ein toller Impuls dieses Buches, dass Sie diesen Lebenstraum wieder aufgreifen können? – Jetzt! Heute! Sofort!

Wie ist Dein Leben in richtig?

Wir fragen das unsere Teilnehmer immer wieder: „Wie ist Dein Leben in richtig?" Was war Ihr Traum, damals als Sie gestartet sind? Wollten Sie einen Ponyhof für Kinder aufbauen? Wollten Sie ein Haus bauen oder Architekt werden, Rennfahrer oder Astronaut? Wollten Sie Arzt werden und Menschen heilen? Was war es genau? Greifen Sie diesen Traum heute wieder auf, fragen Sie sich, wie Sie ihn wahr werden lassen können. Bitte machen Sie das gleich jetzt oder spätestens nach der nächsten Geschichte, die Sie in diesem Buch lesen.

Wir alle sind auf diesem Planeten, um das Leben unserer Träume zu leben. Es mag sein, dass Sie an die Wiedergeburt glauben und dass es deshalb für Sie nicht so schlimm ist, wenn Sie dieses Leben vergeuden. Aber lassen Sie uns ehrlich sein: Wir wissen nicht, ob wir wirklich nochmal wiederkommen! Und deshalb empfehlen wir Ihnen, das Leben Ihrer Träume einfach jetzt zu beginnen.

Sie sind ein Kind des Universums, des großen Ganzen, von Gott beziehungsweise von Allem was ist. Meinen Sie wirklich immer noch, dass dieser Gott Sie erschaffen hat, damit Sie hier auf dem Planeten still oder laut vor sich hin leiden? Meinen Sie wirklich, dass dieser Gott so etwas ist wie ein böser, strafender Vater? Ich empfehle Ihnen, an dieser Stelle noch einmal genau hinzusehen und Ihr Modell der Welt gründlich zu hinterfragen.

Für uns steht es fest: Wir sind hier, um jeden Tag Spaß zu haben, zu genießen, zu lieben und geliebt zu werden! Das ist die Idee hinter diesem Buch und das ist die Basis der Inspiration, die dieses Buch in Ihrem Leben sein kann. Es ist nicht nur erlaubt, dass Sie das Leben Ihrer Träume leben, es war so gedacht. Und nun warten wir alle darauf, dass Sie Ihre einzigartigen Fähigkeiten einsetzen, damit wir eine bessere Welt erschaffen!

Sie sind keine Kopie!

Das ist für uns ein ganz wichtiger Aspekt des Lebens: Jeder darf das tun, was für ihn selbst passend ist. Und so, wie zum Beispiel die fresh-academy ist, passt sie nur zu uns. Niemand sonst kann diese Arbeit so tun, niemand hat sich sein Leben lang so mit Sprache beschäftigt wie wir. Niemand lebt genau diese liebevolle Beziehung und niemand hat die Erfahrungen mit Kindern, Scheidungen, Berufsfindung und so vielen anderen Themen, die für unsere Teilnehmer wichtig sind. Denn wir beide sind, genau wie jeder Mensch, einzigartig!

Dieses Buch soll auch in dieser Hinsicht Mut machen: Kopieren Sie nicht das Leben anderer Menschen, es passt ganz sicher nicht für Sie! Und es würde nur bedeuten, dass Sie in den Fußstapfen anderer Menschen laufen würden, um immer wieder darin stecken zu bleiben. Ja, wir können von anderen lernen, sie als Vorbilder nehmen. Aber bitte immer nur einzelne Aspekte – niemals den ganzen Menschen, das ganze Unternehmen oder das Konzept! Das darf einzigartig zu Ihnen passen, es darf Ihren inneren Wünschen entsprechen.

Welcher Traum ist es?

Doch was tun – mögen Sie jetzt denken –, wenn dieser Traum noch nicht klar ist, wenn ich das Ergebnis noch nicht kenne? Das geht übrigens vielen unserer Teilnehmer so, es ist ein logisches Ergebnis der Erziehung, die die meisten von uns genossen haben. Denn so viele Eltern haben ihren Kindern nur eins beigebracht: „Gib Dir Mühe, Dich so zu verhalten, dass Du mir gefällst!" Doch wer immer nur den anderen gefallen will oder über Jahrzehnte gefallen hat, der weiß halt gerade am Anfang der Veränderungsreise nicht mehr so ganz genau, was er mag und was nicht.

Genau da liegt der Schlüssel zu Ihrem neuen Leben: Machen Sie jeden Tag etwas, das Ihnen wirklich Spaß macht und was Ihnen leicht von der Hand geht! Lernen Sie wieder, die Dinge zu tun, bei denen Sie die Zeit vergessen! Wir leben in einer Zeit des Übergangs und immer mehr Menschen werden sich ihrer Sehnsucht bewusst. Es ist die Sehnsucht nach einem fröhlicheren, leichteren, einfachen

Wiebke Lüth
und
Marc A. Pletzer

und vor allem glücklichen Leben. Wie kann man das finden, wenn man gerade all diese Gefühle nicht in seinem Leben hat? Das Gesetz der Anziehung verbietet es ja geradezu, dass dann aus dieser Schwingung heraus die Ideen und Gedanken in das eigene Leben kommen können, die zu dieser Lösung führen würden.

Um Ihnen diesen Weg zu erleichtern, haben wir den NLP-fresh-up Podcast erschaffen, mit seinen bald 300 Folgen. Dieser Podcast ist kostenlos und erscheint wöchentlich, er ist wie eine Radiosendung für Menschen, die sich verändern wollen. Viele Berichte in diesem Buch sind der Beweis dafür, dass dieser Podcast seine Wirkung hat und dass er in der Lage ist, Ihr Leben nachhaltig und von Grund auf positiv zu verändern. Es gibt inzwischen viele Tausend Hörerinnen und Hörer, die uns jede Woche zuhören und die wir nicht persönlich kennen.

Nun also möchten wir Sie endlich einen Blick in das Leben dieser Menschen werfen lassen. Tiefe Dankbarkeit erfüllt uns in Anbetracht dieser Geschichten, und oft genug haben wir gemeinsam Tränen der Rührung in den Augen gehabt, wenn wir diese Texte lesen. Wie schön ist das alles! Und wie sehr ist es der Beweis dafür, dass wir an der richtigen Stelle das Richtige tun!

Wir haben uns bemüht, die Texte nur minimal in Form zu bringen, sodass sie gut lesbar sind. Damit blieb die Einzigartigkeit des jeweiligen Menschen gewahrt, der Sie teilhaben lässt an einer Geschichte aus seinem Leben – hautnah, emotional und unverwechselbar. Genießen Sie diese Freude, diese Kraft und die unglaubliche Schönheit der Veränderung, die in diesem Buch an allen Ecken und Enden ganz deutlich wird!

Wir wünschen Ihnen viel Freude beim Lesen und den Mut, Ihre Träume wahr werden zu lassen!

Wiebke Lüth und Marc A. Pletzer   Feldafing, Oktober 2014

Leben 2.0

Von Katja Benrath

Wenn ich Mopp und Besen schwinge,
mein ganzes Zeug in Ordnung bringe,
wenn ich eine fade Sache
oder Liegestütze mache,

wenn ich mit dem Hund spaziere,
mir die Zehennägel lackiere,
wenn ich mal mit mir allein,
zieh ich mir den Podcast rein.

Vor knapp zwei Jahren ging es los,
er fiel mir fröhlich in den Schoß –
und mit ihm sehr, sehr viele Fragen.
Dem Selbstmitleid ging's an den Kragen.

Wie ist Dein Leben – und zwar richtig?
Diese Frage wurde wichtig.
Ziele, Träume und Ideen
blieben nicht mehr hinten steh'n.

Drängten wild und schnell nach oben
wollten spielen, tanzen, toben.
Doch was nutzt das bunte Treiben,
wenn die Ziele stecken bleiben.

Glücklich sein … ein Haus mit Garten,
Beziehungsglück … und nicht mehr warten,
bis endlich sich Erfolg einstellt…
… Regie studier'n – und ganz viel Geld …

Mein Selbstwert war bekanntermaßen
nur ungleich höher als ein Rasen –

Trotz Zielebild und Strategie
war mir klar: Das schaff ich nie!

Doch Marc und Wiebke sei gedankt –
ich habe täglich aufgetankt …
bin täglich wirklich dran geblieben,
hab gemalt, gefühlt, geschrieben …

Das Film-Regie-Ziel wurde groß.
„Wie krieg ich den Platz? – Wie schaff ich das bloß?"
Ein Riesen-Traum aus tiefster Brust,
mehr und mehr wurd' mir bewusst,

dass ich mit Spaß und vollem Herzen,
im Team, allein (… auch unter Schmerzen :-)
mit voller Seele, alles gebend,
singend, lachend, weinend, lebend,

REGIE STUDIER'N will, und zwar ganz dringend.
(Der Bauch sagt: bald!, das Herz sagt: zwingend!).
Da hatt' ich also den Salat …
wie bring ich das nun in die Tat?

Riesengroße Bilder machen,
Gefühle umdreh'n, lauthals lachen,
dranbleiben statt stecken bleiben,
Ziele GANZ GENAU beschreiben.

Die Dinge mal ganz anders betrachten,
den Spaß an der Freude wieder achten.
Den Kompass in Richtung „witzig" drehen,
Sandburgen bauen, Drachen sehen.

GUTE GEFÜHLE verdoppeln und leben,
die selbigen dann auch anderen geben.
Und wenn Du dort schlechte Laune spürst:
tief durchatmen, fröhlich sein, YOU GO FIRST!

Der Studienplatz ist inzwischen meiner
und im Oktober geht's los.
Mein Leben wird ab jetzt NIE mehr kleiner.
Es wird, ist, bleibt FAMOS!

(Die anderen Dinge?
Eine Frage der Zeit –
doch dass sie wahr werden:
WIRKLICHKEIT.)

Der Hase und die Zauberer
vom großen See

Von Jörg Dommershausen

Es war einmal ein sehr großer Wald, der im Norden an ein Meer und im Süden an hohe Berge grenzte. Und zwischen Wald und hohen Bergen lag ein großer, wunderbarer See. Zu dieser Zeit lebte ein Hase mit seiner Hasenfrau und seinen zwei Hasentöchtern im Norden des Waldes, unweit des Meeres. Der Hase war sehr geschäftig, viel unterwegs und vergaß darüber fast Familie, Freunde und die nötige Erholung.

Eines Tages sprach die Frau des Hasen ihn darauf an und sagte, wenn er so weitermache, würde es ihm ergehen, wie dem Hasen aus der Buxtehuder Heide, der den Wettlauf gegen den Igel verlor. Doch der Hase hörte ihr kaum zu. Einige Zeit später ermahnte ihn die Häsin wieder und erklärte ihm, wenn er so weitermache, würde er sie und die Kinder verlieren und sein eigenes Leben womöglich auch. Sie riet ihm, zur Eule zu gehen, die ihm helfen könne. Der Hase wollte seine Frau nicht verlieren und willigte ihr zuliebe ein.

Die Eule untersuchte den Hasen und riet ihm, das Außen zu verändern: Seine Geschäfte und seine Familie – sie seien für seinen Stress verantwortlich. Der Hase sprach darüber mit Familie und Kollegen. Doch alle wandten sich schnell von ihm ab. Das machte den Hasen ganz krank und er kam in eine Klinik, in der er viele Tiere mit ähnlichen Geschichten traf. Nur gesund wurde er dort nicht.

Begeisterung

Einige Zeit später kam ein Dachs aus dem Süden in den nördlichen Teil des Waldes und erzählte von einem Zauberer-Paar, das am Rand der Berge an einem wunderschönen See lebte und vielen Tieren half, ihr Leben zu verändern. Nach dem Dachs kamen weitere Tiere in den Norden, die ebenfalls von den Taten der Zauberer am See berichteten.

Da ging der Hase zu seiner Frau und sagte ihr, er wolle auch das Leben seiner Träume finden und die Häsin ließ ihn ziehen.

So reiste der Hase in den Süden des Waldes und fand die Zauberer. Die beiden stellten keine Fragen, sondern ließen ihn einfach an ihrem Unterricht teilnehmen. Der Hase war erstaunt, wie anders hier das Lernen war als in der Hasenschule und wie sehr ihm das gefiel, weil es so leicht ging. Alle lachten viel und hatten Spaß. Und nach zwei Wochen kehrte der Hase beschwingt zu seiner Familie zurück. Die Hasenfamilie erkannte den Vater kaum wieder und alle genossen, wie fröhlich er war.

Und weil der Hase noch mehr lernen wollte, zog er ein zweites Mal gen Süden zu den Zauberern. Die Zauberin und der Zauberer lehrten wieder mit viel Spaß, wie die innere Einstellung zu den Dingen der Welt verändert werden kann, und der Hase dachte bei sich: „Bisher wurde mir stets beigebracht, die anderen zu ändern. Dabei ist es eigentlich ganz einfach: Verändere ich mich und meinen Blick auf die Geschehnisse, so ändert sich automatisch alles um mich herum."

Mit dieser Erkenntnis machte sich der Hase beschwingt auf den Weg zu seiner Familie in den Norden des Waldes.

Seine Familie freute sich, dass der Hase noch lustiger und fröhlicher nach Hause kam und die ganze Familie merkte, wie die gute Stimmung immer weitere Kreise zog.

Nur die Geschäftspartner des Hasen verstanden nicht und wurden zornig. Der Hase aber wusste, dass sie so dachten wie seine Eltern und ehemaligen Lehrer, die glaubten, nur mit harter Arbeit könne man sich die Liebe der anderen verdienen. Er hatte von der Zauberin gelernt, dass der Glaube an solche Dinge verändert werden kann, indem die Bilder im Kopf verändert werden und dann Veränderung ganz schnell gehen kann.

Deshalb sprach er bei einem Sonntagsspaziergang mit seiner Hasenfrau darüber, dass er möglicherweise seine Geschäfte aufgeben und etwas ganz Neues anfangen würde.

Die Häsin war so begeistert davon, dass er nun verstanden hatte, sodass der Hase bald loslegte, seine Träume mit neuen Partnern umzusetzen. Er wollte mit dem neuen Geschäft den Tieren des Waldes helfen, wenn sie krank wurden oder bei einem Unfall sich verletzten.

Schon bald wurden die Pläne Realität und der Hase genoss seine neuen Aufgaben.

Die Tiere des Waldes kamen zu ihm wenn sie sich einen Flügel oder ein Bein verstaucht oder gebrochen hatten und sie lernten vom Hasen, dass es lohnenswert ist, das eigene Leben zu verändern und das Leben der eigenen Träume zu leben. So wurde der Hase immer fröhlicher und besuchte immer wieder auch die Zauberin und den Zauberer, um noch besser helfen zu können.

Und da das gar kein Märchen ist, …. leben sie noch heute sehr fröhlich.

Träume voller Meer

Von Sabine Engert

Alles fing mit schnöden schwarzen Buchstaben auf Papier an. Es war ein Taschenbuch mit dem Titel „Fengshui gegen das Gerümpel des Alltags". Mit dem Buch erhielt meine Wohnung das „Abspeckprogramm", das ich gesucht hatte. Ich wurde einiges an überflüssigem Ballast los. Doch noch mehr passierte: Beim Lesen des Buches stiegen Visionen von Bali in mir auf, weil die Autorin, Karen Kingston, die Insel an vielen Stellen ihres Buches wunderbar beschrieb. Aus ihren Schilderungen wurde mein Traum geboren, eines Tages nach Bali zu gehen. Die Vision steckte ich „ins Hinterstübchen" meines Kopfes, bis die Zeit dafür möglicherweise reif sein würde.

Aber so „weggepackt" war die Idee gar nicht, wie mir selbst klar wurde, als ich urplötzlich anfing Fische zu malen: auf Wände und auf Papier. Immer wieder neue Fischbilder, manchmal bekannte Fischarten, manchmal völlig unentdeckte Spezies, die oft auch nur in meinem Kopf herumschwammen – und um die Steckdosen herum in meiner Wohnung.

In den darauffolgenden Jahren lernte ich weitere neue Welten kennen, die dazu führten, dass ich meine eigene Welt neu organisierte. Ich tauchte beruflich ins Internet ein und baute mit an den Inseln, die wir Webseiten nennen. Ich schwamm im medizinischen Ozean, schnorchelte über den Lagunen der Schulmedizin und tauchte zu dem Korallenriff der Alternativmedizin. Auf dem Festland meines Behandlungsraumes stieß ich dann auf die Frage, wie ich einem Menschen helfen kann zu heilen, wenn er keine Veränderung wünscht oder, was vielleicht noch schlimmer ist, wenn er gar nicht weiß, was und wohin er will.

Bei der Suche nach der Antwort gaben mir die Fische des Starnberger Sees den entscheidenden Tipp: die fresh-academy. Sie war damals, im Gründungsjahr, noch recht klein, als ich dort meine ersten NLP-Antworten fand und jene rasante Dynamik, die mir half, Träume wahr werden zu lassen. Hier erhielt ich die Antworten darauf, wie Menschen Ziele finden können und wie sie diese umsetzen. Mir wurde klar, dass es mein Glück war, NLP an der fresh-academy zu erlernen, weil ich am besten von Lehrern mit großer Wachheit und Flexibilität lerne, die sich in verschiedenen Gewässern souverän und sicher bewegen, ihren Teil des Ozeans beherrschen und es lieben, profunde Erfahrungen und Wissen in Hülle und Fülle weiterzugeben.

Ich malte weiter Bilder von Fischen und lernte von Wiebke Lüth und Marc Pletzer, mit Worten Menschen die Angst zu nehmen und neue Wege zu ermöglichen – und nahm dabei selbst neue Wege. Selbst wenn ich auf dem Festland blieb, so wählte ich doch im ersten Schritt ein neues „Pferd": Ich sattelte vom Auto auf das Motorrad um.

Auch meine innere Welt der Fischbilder hatte ein zusätzliches Bild aufgenommen. Das Schwimmen mit Meeresdelfinen schien einer der größten Träume zu sein, die ich mir vorstellen konnte. Auf die bekannte Weise gab ich den Traum von den Delfinen in Florida in das Hinterstübchen meines Kopfes zur Aufbewahrung.

Der Schwerpunkt meiner Festland-Praxis änderte sich von der Alternativmedizin hin zum NLP-Coaching. Zur Vertiefung kooperierte ich mit erfolgreichen Coaching- und Seminaranbietern und folgte an der fresh-academy weiter den NLP-Trainings, um noch mehr Tiefen zu entdecken. Wir tauchten unter der Anleitung der genialen Dive-Master an der fresh-academy in die Tiefsee des Unterbewusstseins, um dort ein glückliches Leben als Grundannahme einzurichten. Die Fische in meinem Unterbewusstsein folgten dem neuen Strom willig. Unterbewusste Ströme in eine konstruktive Richtung umzulenken ist solch ein eleganter Weg, um Menschen auf einer tiefen und wirksamen Ebene das Leben zu erleichtern!

Und an einem sonnigen Apriltag in Deutschland, es war früher Nachmittag, stand mit einem Mal die Fee vor mir, die mir verhieß, mein Wunsch nach Florida zu reisen und mit Delfinen zu schwimmen würde wahr werden. Hatte ich zuvor von Feen gehört, war ich mir insgeheim nicht sicher gewesen, ob sich diese auch in meinem Leben materialisieren könnten. Doch Tatsache ist, die Fee erschien an einem Apriltag und erfüllte den Wunsch! Und was dann genau passierte, ist für mich mehr als bemerkenswert.

An dem Tag, als der „Delfin-Wunsch" blanke Wirklichkeit wurde, saß ich in einem Motorboot im Schwimmdress und beobachtete die Delfine, die mal näher, mal weiter weg vom Boot auftauchten und spielten. Wir fuhren durch eine Wasserstraße, an der auf der einen Seite das Festland lag und auf der anderen Seite kleine Inseln die Meeresbrandung abfingen und beruhigten. In dieser befahrenen Wasserstraße halten sich gerne Delfine auf, die in den Bugwellen der Boote spielen. Als eine Gruppe von Delfinen gerade mal wieder näher beim Boot schwamm, entschieden meine Freundin und ich, dass dies der Augenblick für die große Erfahrung werden würde und tauchten ein ins warme Wasser des Meereskanals. Im Wasser konnte ich die Delfine nicht sehen, gelegentlich konnte ich mit den Ohren unter Wasser ein Fiepen hören. Aber was alles zuvor Erlebte übertraf war die Art, wie ich ihre Nähe fühlte. Sie fühlten sich an, als würden sie auf einer sehr hellen, hohen Gemütswelle schwimmen. Dort, wo niemand jemals eine negative Zukunft erwarten würde, dort, wo das Sich-gut-Fühlen das Allernormalste ist. Es ist wie eine Gemütswelt aus JA, DANKE, SCHÖN und LEICHT. Es gab nur Platz für stetige Wohlfühlwellen aus Freude und Spiel auf der Basis einer klaren Wachheit. Diese Begegnung von vielleicht zehn Minuten war so beeindruckend für mich, dass ich danach noch Stunden in dem hochschwingenden Glücks-Zustand verbrachte, den ich in der Nähe der Delfine im Meer gefühlt und übernommen hatte. Ich war „Delfin-high". Was für eine Offenbarung einer anderen Welt!

Nur wenige Monate nach diesem für mich bedeutenden Erlebnis stand mit einem Mal die Entscheidung, nach Bali zu gehen. Alles hatte sich binnen kürzester Zeit verändert in meinem Festland-Leben und der Weg in jede Richtung war offen.

Nun lebe ich auf Bali, der Insel meines alten Traumes, male Fische und Vögel, spreche eine neue Sprache und bin tief berührt von der Schönheit der Insel und deren Bewohnern. Täglich winken mir die Palmen zu, während wir alle die leichte Brise genießen, die vom Meer kommt.

Ich habe eine Insel-Praxis und schreibe die Coaching-Bücher, die ich schon seit längerem im Hinterstübchen meines Hinterkopfs gelagert hatte.

Natürlich habe ich zusätzlich zu dem Hinterstübchen auch ein externes Vision Board. Darauf ist ganz groß ein Bild von einer Schwimmerin zu sehen, die mit einem Wal im Meer schwimmt und breit in die Kamera grinst …

Spielerisch

Von Vanessa Daun

*V*or zwei Jahren, als Wiebke und Marc in mein Leben kamen, wusste ich viel und gleichzeitig so wenig. Ich fühlte mich weit, und „verhindert". Mir war klar, ich wollte und würde mich verändern und es würde eine große Veränderung werden. Und ich wollte eine Hilfestellung, eine Art „Tool" an meiner Seite, für den Frühjahrsputz in meinem Leben.

Was ich damals noch nicht wusste: Dass die folgenden zwei Jahre Identitätswechsel, Spiritualität und Großreinigung meines gesamten Ichs für mich bereithalten würden, und obendrauf Lebensfreiheit, Ruhe und Glück. Vor zwei Jahren war das alles weit entfernt bis unbekannt. Auch wenn ich damals auch schon gesagt hätte, dass ich schon sehr glücklich sei.

Ich war und bin von Beruf Schauspielerin. Damit bin ich erfolgreich in einem Beruf, der auf Partys immer ein bewunderndes „Echt, Schauspielerin? So richtig? Mit Theater und so?" für mich bereit gehalten hatte. Je nach Party folgte dann ein „Ich wollte früher auch mal Schauspielerin werden" oder ein „Das könnte ich nie", gefolgt von „Der ganze Text, wie machst du das?" Und ich war stolz, das erreicht zu haben. Dazu einen tollen, attraktiven Mann, drei Kinder, drei Häuser, Freunde und einen großen Bekanntenkreis – das und vieles mehr hatte ich in mein Leben gezogen.

Und trotzdem … Ich arbeitete viel, extrem viel und sehr fremdbestimmt. Und, apropos fremd, genauso fühlte ich mich. Ich rauchte schachtelweise und ich trank. Das machte die Gedanken langsamer und war der Chic der „verlorenen Seelen". Meine Kollegen um mich herum waren voller Angst im Beruf wegen Kulturabbau, Jobverlust, Kritikerabhängigkeit, dem Alter und der Hetze.

Ich war umgeben von viel Pessimismus, Resignation, Missgunst und Krankheiten, ganz zu schweigen von dem vielen dramatischen Sterben, Heulen und Leiden auf der Bühne. Ich hatte mir ein ungünstiges Arbeitsfeld ausgesucht. Die meiste Zeit waren Menschen, Bilder und Filme in meinem Kopf, die ich in meinem eigenen Leben nicht hätte haben wollen – oder doch, nur konnte ich das zu diesem Zeitpunkt noch nicht verstehen. Kurzum: Ich hatte mir eine Arbeitsstätte ins Leben gezogen, die Menschen klein macht und Entwicklungen verhindert. Nach außen „hui", darunter viel Druck und wenig Freiheit.

Wenn ich heute Fotos von vor zwei Jahren sehe, erkenne ich mich in den Bildern nicht mehr. Durch den Gitarristen meiner damals neuen Band kamen dann Wiebke und Marc in mein Leben. Danach brauchte es noch ein Jahr, bis meine Kündigung wirksam wurde und ich das Theater verlassen konnte. Während dieses Jahres hörte ich täglich den NLP-fresh-up Podcast und beinahe alle Trancen und CDs, die ich im NLP-Shop erwerben konnte. Vorwärts und rückwärts in der Reihenfolge und manchmal auch einfach nur quer durch. Und am letzten Vorstellungstag fuhr ich zum Sommer-Practitioner, mit dem es dann erst richtig losging.

Ein Jahr später beende ich gerade meinen Master. Will ich annähernd begreiflich machen, wie anders mein Lebend heute schon ist, erinnere ich mich an einen Satz einer Teilnehmerin, den Marc einmal zitiert hat: „Das Einzige, was sich in meinem Leben nicht verändert hat, ist die Handynummer."

Ich bin glücklich und stolz zu sagen: Das Einzige, was sich in meinem Leben nicht verändert hat, sind mein toller Mann, meine Familie und die Handynummer. Ich bin frei von Alkohol und Nikotin. Wenn ich morgen von Starnberg zu meiner Familie zurückfahre, stehen wir kurz vor dem Umzug in eine neue Stadt, in ein neu gebautes Haus. Ich bin Unternehmerin und Geschäftsführerin meiner eigenen, neuen Firma. Ich bin Trainerin, außerdem Produzentin zweier eigener Theaterformate, die ich verkaufe und die eingekauft werden. Ich habe mein erstes monatliches Wunscheinkommen manifestiert und es passiert noch vieles mehr.

Das Wichtigste dabei ist: Ich fühle mich kongruent mit mir. Marc und Wiebke haben mir in den gesamt vier Wochen Seminarzeit ein neues Leben geschenkt, das ich gestalte. Für mich. Ich habe Zukunftsmut, Zuversicht und Lust zu schaffen und erschaffen. Und ich habe meine energetische Verbindung wiedergefunden. Ich war nie so nah an meiner persönlichen Definition von Glück, Freiheit und Sinn wie heute.

Wiebke und Marc sind für mich die größte Inspiration der letzten 20 Jahre – wunderbare Menschen und großartige Trainer und Berater. Es ist schön, zu wissen, das alles, was sie den vielen, vielen Menschen geben, die zu ihnen kommen, zurückkommt.

Dies ist der erste Abschnitt meiner tollen Reise „Leben 2.0". Und weil es keine Zufälle mehr in meinem Leben gibt, erzähle ich noch, was gerade im Radio läuft, während ich diese Zeilen schreibe – das Lied der Sportfreunde Stiller: „Applaus, Applaus für Eure Worte. Mein Herz geht auf, wenn Ihr lacht. Applaus, Applaus für Eure Art, mich zu begeistern. Hört niemals damit auf. Ich wünsch mir so sehr, Ihr hört niemals damit auf."

Glückswelle

Von Katrin de Buhr

Als ich vor einigen Jahren begann den NLP-fresh-up Podcast zu hören, war ich eine sehr ängstliche Mutter. Und ich war schnell überfordert, wenn ich mit Kind auch noch etwas arbeiten sollte. Mein eigenes Denken stand mir im Weg, denn ich redete mich selbst klein, hatte limitierende Glaubenssätze im Kopf. Ein zweites Kind oder die Option, wieder mit voller Kraft in meinen geliebten Beruf zurückzugehen, erschien mir beides unmöglich. Und dann hörte ich den Podcast. Ich hatte ihn zufällig beim Stöbern in iTunes entdeckt und mir war ganz schnell klar, dass dies mein Leben verändern würde.

Mein komplettes bisheriges Gedankengut wurde umgewälzt. Ich stellte alles auf den Prüfstand und sortierte es neu, nach jeder Podcast-Folge. Oftmals dachte ich wirklich eine Woche nach, über das, was ich gehört hatte. Manche Folgen hörte ich zwei bis drei Mal, bis ich das Gefühl hatte, wirklich alles zu verstehen. Und manchmal konnte ich einfach nur mitlachen – und das tat so gut!

Der Podcast war meine persönliche Auszeit. Die Drei vom Podcast wurden meine imaginären Freunde und sie gaben mir völlig neuen Input. Und die Veränderungen ließen nicht lange auf sich warten. Meinem Mann fiel bald auf, dass ich viel besser drauf war. Und mir fiel auf, dass mein Mann viel zu negativ drauf war. So begannen wir, zusammen Folgen zu hören. Und das brachte wunderbaren neuen Gesprächsstoff in unsere Ehe. Wir veränderten uns zusammen.

Mittlerweile bin ich selbstständig mit einer gut laufenden Werbeagentur. Ein Büro ist in unserem Haus; so kann ich meinen Beruf als Grafikerin und meine mittlerweile drei Kinder prima unter einen Hut bringen. Und siehe da: Es funktioniert und es macht mir riesengroßen Spaß!

Ich visualisierte das Leben, das ich mir wünschte. Das ging, weil ich mich selber nicht mehr einschränkte. Und ein großer Teil davon ist Wiebke und Marc zu verdanken – die davon wahrscheinlich gar nichts ahnen.

Meine Dankbarkeit möchte ich nicht nur in Worte fassen, indem ich das hier aufschreibe, sondern auch weitergeben, was ich erlebt habe. Zum Beispiel einem unserer Freunde: Er war vor eineinhalb Jahren sehr krank, litt unter chronischen Rückenschmerzen und hatte zudem große Probleme in seiner Ehe. Rundherum war er sehr negativ eingestellt und sah nur Negatives. An einem sonnigen Nachmittag gab ich ihm den Link zum Podcast. Und beim nächsten Treffen redeten wir nur darüber und ich merkte, wie intensiv er darüber nachdachte.

Eine Weile später erkannte ich ihn kaum wieder: Er hatte überflüssige Pfunde verloren, kleidete sich plötzlich modisch und fröhlich, lächelte, strahlte gar. Er war inzwischen frei von Rückenschmerzen und begann gerade ein Buch zu schreiben. Überflüssig zu sagen, dass seine Ehe wieder im Lot war, denn die Kommunikation war zurück und die Stimmung in der ganzen Familie hatte sich komplett gewandelt.

Jedes Mal wenn ich ihn sehe, freue ich mich über seine Begeisterung. Denn sie steckt an. Zum Geburtstag bastelten wir ihm ein Vision Board. Keiner der anderen Gäste konnte damit etwas anfangen und einige waren irritiert, dass dieses Geschenk nun ausgerechnet solche Freude auslöste. Und so ergaben sich neue Gespräche.

Und es geht weiter. Die Menschen um uns herum kommen besser drauf und wagen Veränderung. Nur dadurch, dass ich, oder wir, einen kleinen Schritt gegangen sind. Es ist wie eine kleine Welle des Guten, die Marc und Wiebke ausgelöst haben in unserem Leben. Vielen Dank dafür und macht bitte, bitte weiter!

Vier platte Reifen und mein Leben danach

Von Katharina Maier

So, rechtzeitig angekommen. Pünktlich. Toll! Eugen-Friedl-Straße in Feldafing, ich parkte mein Auto. Der Secret-Tag wartete auf mich und meine Freundin Saskia. Vor mir parkte eine Dame, die gerade ausstieg und voller Mitleid auf meinen Reifen und dann auf mich schaute. Ich stieg aus und sah das Malheur: Ein platter Reifen! Mist. Ich wollte zum Secret Tag und abends wieder nach Hause. Was tun?

Ich ging erst mal rein in die fresh-academy. Eine Frau mit einem roten Klebepunkt auf der Stirn begegnete mir, Wiebke. Ich erzählte ihr aufgelöst von meinem Platten. Die erste Frage, die sie mir stellte, war: „Was läuft denn aktuell in

Deinem Leben nicht ganz rund?" Ich war zu genervt, um zu antworten. Dann begegnete ich Marc. Vielleicht erkannte er die Dringlichkeit – zumindest trug er keinen roten Klebepunkt zwischen den Augen. Verzweifelt erklärte ich ihm meine missliche Lage. Seine erste Frage war: „Was läuft denn aktuell in Deinem Leben nicht ganz rund?" Ich war verwirrt. Wie können zwei Personen, unabhängig voneinander, die gleiche Frage stellen? Ich antwortete: „In meinem Leben? Da habe ich vier platte Reifen!"

Das war mein erster Live-Kontakt mit der fresh-academy. Ich verpasste also den halben Secret Tag und musst mit einem Mietwagen nach Hause fahren. Und, wie mir berichtet wird, baut Marc diese Geschichte immer noch gern in Seminaren und im Podcast ein. Und als ich später selbst im Practitioner saß, erzählte Marc wieder meine Geschichte und meinte: „Ich habe noch nie jemanden gesehen, der so angepisst war."

Und er hatte Recht. So war ich drauf.

Nach außen schien alles gut, nach innen gar nicht. Eine gescheiterte Ehe, depressiv, zu viel Alkohol an den Wochenenden, ein Job der nur das war: ein Job. Ich hatte keine Träume, keine Ziele, sogar ein paar Krankheiten machten bei mir halt.

Als Kind wollte ich immer etwas Besonderes machen und sein und wo stand ich jetzt, im Alter von 34?

Meinem halben Secret Tag folgte zeitnah der Practitioner, im Anschluss der Master und dann direkt der Coach. Ein straffes Programm in acht Monaten. Und es war genau das Richtige!

Was Wiebke und Marc mir beibrachten, fand ich direkt eingängig. Das Gesetz der Anziehung war schlüssig und schien mir schon vertraut. Es gab in mir wenig Widerstand. Ich hatte vielmehr das Gefühl, dass sich eine Tür öffnete, die den Blick auf so viele Schätze, neue Sichtweisen, Erlebnisse, Gedanken und Chancen frei gab. Und meine Aufgabe ist es, das zu erkennen, zu nutzen und zu genießen.

Im Laufe dieser acht Monate wurde mir klar, was ich wollte, was ich will und warum ich hier bin. Ich suchte inneren und äußeren Frieden, eine erfüllte Partnerschaft und auf einmal gab es auch den Gedanken, Kinder zu haben. Und ich wollte meine Berufung finden und leben.

Wie sagt Marc immer so schön: „Du hast nur eine Aufgabe: Deine Gedanken unter Kontrolle zu kriegen." Dieser Aufgabe verschreibe ich mich täglich neu und lebe immer mehr im inneren Frieden.

Ich lebe heute in einem schönen Umfeld mit wertvollen Unterstützern, tollen Menschen in herrlicher Umgebung. Ich führe eine großartige Beziehung mit meinem wundervollen Mann Oliver. Seit gut einem halben Jahr bin ich außer-

Blume des Lebens © Rosita Classen

dem Mutter der wunderbaren, schönen, fröhlichen Johanna. Und ich habe meine Berufung gefunden!

Das war das Ziel im Master-Seminar. Und während einer sehr schönen Trance von Marc mit blumigen Bildern und begleitet von sanften Klängen, war mir auf einmal klar, was ich tun werde. Ich entdeckte in diesem Moment meine Fähigkeit wieder, die ich schon als Kind hatte, aber nie als besonders wahrnahm: Ich kann Menschen dabei helfen, toll auszusehen, die für sie passende Kleidung zu finden und zu tragen. Durch diese Gabe kann ich ihnen zu mehr Wohlgefühl und Selbstsicherheit verhelfen und die innere Schönheit nach außen sichtbar zu machen. Das ist mein Ding.

Ich kündigte dann meinen Job als Prokuristin und Beraterin in einer Werbeagentur und war wenige Monate später schon als „FRAU MAIER – Moderne Stilberatung & Personal Shopping" unterwegs. Seitdem ist Arbeit keine Arbeit mehr. Was ich tue, begeistert mich und meine Kundinnen und Kunden.

Meine Ziele sind groß. Und ich erreiche sie. Wenn nicht, dann nur, weil etwas noch Besseres auf mich wartet. Neben dem beruflichen Erfolg läuft es auch privat jetzt völlig rund: Unser Leben mit Johanna ist spannend und bereichernd. Ganz besonders, weil wir beide durch unsere Ausbildung an der fresh-academy nun so viel mehr verstehen und geben können als zuvor. Unsere Beziehung ist geprägt von Liebe, Vertrauen und gemeinsamer Weiterentwicklung. Andere anders sein zu lassen und „richtig & falsch" neu zu bewerten, gehört heute zum ganz normalen Tagesablauf. Unser Alltag ist geprägt von Leichtigkeit. Wir sind es inzwischen so sehr gewohnt, dass wir uns das immer wieder ganz bewusst machen dürfen, um es noch mehr zu genießen – mehr und immer mehr!

Drei Jahre nach meiner ersten Begegnung mit Wiebke und Marc weiß ich heute, dass ich in einem mich liebenden Universum lebe und wofür ich hier bin. Dankeschön!

Rock'n'Roll

Von Jürgen Braun

Wie schön! Was für ein Tag! Ich liege im Bett und gehe den Tag noch einmal durch – wie wunderbar und einfach alles gelaufen ist; die Gespräche mit Partnern, die Büroarbeit und ein wunderbares Mittagessen mit meiner Frau. Ich wende mich zu meiner Frau, schaue ihr in die Augen und danke ihr, dass es sie in meinem Leben gibt.

Ich liebe mein Leben. Das war nicht immer so. Der absolute Tiefpunkt meines Lebens war vor acht Jahren. Mein Dasein als Musiker stürzte zusammen wie ein Kartenhaus, denn ich war pleite und körperlich am Ende. Wer war schuld? Das Internet und die Digitalisierung der Musik. Für einen Autodidakten wie mich gab es in der (Musik-)Welt keinen Platz mehr.

Die Phase von „Sex, Drugs and Rock'n'Roll" war also vorbei und es kehrte Ruhe ein. Keine laute Musik, Partys und Menschen die ständig etwas von mir wollten. Ich konnte mich wieder selbst hören in dieser Stille. Ich spürte seit vielen Jahren wieder mein Herz schlagen und ich konnte mich atmen sehen und hören.

Zum Geldverdienen gab ich mehr Gitarrenunterricht. Für meinen Körper fing ich an, Sport zu treiben. Und ich las sehr viel über Zielsetzung, Motivation, Erfolg und besuchte Seminare. Denn beruflich wollte ich weg von der Musik und begann, mit meinem neuen Wissen aus Büchern und Seminaren als Coach zu arbeiten. Das klappte allerdings nicht sehr erfolgreich.

Ich war wohl noch zu sehr mit den Fragen beschäftigt: Wer bin ich? Warum bin ich hier? Was soll das ganze hier?

Antworten fand ich bei Wiebke und Marc. Zuerst in ihrem Podcast und dann in einem NLP-Practitioner Seminar an der fresh-academy. Dieses Seminar löst noch ein Jahr danach so viele positive Gefühle aus. Ich kann mich noch genau an den Geruch im Seminarraum erinnern, an den Klang der Stimmen und an all die lachenden Gesichter.

Podcast hören ist wie meine täglichen Fingerübungen auf der Gitarre geworden: So komme ich einfach in eine gute Grundstimmung. Marc gab mir im Podcast und in den anderen Produkten, die ich erworben habe, eine Antwort auf meine Frage, wie Leben funktioniert. Zum ersten Mal hatte ich ein Modell, eine Struktur für mein Leben und wusste, warum alles so passiert ist. Ich habe verstanden, dass ich 100 Prozent Verantwortung für mein Leben habe. Ich kann alles sein, alles tun und alles haben, was ich will. Mit dieser „Programmierung" verließ ich den Practitioner und begann mein „Leben 2.0". Aber noch kämpfte etwas in mir dagegen. Ich hatte noch Angst vor der Veränderung. Ein Erlebnis rüttelte mich dann wach, bei dem ich Wiebke vor mir sah, die mich mit hochgezogenen Augenbrauen und ihren klaren Augen fragte, „Wie hast du das denn bestellt?" Das war passiert: Mir ist ein junger Mann, ebenfalls Gitarrist, auf mein Autodach gestiegen und hat seinen Aggressionen freien Lauf gelassen. Mit Wiebkes Blick auf die Dinge heißt das, mir ist jemand aufs Dach gestiegen und hat mir ganz klar gesagt, dass es so nicht geht. Plötzlich verstand ich und habe nach diesem Vorfall die „Reset-Taste" gedrückt.

Dieser Schritt befreite mich von einer sehr schweren Last. Ich begann den Podcast wieder von vorne zu hören und stelle fest, dass ich andere Dinge hörte als beim ersten Mal. Ich machte Wiebkes Hausaufgaben und es veränderte sich alles – wirklich alles! Und es wurde ganz leicht. Meine Ängste und Widerstände gegen mich selbst waren weg und ich begann, meinen Traum zu leben und ihn zu verwirklichen: Musiker sein!

Es machte so viel Spaß, mein Leben noch einmal neu zu planen und in dieser Phase spürte ich, ich BIN Musiker. Allerdings jetzt ohne abstruse Glaubenssätze über Geld, mein Können oder wie ich als Musiker zu leben habe. Mir wurde klar, ich tue schon seit über 20 Jahren, wovon andere nur träumen. Ich lebe mein Leben als Musiker und habe damit eine Arbeit, die für mich keine ist. Musik machen befriedigt mich, ich kann dabei kreativ sein kann und arbeiten wann, wo und mit wem ich will. Das ist wunderbar und ich bin sehr dankbar, dass ich das erkannt habe. Nun bin ich bereit, als Lehrer mein Wissen über das, was ich tue und wie ich es tue, zu vermitteln. Ich kann anderen Musikern zeigen, wie sie sich ihr Leben aufbauen können, um von ihrer Musik zu leben. Ich weiß heute, dass meine Arbeit wertvoll ist und dass ich ein Recht auf eine wertschätzende Bezahlung habe.

Ich bin ein Rock'n'Roller, ein Rebell und ich führe eine Rebellion an: In dieser Rebellion geht es darum, dass Musiker für das, was sie schaffen, einen fairen Gegenwert erhalten, um frei Musik machen zu können.

Und mit diesem guten Gefühl springe ich morgens aus dem Bett und weiß, dass ich meine Energie in etwas Sinnvolles für mich und Andere stecke und damit etwas erschaffe, das die Welt verändert. Das ist mein Traum, der Realität geworden ist. Und seitdem ich ihn lebe, erfahre ich Unterstützung und Zuspruch.

Vielen Dank, liebe Wiebke und lieber Marc für all die Dinge, die ich bei euch über mich erfahren durfte. Danke, liebe freshies! Jeder von euch trägt seinen Teil dazu bei, die Welt jeden Tag ein bisschen besser zu machen.

Raus aus dem Dilemma!

Von Melanie Ebert

Ja wo fang ich an? So genau weiß ich das gar nicht. Mein Name ist Melanie, ich bin 37 Jahre alt, habe einen Freund, René (39 Jahre), zwei Kinder (Pascal 14 Jahre und Justin 4 Jahre) und zwei Hunde Zanto und Spike. Wir wohnen in der wunderschönen Sächsischen Schweiz und genießen inzwischen jeden Tag so wie er uns begegnet.

Leider war dies nicht immer so und ich musste viel lernen, besser gesagt weiß ich gar nicht so richtig, wie es gekommen ist, dass ich jetzt da bin, wo ich bin, und alles positiv sehe beziehungsweise immer noch lernen darf, es positiv zu sehen. Bevor ich René kennenlernte, war ich verheiratet. Wir wohnten in Bayern und unser Sohn Pascal war damals schon geboren. Mein Exmann war damals kaum daheim, da er als Koch Teilschichten arbeiten musste, das heißt erst mittags und dann abends noch einmal und ich war somit den Großteil des Tages mit Pascal allein zu Haus.

Ich fühlte mich schrecklich einsam, und ja, da waren diese Gedanken, ob das schon alles wäre. Wir hatten ein Haus gebaut und eigentlich hatte ich alles, das war zumindest die Meinung der anderen, nur gab es da einen Haken: Ich war nicht angekommen, ich war auf der Suche. Aber wonach ich suchte, das wusste ich damals nicht und ich hätte es auch nicht beschreiben können.

Ich entfernte mich immer mehr von meinem damaligem Mann und wollte mehr. Ich wollte nicht mehr nur daheim sitzen und auf ihn warten müssen und allein zu jeder Familienfeier gehen müssen, ja ich hatte mehr eine Beziehung zu meinem Sohn als mit ihm. Auch gefühlsmäßig waren wir inzwischen meilenweit voneinander entfernt und wohnten eigentlich nur noch zusammen.

Die Trennung von meinem Ex Mann war … nicht nett, kurz zusammengefasst in etwa so: Auszug aus dem Haus mit Polizei, Telefonterror, Auflauern vor Arbeit oder Kindergarten, bis dahin, dass ich das Jugendamt einschalten musste, wenn es darum ging, wann Pascal bei ihm ist und er ihn wieder zu mir bringt.

Ich stand plötzlich ohne etwas in den Händen da, hatte nicht einmal ein eigenes Konto oder eine Wohnung oder Möbel. Bei René fanden wir einen Platz zum Schlafen und Geborgenheit. Es hat damals alles viel Kraft und Nerven gekostet und es sind viele Tränen vor Verzweiflung geflossen. Wir sind dann hier nach Lohmen gezogen, in die Heimat zurück, und weg vom Stress, wollten neu starten und endlich zur Ruhe kommen. Aber selbst das hat am Anfang nicht so geklappt, denn mein Ex hat nur noch mehr Terror gemacht und somit musste ich von Anwalt zu Jugendamt und hin und her, es schien kein Ende in Sicht.

Irgendwann wurde ich wieder schwanger, aber verlor das Kind leider. Dazu kam, dass das Haus ja nun nicht mehr bezahlt wurde, obwohl mein Exmann noch drin wohnte, und die Banken Druck machten. Somit bin ich nun in die Privatinsolvenz geraten. Inzwischen kann ich es offen erzählen, aber am Anfang dachte ich, dass ich wohl nie mehr Geld haben würde und dass mir alles weggenommen würde, was ich verdiene. Doch das stimmte so nicht!

Ich war bei der Schuldenberatung und beim Jugendamt und hab mir überall, wo es nur geht, Hilfe gesucht und geholt. Unser Sohn Justin wurde geboren und es schien aufwärts zu gehen. Aber leider lief es mit René nicht so rund zu diesem Zeitpunkt. Wir hatten durch den ganzen Streit mit meinem Ex auch viel Streit und er mit Pascal und alle waren irgendwie angespannt. Wir waren bei der Paarberatung, aber ich hatte nicht wirklich das Gefühl, dass es was bringt, und wir waren am Ende, und zwar alle beide.

Damals lernte ich, genauer gesagt sogar vor meiner Scheidung noch, den Film „The Secret" kennen. Durch Freunde wurde mir die fresh-academy empfohlen, die ich ab und zu hörte, die ich aber im Podcast noch nicht so richtig empfangen konnte. Plötzlich aber, als wir eigentlich beide nicht mehr konnten, drang da was durch zu mir, zu uns und es gab nur zwei Lösungen: das ganze beenden oder Pobacken zusammenkneifen und dran arbeiten, Beide!

Also arbeiteten wir daran, am Anfang noch etwas holprig, aber es wurde besser. Ich weiß nicht genau, was wir anders machen, ich weiß nur, dass es funktioniert. Ich weiß, dass es noch nicht perfekt ist, aber ich habe jeden Tag die Ohrstöpsel in den Ohren und höre den Podcast, selbst wenn er schon zehn Mal hoch und runter gelaufen ist. Oder abends beim Einschlafen eine Trance, wobei ich jetzt so fünf oder sechs Trancen habe und ehrlich keine Ahnung habe, was da nach den ersten fünf Minuten genau erzählt wird, weil ich wunderbar dabei einschlafen kann. Aber es funktioniert!

Ich habe wieder so viel Spaß am und im Leben und es geht einfach nur bergauf. Ich bin so dankbar, dass ich René habe, bin dankbar für meine Kinder, bin dankbar für meinen Job, bei dem ich die Menschen zum Lächeln bringen kann (bei McDonald's!) und für so viele kleine und große Dinge mehr.

Ich arbeite jeden Tag an mir und ziehe mir das Beste für mich aus den Tipps von Wiebke und Marc. Ich habe endlich das Gefühl, angekommen zu sein. Wir haben eine schöne Wohnung und können uns viel mehr leisten als am Anfang und ich weiß genau, dass da noch viel mehr kommt, weil wir einfach noch mehr wollen.

Und ganz oben auf der Liste steht etwas ganz wichtiges: unsere Hochzeit!

Die Traumfrau

Von Stefan Oeser

Vor etwa vier Jahren kam ich das erste Mal mit NLP in Berührung. Damals arbeitete ich in einer Unternehmensberatung als IT-Administrator für einige kleinere Kunden, Berater und Trainer. Meine Arbeitstage waren aufgrund der unterschiedlichen Aufgaben recht aufregend und oft auch lang. Ich hatte nebenher wenig Zeit, um mich sportlich zu betätigen oder anderen Hobbies nachzugehen. Ich wusste, daran darf ich etwas ändern. So fiel mir dann ein Buch über NLP in die Hände, das ich aufgrund eines Tipps von Vera F. Birkenbihl gekauft hatte. Ich las, ich solle aufschreiben, was ich erreichen will, was ich mir im Leben wünsche, und es sei wichtig, diese Wünsche positiv zu formulieren. Bezogen auf meine berufliche Situation schrieb ich damals also auf: „Ich möchte Spaß haben an meiner Arbeit."

Zunächst passierte gar nichts, außer, dass sich meine Unzufriedenheit bei der Arbeit steigerte, bis ich den Entschluss fasste, zu kündigen. Rund sechs Monate, nachdem ich den Satz aufgeschrieben hatte, formulierte ich im Büro gerade meine Kündigung, als meine Vorgesetzten uns alle zusammen riefen, um zu verkünden, dass sich einer unserer drei Geschäftsführer dafür entschieden hatte, die Unternehmensberatung zu verlassen. Noch am gleichen Tag erhielt ich zudem einen Anruf von jemandem, bei dem ich einen Großteil meiner beruflichen Weiterbildungen absolviert hatte und wurde gefragt, ob ich Lust hätte, meine berufliche Ausrichtung zu verändern … Wenig später unterschrieb ich einen neuen Arbeitsvertrag und bin seither hauptsächlich in beratender Tätigkeit unterwegs, habe mehr Freiräume für meine persönliche Weiterentwicklung und wieder Zeit für meine Hobbies.

In dieser Phase stieß ich auf den Podcast von Wiebke und Marc. Ich hörte ihn, wenn ich zu einem Kunden fuhr – direkt immer drei Stunden am Stück.

Ich begann bei Folge 1 und war sehr angetan, erstens, weil ich so immer gut gelaunt im Büro eintraf, und zweitens, weil ich merkte, dass sich nach und nach etwas in meinem Leben bewegte. Ich begann einige Dinge zu verstehen, die in der Vergangenheit geschehen waren, und erkannte die möglichen Gründe dafür. Marc und Wiebke lernte ich dann persönlich beim Ziele-Tag im November kennen. Wir malten damals Bilder und Marc gab uns mit auf den Weg, wir sollten vorsichtig sein, was wir aufmalen, es würde alles wahr werden. Okay, dachte ich, dann probieren wir das jetzt aus und ich malte mir ein Sixpack, mich mit Kindern, mit einer tollen Frau und meinem Traumauto, einem Aston Martin Rapide.

Im Anschluss hatte ich den Wunsch, bei Marc und Wiebke den NLP-Practitioner zu besuchen, allerdings keine Idee, wie ich das finanzieren sollte. Beim Jahresgespräch mit meinem Chef sprach ich über diesen Wunsch und meine Zukunftspläne mit dem Resultat, dass ich den NLP Practitioner im Herbst komplett bezahlt bekam und die acht Tage Seminarzeit freimachen durfte.

Zuvor ließ ich mich von László Kish coachen, um meine Anfangsaufregung in den von mir gehaltenen Seminaren in den Griff zu bekommen. Seitdem erhalte ich von Teilnehmern ausschließlich positives Feedback, was meinen Auftritt angeht und fühle mich sehr entspannt vor meinen Seminargruppen.

Ein paar Monate später zog ich 200 Kilometer näher zu meinem neuen Arbeitgeber in eine wunderschöne Wohnung: mit Hanglage, einer tollen Terrasse, einer riesigen Küche, einem tollen Vermieter und grandios freundlichen Nachbarn. Und weil ich jetzt in der Nähe von Frankfurt wohnte und es da auch einen Aston Martin Händler gab, bat ich um eine Probefahrt, die ich dann auch tatsächlich machte, obwohl ich es bis zuletzt nicht so recht glauben konnte, dass ich mit einem so wertvollen Wagen durch die Gegend fahren könnte. Es war ein großartiges Gefühl.

Im Herbst besuchte ich dann tatsächlich zwölf Tage lang Marc und Wiebkes Seminar, machte den NLP-Practitioner und begann, mein Leben noch viel bewusster in die Hand zu nehmen. An meinem Vision Board hingen viele selbstgezeichnete Bilder, die illustrierten, was ich mir zum Beispiel bezüglich Partnerschaft und Familie wünschte. Und das passte immer weniger zu der Beziehung, in der ich gerade lebte. Die Diskussionen nahmen zu und ich fragte mich immer häufiger, ob es Sinn machte, an dieser Beziehung festzuhalten. Eines Tages kam ich darüber grübelnd von einer Autofahrt und fand vor meiner Wohnungstür ein Prospekt, auf dem groß stand: „Fang was Neues an!". Als ich das sah, bekam ich richtig Gänsehaut und ich hatte sofort das Gefühl zu wissen, worauf sich dieser

Centered

Satz bezog. Knapp zwei Wochen später beendete ich meine damalige Beziehung und fühlte mich plötzlich unendlich weit von einer erfüllten Partnerschaft und eigenen Kindern entfernt.

Also begann ich, erneut Bilder meiner Traumbeziehung und Partnerschaft zu zeichnen und auf meinem Vision Board zu ergänzen, und fühlte in die Zeit hinein, in der sich all diese Dinge in der Realität manifestiert haben würden. Einige Zeit später saß ich auf meiner Terrasse und dachte darüber nach, auf welchen Wegen ich wohl jetzt meine Traumfrau kennenlernen könnte. So kam mir der Gedanke, mich in einem Partnerportal im Internet anzumelden. Über Kollegen hatte ich gehört, dass sich ein bekanntes Pärchen so kennengelernt hatte und mittlerweile zwei Kinder großzieht. Ich warf also meine Bedenken, dass das alles total verkrampft ist, über Bord, und meldete mich an. Über einen Kontakt aus der fresh-academy entdeckte ich parallel für mich das Fitnessprogramm Freeletics, ein Konzept, das ohne Geräte auskommt und dessen zeitlicher Aufwand sich in Grenzen hielt. So probierte ich es, trainierte viermal die Woche eine Stunde – 15 Wochen nach Trainingsplan – und hatte den Waschbrettbauch, den ich zum Zieletag auf mein Blatt gemalt hatte, war sieben Kilo leichter, top fit und ernährte mich bewusster und gesünder. Und ich war stolz, an einer Sache dran geblieben zu sein.

Und dann begann ich im Partnerportal einer Frau zu schreiben. Wir stellten sehr schnell fest, dass wir unglaublich viele Dinge im Leben mit denselben Augen sahen, ähnliche Interessen hatten und eigentlich alles passte, soweit das über den schriftlichen Kontakt auszumachen war. Also telefonieren wir, ich fand ihre Stimme toll und zu all den Fragen, die wir uns stellten, hatten wir beeindruckend übereinstimmende Antworten. Es war ein tolles Telefonat und machte Lust auf mehr. So trafen wir und redeten und redeten, lernten einander näher kennen und fanden Gefallen aneinander. Durch meinen Islandurlaub hatten wir ein wenig Abstand über alles zu nachzudenken, was wir voneinander erfuhren. Es war ein wunderschöner Wanderurlaub. Wir waren sogar im inneren eines Vulkans, dessen Lava vor vielen, vielen Jahren abgeflossen ist. Es war alles so unglaublich und ich bedankte mich jeden Morgen, dass ich so fernab der Heimat auf Entdeckungsreise gehen konnte.

Nach dieser Reise schien es, als würden meine Engel ein wenig Pause machen. Die tolle Frau aus dem Partnerportal wollte auf Abstand gehen. Zwar entsprach sie in jeder Hinsicht meiner Traumfrau, doch ich versuchte, mich damit zu beruhigen, dass eine noch bessere Frau käme, aber das gelang nicht.

Im Februar nahm sie wieder Kontakt zu mir auf und im NLP-Master stellte ich Marc die Frage, woran ich erkennen würde, dass ich an etwas dranbleiben solle und wann ich es loslassen sollte, weil es ja auch leicht sein darf. Er erklärte mir, dass es darum geht, an der richtigen Sache dranzubleiben und ich verstand, mein Wunsch war nicht diese Frau, sondern generell eine Beziehung zu einer Frau, die mich so liebt, wie ich bin, mit allem was dazu gehört. Also änderte ich meinen Fokus ein wenig und ließ die tolle Frau los.

Eines Nachmittags im Seminar rief ich sie an, um ihr noch zu sagen, wie toll es ist, dass es sie gibt. Der NLP-Master nahm seinen Lauf und eine Partnerschaft stand auf meinem Zettel, auch wenn mir nicht klar war, wie das in vier Wochen gehen sollte. Doch es klappte: Ich kam zum zweiten Masterblock und konnte verkünden, dass ich jetzt wieder eine Partnerin habe und wir uns beide vorstellen können, zusammenzuziehen, irgendwann zu heiraten und eine Familie zu gründen. In den vier Wochen zwischen den beiden Masterblöcken sind so unglaublich viele Dinge passiert, die mich und die tolle Frau zusammenschweißten, die ich über das Partnerportal kennenlernte. Wir verbrachten sehr viel Zeit zusammen und zogen nach ein paar Wochen zusammen in eine neue, größere Wohnung, die wir gemeinsam einrichteten. Inzwischen werden wir bald Eltern und werden heiraten. Vielen Dank!

Der richtige Film

Von Kathrin Schoppe

Ich war Anfang 30, seit gut fünf Jahren verheiratet, hatte drei tolle Söhne und war erfolgreich und gut bezahlt in einer großen Unternehmensberatung beschäftigt. Wir hatten ein Eigenheim, zwei Autos, machten mehrere Urlaube im Jahr, waren gesund und hatten ein paar gute Freunde – eigentlich alles perfekt. Doch immer häufiger machte sich das Gefühl breit, Beobachter meines eigenen Lebens zu sein und Dinge nur zu tun, um irgendwelche Erwartungen zu erfüllen. Ich begann zu realisieren, dass ich in ein Wertesystem geraten war, das überhaupt nicht „meins" war. Es folgten ein paar Jahre des ‚Nicht-Wahrhaben-Wollens'. Ich wollte mich selbst zwingen, dieses nach außen so perfekte Leben zu mögen und damit glücklich zu sein. Doch es waren Jahre des stillen, versteckten Leidens. Und offenbar ahnte keiner derer, die mir vermeintlich nahestanden, wie unglücklich ich war. Ich war so „todunglücklich", dass mich mehrmals nur der Gedanke an meine Kinder davon abhielt, dem Brückenpfeiler auf der Autobahn sehr viel näher zu kommen, als es gesund gewesen wäre.

Zwei riesengroße Themen belasteten mich: Eine Ehe, die weit von dem entfernt war, was ich mir unter einer glücklichen Beziehung vorstellte, und ein Beruf, den ich trotz des Erfolgs verabscheute, der mir aber durch häufige Reisen immer mal wieder die Gelegenheit zur Flucht von zu Hause bot.

Ich war selbst Scheidungskind und ohne jeglichen Kontakt zu meinem Vater aufgewachsen, so dass eine Scheidung in meinem Lebensplan schlichtweg nicht vorkam. Unter allen Umständen wollte ich meinen Kindern eine intakte Familie bieten. Und dann traf ich völlig unerwartet und ungeplant die Liebe meines Lebens. Sämtliche Umstände und erst recht die Vernunft sprachen gegen unsere Beziehung, und doch war für uns beide von Anfang an völlig klar, dass wir miteinander genau das gefunden hatten, was wir uns aus tiefstem Herzen wünschten. In der anfangs sehr wenigen gemeinsamen Zeit sprachen wir im Grunde über nichts anderes als darüber, was wäre, wenn wir völlig frei entscheiden könnten, ohne Verantwortung für unsere Familien und für unsere Jobs.

Heute bin ich mir sicher, dass dieses intensive Träumen und Eintauchen in unsere Zukunftswünsche für „in zehn Jahren" und das gleichzeitige Loslassen und Vertrauen darauf, dass unsere Zeit kommen wird, egal wann, dazu beigetragen hat, dass wir schon nach drei Jahren ein gemeinsames Leben beginnen konnten.

Trotz größter Schuldgefühle meinen Kindern gegenüber, traf ich die Entscheidung, mich zu trennen. Nach Jahren der Lethargie wurde mein Ex-Mann noch mal aktiv und wollte die Ehe retten, merkte dann aber schnell, dass es wirklich zu spät war. Nach einem Jahr waren wir einvernehmlich geschieden, doch dann dauerte es ein weiteres Jahr, bis er auszog. Ein sehr schwieriges Jahr, das heute nicht mehr wichtig ist.

Zu dem Zeitpunkt war ich dann Ende 30 und ging noch immer einem Beruf nach, der mich unsäglich langweilte, mir inhaltlich absolut nichts bedeutete und auch noch mehrheitlich mit Menschen besetzt war, deren Werte und Ansichten fern von meinen waren.

Ich steckte fest, wollte weg, fürchtete aber die Konsequenzen und wusste nicht wirklich, was ich stattdessen wollte. Dann lernte ich Wiebke Lüth kennen. Wir waren beide Teilnehmerinnen eines Sing- und Stimm-Seminars. Ich hatte bis dahin nur mal von NLP gehört, wusste aber nicht viel darüber. Wiebke erwähnte in der Vorstellungsrunde kurz, was sie beruflich machte, was ich mit einem „Hm, interessant!" versah, um mich dann aufs Singen und Stimmen zu konzentrieren.

Im Laufe der nächsten Tage waren es dann viele kleine, vermeintlich nebensächliche Bemerkungen von Wiebke – immer liebevoll und manchmal durchaus provokant – die mich aus bekannten Gedankenmustern rissen und letztlich dazu führten, sie zu fragen, ob wir mal zusammen Essen gehen wollen, ich würde gern mehr über NLP erfahren.

Heute weiß ich, dass ich mir damit über einem Teller Spaghetti mit Blick auf die Elbe ein Coaching der Extraklasse bestellt hatte. Der eine oder andere Bissen blieb mir im Halse stecken, ob der durchaus unbequemen Fragen und des unnachgiebigen Auf-den-Grund-Gehens. Was will ich wirklich? Wie real sind meine Ängste? Welcher Teil der Ängste ist in Wahrheit nur Bequemlichkeit? Woher weiß ich, was die Erwartungen anderer sind? Wie viel Verantwortung bin ich bereit, für mein eigenes Leben zu übernehmen? Was habe ich schon unternommen, um aus meiner Situation rauszukommen? Noch heute komme ich außer Atem, wenn ich daran zurückdenke. Und ich bin unendlich dankbar – es war genau das, was ich brauchte. Nur acht Wochen später hatte ich einen Aufhebungsvertrag für meinen Job mit allen Bedingungen, die ich den Mut hatte zu stellen, und fühlte mich endlich unendlich frei.

Das war vor knapp zwei Jahren. Ich wurde erst Podcast-Hörerin, dann NLP-Practitioner und danach Master und habe auch eine andere Entwicklung genommen: Ich bin nur noch ein Jahr vom erfolgreichen Abschluss meiner Schreinerlehre entfernt! Ich gehe Tag für Tag glücklich zur Arbeit und komme ebenso wieder nach Hause. Und ich habe eine Schreinerwerkstatt gefunden, in die ich perfekt reinpasse und in der es echtes Interesse daran gibt, dass ich sie mal übernehme. Ich bekomme wunderbares Feedback auf die Möbel, die ich herstelle.

Ja, ich lebe ein ausgesprochen spannendes und abwechslungsreiches Leben mit meinen Kindern und einem wunderbaren Mann an meiner Seite. Ich habe meinen Platz in diesem Leben gefunden. Ich bin endlich wirklich ich.

Noch immer gibt es Tage, manchmal auch Wochen, Themen, Beziehungen … die Potential ‚nach oben' haben. Der entscheidende Unterschied zu früher ist jedoch, dass ich mich nicht mehr als armes Opfer sehe. Ich weiß heute, dass es in jeder Situation etwas zu verstehen, zu lernen gibt. Und diese Änderung der Einstellung von „Warum muss das gerade mir passieren?" zu „Hm … was will mir das jetzt sagen?" macht für mich den Unterschied zwischen gelebt werden und Leben gestalten, zwischen hilflosem Opfer sein und Verantwortung übernehmen, zwischen Angststarre und mutig loslaufen, zwischen ‚eigentlich nichts zu klagen haben' und wirklich glücklich sein.

Ich bin's! Ich bin endlich im richtigen Film!

Blind Date

Von Erika Müller

Alles fing mit einer sehr ungewöhnlichen Verabredung an. Ungewöhnlich, weil ich für dieses Date erst einmal 500 Kilometer mit dem Flugzeug zurücklegen musste. Zum Flughafen kam er zu spät, aber er sah genauso umwerfend aus, wie auf dem Foto im Internet. Etwas beklommen betrachtete ich sein Auto: Ob es wohl schlau ist, zu einem fremden Mann einfach so ins Auto zu steigen, mit dem ich bisher nur telefoniert und geschrieben hatte? Doch ich wagte es.

Wir machten zunächst einen wundervollen Spaziergang um einen See und besuchten anschließend ein kleines Café. Als wir auf unseren Latte Macchiato warteten, stellte er mir eine Frage, die dazu führen sollte, dass sich mein ganzes Leben auf den Kopf stellte: „Hast du schon einmal was von NLP gehört?"

Witziger Weise hatte ich ausgerechnet vor meinem Abflug noch exakt zu diesem Thema recherchiert und im Internet verschiedene Ausbildungsmöglichkeiten verglichen. Die fresh-academy, von der er schwärmte, weil sie seinen besten Freund so positiv verändert habe, war mir beim Googeln allerdings noch nicht begegnet. „Dann musst du dir unbedingt die Podcasts von denen anhören!", insistierte der Mann, den ich die ganze Zeit versuchte, so unauffällig wie möglich anzuhimmeln.

Es wurde ein tolles Wochenende und ich hätte einfach nur glücklich nach Hause fliegen können. Aber als damals zutiefst überzeugte Anhängerin des vorausschauenden Zweckpessimismus fing ich schon im Flugzeug an Gründe zu sammeln, warum es keine Fortsetzung der Romanze geben würde. So versank ich mit Hingabe wieder mal im Selbstmitleid-Sumpf. Zu Hause angekommen, befolgte ich wenigstens den Podcast-Rat.

Fortan hörte ich die NLP-fresh-up Podcasts in jeder freien Minute und ließ mich in ihren fröhlichen Bann ziehen und bald stand fest: „Da muss ich hin – egal, wo es ist und was es kostet!"

Diesen Entschluss habe ich entgegen meiner damals lausigen Entscheidungsstrategien nie in Frage gestellt. Die Vision war sogar so stark, dass ich trotz meiner desolaten finanziellen Lage als alleinerziehende Mutter mit einer körperlich sehr anstrengenden, aber nicht allzu gut bezahlten Arbeit, sicher war, das zu realisieren. Wann immer ich heute einen Anker für eine richtige und felsenfeste Entscheidung brauche, denke ich gerne an dieses wissende „Ich muss dahin!"

Mein Märchenprinz staunte nicht schlecht, als ich ihm mitteilte, dass ich mich an der fresh-academy angemeldet hatte. Lediglich ein bereits seit langem gebuchter Ägypten-Urlaub hielt ihn davon ab, den Practitioner mit mir gemeinsam zu machen.

Von diesem Seminar kam ich völlig verändert und mit einem neuen Selbstbewusstsein zurück – mit einer Energie und Ausstrahlung, die anderen zunächst mehr auffiel, als mir selbst: Meine Tochter, mit der es zuvor oft Streit gegeben hatte, meinte, ich würde glücklicher wirken und sei seit meiner Reise die reinste Ideenfabrik.

Eine Freundin, die ich länger nicht gesehen hatte, brachte es wunderbar auf den Punkt: Ich hatte ihr gerade die Tür geöffnet und noch gar nichts gesagt, als sie erstaunt ausrief: „Ich hab keine Ahnung, was Du genommen hast – aber ich will genau das gleiche!"

Offensichtlich hatte ich mich mehr verändert als gedacht. Wie würde wohl der tolle Mann in der Ferne reagieren? Aus heutiger Sicht würde ich sagen, dass sich nun eine andere Frau zu ihm auf die Reise machte, denn, wann immer die alte Routine noch negative Bilder schickte, sagte ich mir sofort: „Stopp, das will ich nicht bestellen! Was will ich stattdessen?"

Meine NLP-Begeisterung war so ansteckend, dass mein Prinz alles daran setzte, so schnell wie möglich selbst den Practitioner zu machen. Den Master und Coach erlebten wir dann – wie noch so vieles andere – gemeinsam.

Mit den erlernten NLP-Tools machte mir das Coachen so viel Spaß, dass ich es auch beruflich erfolgreich verfolgte. Es dauerte noch eine Weile, bis ich mein Thema gefunden hatte, aber dann ging alles ganz schnell:

Eine große Etappe war die Homepage. Nachdem die Entwürfe von drei Profis nicht meinen Vorstellungen entsprachen, lernte ich es selbst. So ging ich tagsüber arbeiten und saß abends und nachts am Computer, damit meine neue Homepage Bild für Bild und Wort für Wort Gestalt annahm. Zahlreiche redaktionelle E-Mails und Telefonate mit meinem Prinzen in der Ferne führten zu einer besser und besser werdenden Seite. Wir haben damals nicht viel Schlaf abbekommen und nachdem meine neue Seite stand, bauten wir seine auf. Weil ich mir meine bisherige Arbeit frei einteilen konnte, konnte ich mehr und mehr Zeit als Coach arbeiten.

Tag für Tag blickte ich auf mein Vision Board, auf dem schon das Foto meiner neuen Praxis zu sehen war. Ich hatte bei einem Immobilienportal im Internet einfach den Wohnort meines Freundes eingegeben nebst eines unrealistisch hohen Mietpreises. Dann hatte ich mir das schönste Angebot rausgesucht, ausgedruckt und aufgeklebt. „Think Big!" hatte ich bei Wiebke und Marc gelernt.

Meine sich auf so märchenhafte Weise entwickelnde Fernbeziehung brachte es mit sich, dass wir viel Zeit in Autos und Zügen verbrachten. Da kam das Seminar zum Kommunikationstrainer gerade recht. Nicht nur, dass wir wieder freshie-Energie tanken durften, es fiel auch alles Gelernte und Erfahrene der letzten Monate Stück für Stück plötzlich an die richtigen Platz. Wir gaben relativ schnell danach ein kleines eigenes Seminar, das ein großer Erfolg wurde. Unsere Freudenfeier danach ist noch heute einer unserer stärksten Anker für gute Gefühle.

Mit den neuen Erkenntnissen ging es nun noch schneller vorwärts. Ich gewann mehr und mehr Kunden in der Region meines Freundes, die ich in seinem Wohnzimmer coachte. Damit blockierte ich die Wohnung für ihn und seine kleine Tochter. Deshalb ging ich auf die Suche nach einer eigenen Wohnung und Praxis in seiner Nähe. Und ich fand die absolute Traumwohnung in toller Lage, die ich mir mit den gestiegenen Einnahmen auch leisten konnte.

Mein Leben wurde so viel leichter mit diesem Schritt. Heute habe ein sicheres Einkommen und bekomme so viele Kunden, wie ich brauche. Ich führe eine unglaublich glückliche und bereichernde Beziehung, die mir viel Kraft und Anreiz zur Weiterentwicklung gibt. Ich habe gelernt, mit meiner inzwischen erwachsenen Tochter geduldiger umzugehen und viel angenehmer zu kommunizieren. Am liebsten würde ich sie nach Feldafing einladen und mit ihr gemeinsam noch einmal einen Practitioner machen.

Ich bin Wiebke und Marc so dankbar, dass ich es kaum in Worte fassen kann. Schon als Kind war es mein großer Traum, möglichst vielen Menschen zu helfen. Als meine Freundinnen für Pferde und Popgruppen schwärmten, hatte ich stattdessen ein Bild von Albert Schweizer an der Wand hängen. Mit meinem Coaching helfe ich heute sehr vielen Menschen und bald werden es noch mehr sein, denn seit einiger Zeit produzieren wir auch DVDs.

Ich freue mich jetzt schon aufs nächste Jahr. Da werden wir wieder umziehen. In ein Haus am See. Mit meinem Traummann und seiner Tochter.

Engel der Freude   © Rosita Classen

Hochzeitsglocken

Von Barbara und Frank Tenge-Derichsweiler

Frank: Wie alles anfing? Durch „Zufall" kam ich mit dem Modell des NLP bei einem Mentaltraining in Kontakt. Das machte mich neugierig und bei einer Internetsuche entdeckte ich die fresh-academy. Ich hörte die ersten Folgen des NLP-fresh-up Podcast, schaute mir die Erfahrungsberichte und Erläuterungen auf der Homepage an und überlegte. Nach einiger Zeit ging ich zum Ziele-Tag, denn ich dachte, ein Tagesseminar ist ein guter Versuch und von den Kosten und Risiken her überschaubar. Gesagt, getan. Und am meisten in Erinnerung blieb mir von dem Tag Marcs Aussage, dass, wenn wir ihn fragen würden, was wir ändern sollen, er sagte: „Im Zweifelsfall alles." Auf der zweistündigen Heimfahrt überlegte ich, was ich ab sofort gern bei mir ändere und entschied, keinen Kaffee mehr zu trinken. Kaffee schien mir bis dahin „überlebensnotwendig", so dass es sich für mich gut anfühlte, das zu versuchen. Und seit diesem Zeitpunkt bin ich abstinent, was den Kaffee angeht. Eine Tasse ein paar Wochen später ließ mich staunen, warum ich das Gebräu früher so gern getrunken hatte.

Aus der Rückschau weiß ich, dass sich an diesem Tag damals noch viel mehr in mir verändert hat. Neben konkreten Tipps durfte ich zwei Trainer kennenlernen, die von ihren Konzepten wirklich begeistert sind. Mir war klar, dass ich nur mit dieser Begeisterung Themen voranbringen kann und wusste seitdem und durch weitere Kurzseminare, dass die fresh-academy mich weiterbringt.

Barbara: Frank hat mich damals sehr damit beeindruckt, so einfach auf sein Lieblings-Heißgetränk verzichten zu können. Wir fingen dann damit an, gemeinsam die Podcasts zu hören. Mein persönliches Highlight war die Folge zur Spinnenphobie. Zu der Zeit gruselte ich mich schon vor kleinen Spinnen so sehr, dass es mir beim Rausbugsieren die Nackenhaare aufstellte. Für mich war deshalb phänomenal, dass ich nach dieser Podcastfolge jegliche Art von Spinnen – auch die dicken schwarzen – einfach einfangen und raustransportieren konnte. Erstaunlich ist auch, dass ich seitdem deutlich weniger „Spinnenbesuche" in der Wohnung zu vermelden habe. Wahrscheinlich hat es sich in der Spinnenwelt herumgesprochen, dass ich allen Krabbeltieren einen pinken Wonderbra, Gummistiefel und auf dem Po eine grüne Prilblume verpasse!

Den Secret Tag der fresh-academy besuchten Frank und ich dann gemeinsam und fingen an zu verstehen, dass Wunscherfüllung auch viel mit Zulassen von Veränderung zu tun hat.

Frank: Der nächste wirklich große Entwicklungsschritt kam bei mir dann mit dem NLP-Practitioner. Mit großer Neugier und vielen Erwartungen begann für mich der erste Sechs-Tage-Block. Schon beim Merken der Teilnehmernamen überraschte ich mich selbst, denn das war sonst nicht so meine Stärke. Die Tage vergingen wie im Flug und waren reich gefüllt mit fruchtbaren Erfahrungsberichten und lehrreichen Geschichten.

Schon in einem der Kurzseminare hatte ich die beeindruckende Künstlerin Rosita Claasen kennenlernen dürfen und wusste, dass irgendwann mindestens eines ihrer Bilder bei mir sein würde. Als ich sie an einem Morgen des Seminars beim Frühstücken traf, verabredete ich mich mit ihr, um eines ihrer „Seelenbilder" für Barbara und mich zu besprechen.

Meine größte persönliche Veränderung erlebte ich in dieser Zeit beim Thema Beziehung. Meine grundsätzliche Bereitschaft, irgendwann einmal zu heiraten, wandelte sich zur völligen Klarheit in Bezug auf Barbara in ein „Nur sie und jetzt".

Ich verlor jede Angst vor diesem Schritt. Und die Übung am letzten Tag des Practitioners beseitigte die letzten Zweifel.

Mein Entschluss stand fest und ich hatte noch mit keinem darüber gesprochen. Umso überraschter war ich, als bei der gemeinsamen Rückreise eine andere Teilnehmerin mir auf den Kopf zusagte, dass ich in Kürze heiraten werde.

Die vielen Übungen in den Seminartagen zeigten Wirkung: Das Sich-Einfühlen in das Gegenüber und der eigenen Intuition zu vertrauen klappte bei ihr schon gut!

Ich reiste also voller neuer Erfahrungen und Energie nach Hause und hatte für Barbara schon Überraschungen in Planung.

Barbara: Nachdem Frank sich zum Practitioner angemeldet hatte, ergriff mich kurzzeitig etwas Panik. Schließlich hatte Marc am Begeisterungstag davon gesprochen, dass manche Menschen sich so sehr verändern, dass sie nach den Seminaren ihr komplettes Leben auf den Kopf stellen. Ich fragte mich daher, was geschehen würde, falls Frank dort jemanden kennenlernen würde, der ihm viel mehr bieten könnte als ich. Als Frank dann während des Seminars anrief und mir begeistert von den tollen Teilnehmern erzählte, ertappte ich mich dabei, wie ich mich ausgeschlossen und eifersüchtig fühlte. Frank merkte sofort, dass etwas in mir vorging. Dabei hatte er mir nie einen Grund für Eifersucht gegeben und mir wurde klar, dass es Zeit war, dieses Gefühl loszulassen. Er sagte mir dann, ich solle mir den 3. Oktober für eine Überraschung freihalten und mein Grübeln verwandelte sich in freudige Erwartung.

An Franks letztem Tag des Practitioners waren wir abends mit Freunden von mir verabredet, die Frank noch nicht kannten. Ich warnte daher die beiden vor, dass Frank nach dem Seminar eher müde und nicht sehr gesprächig sein würde. Daher staunten wir drei nicht schlecht, als ein völlig aufgedrehter Frank zurückkam. Er sprudelte nur so vor Begeisterung. Dieser Mann unterschied sich definitiv von dem Menschen, der zum Practitioner gefahren war. Und da wusste ich, dass ich diese Erfahrung unbedingt auch machen wollte. Doch erst mal freute ich mich auf die geplante Überraschung!

Am 3. Oktober stiegen wir dann ins Auto und ich durfte die Augen erst am Ziel öffnen. Frank grinste nur breit und ich war sehr aufgeregt. Wir gingen in ein Café und trafen dort: Rosita. Ich war begeistert, denn Frank hatte mir schon von ihren eindrucksvollen Bildern vorgeschwärmt. Wir unterhielten uns lange mit ihr und nun verstand ich auch, warum ich Fotos von unseren beiden Pferden mitnehmen sollte. Rosita sammelte Eindrücke für unser Seelenbild, was wir an diesem Tag in Auftrag gaben.

Im Anschluss gingen wir in der Nähe essen und – wie ich dachte – sollte es nach einem kleinen Spaziergang heimgehen. Im Schlossgarten inmitten der schönen Rosen stellte er mir dann „die Frage aller Fragen". Ich war überwältigt – ein Traum wurde wahr!

Die nun folgende Hochzeitsplanung verlief tatsächlich für alle „wie bestellt": Unser numerologisch errechneter Wunschtermin war einer der wenigen Tage, an dem die von uns favorisierte und auf Monate im Voraus bereits ausgebuchte Fotografin Zeit hatte. Die erste Wunsch-Location gestaltete sich schwierig. Heute weiß ich, dass das so war, weil eine noch viel schönere Location bereits auf uns wartete – eine Burg wie aus einem Märchen!

Im Gespräch mit den dortigen Hochzeitsplanern erhielten wir dann das Rundum-sorglos-Paket unter dem Motto „Gast auf der eigenen Hochzeit sein".

Frank und ich hatten unglaublich viel Spaß, zusammen auf Hochzeitsmessen zu gehen, die perfekten Einladungskarten zu finden, uns Überraschungen für unsere Gäste auszudenken und uns auf unsere Trau(m)ringe zu freuen.

Zwischendrin besuchten wir gemeinsam den Ziele-Tag, um eine weitere Dosis gute Gefühle zu erhalten. Am nächsten Tag hatte ich Muskelkater vom vielen Lachen und jede Menge schöne, bunte, gemalte Zielebilder.

Vor der Hochzeit fand dann auch noch (endlich) meine Teilnahme am Practitioner statt und ich wurde begeisterter „freshie". Das, was Wiebke und Marc vorleben, faszinierte mich vom ersten Moment an. Ihre Begeisterung ist definitiv ansteckend und hat den „Mehr-Faktor", so dass Frank auch noch den Master vor der Hochzeit machte, um unsere Gäste noch schneller in einen „tiefentspannten Zustand" schicken zu können.

An unserer Hochzeit lieferte das Universum dann Sonne über „unserer" Burg, während zehn km weiter entfernt sintflutartige Regengüsse niedergingen. So konnten Spalierstehen, Sektempfang und Hochzeitsfoto-Shooting entspannt im Freien stattfinden. Auch die nächsten Stunden waren geprägt von Sonnenschein in jeder Hinsicht und alle genossen die Feier. Und nicht nur für uns sind die Eindrücke und fotografischen Impressionen dieses Tages Anker für gute Gefühle, auch unsere Gäste schwärmen noch immer in höchsten Tönen von unserem Fest.

Und nun warten die nächsten Träume darauf, Wirklichkeit zu werden. Unser Vision-Board wird immer umfangreicher. Oder wie es der Dalai Lama gesagt hat: „Zukunft heißt wollen".

Die besten Optionen

Von Antje Beyer

Vor drei Jahren lernte ich durch die Empfehlung einer Arbeitskollegin die fresh-academy über den NLP-fresh-up Podcast kennen. Die Kollegin sagte mir damals: „Statt Nachrichten höre ich einen Podcast zum Frühstück und der bringt mir gleich gute Laune und das Lachen für den Tag."

Das habe ich sofort ausprobiert und bin dabei geblieben: Podcast ab Folge eins. Bis heute sehne ich jeden Mittwoch herbei, um die neue Folge zu hören. Die positiven Veränderungen nahmen bald Familie, Freunde und Kollegen wahr und reagierten mit Aussagen wie: „Du bist so ausgeglichen in Stresssituationen!", „Wie kannst du dabei so ruhig bleiben?" oder „Es ist so schön, dich im Team zu haben."

Ich hatte wieder gelernt, auf die täglichen Kleinigkeiten zu achten und mich daran zu freuen: an Blumenwiesen, am Sonnenschein, am Regen, meiner Wohnung und vielem mehr – ich war dafür dankbar. Und ich habe wiederentdeckt, wie schön es ist, andere zu loben, sie um etwas zu bitten, ihnen zu danken und dadurch mir und vielen anderen Menschen gute Gefühle zu machen.

Als ich auf mein bisheriges Leben zurückblicke, erkannte ich, dass ich viele Dinge in mein Leben gezogen hatte, die ich schnell loslassen wollte. Ich formulierte zum ersten Mal bewusst, was ich mir wünschte und das war Zeit für mich und meine persönliche Weiterentwicklung. Und ich wünschte mir einen Partner an meiner Seite, der mich so akzeptiert, wie ich bin. Deshalb meldete ich mich bei Partnerbörsen an und schrieb in mein Profil, was ich mir für die Zukunft vorstelle und wie mein Traumpartner sein soll. Und ich konnte es selbst kaum glauben, wie schnell das Universum liefert. Denn nur wenige Wochen später traf ich Georg das erste Mal. Auf einen schönen Abend folgte ein außergewöhnliches Event mit einem Wintertheater bei Fackelschein im Schnee. Seitdem verbringen wir eine wunderbare Zeit zusammen und schmieden gemeinsam schon Zukunftspläne.

Und dann habe ich auch noch den Practitioner an der fresh-academy gemacht, der mir einen ganz neuen Blick auf die Welt eröffnete und mir die wichtigste Erkenntnis schenkte, dass wir alle immer nach unseren besten Optionen handeln. Für mich war der Practitioner eine unvergessliche Zeit, die ich mit so vielen gut gelaunten, positiven Menschen verbringen durfte. Und ich durfte so viel lernen. Dafür, liebe Wiebke, lieber Marc, vielen, vielen Dank!

Gemeinsam

Von Daniel Bundschuh

Im Sommer 2012 fuhren Miriam und ich nach Innsbruck, um uns ein paar Tage zu erholen. Sie hatte wenige Tage zuvor Geburtstag und stimmte sofort zu, als ich ihr vorschlug, ein Wochenende in Zweisamkeit zu verbringen, und nachdem wir beide beruflich wie privat eine stressintensive Phase zu meistern hatten. Wir freuten uns darauf, ein entspanntes Wochenende in Tirols Hauptstadt zu verbringen machten uns auf den Weg in den Süden. Was Miriam allerdings nicht wusste, war, dass ich in meiner rot-weiß-gestreiften Cargo-

Hose, in der linken Beintasche einen Ring und in der rechten ein Liebesschloss verstaut hatte, wie sie zum Beispiel an der Hohenzollernbrücke in Köln hängen.

Ich verfolgte nämlich einen ganz besonderen Plan mit der Reise nach Innsbruck. Es war ein herrlicher Sommertag Ende Juni und voller Vorfreude packten wir für unseren Kurztrip und fuhren dann in Urlaubsstimmung los.

In Innsbruck angekommen stellten wir fest, dass wir zu früh waren, da unser Zimmer noch nicht fertig war. Wir überlegten, zusammen mit der freundlichen Dame an der Rezeption, was wir in der Zwischenzeit unternehmen konnten. Wir waren ja zum ersten Mal in dieser schönen Stadt. Der Weg bis ins Zentrum wäre für das Stündchen Wartezeit zu lang, und auf dem Stadtplan lachte mich ein Schloss in der Nähe an. Die freundliche Dame erklärte uns, das sei das Schloss Ambras und für einen Spaziergang von einem Stündchen perfekt. Also zogen wir los.

Ich dachte an meinen Plan, dessen Ablauf ich in den vergangen Tagen schon unzählige Male im Geiste durchgegangen war. Ich war fest entschlossen, Miriam zu fragen, ob sie meine Frau werden wolle. Klar hatten wir zuvor schon über das Heiraten gesprochen und dachten ähnlich darüber. Aber jetzt sollte es konkret werden!

Wir waren nun zweieinhalb Jahre ein Paar. In der Anfangsphase war ich mit der Bundeswehr für fünf lange Monate in Kabul – eine Zeit, die wir gemeinsam geschafft und – wie ich fand – damit den Grundstein für eine dauerhafte Beziehung gelegt hatten. Ich war also fest entschlossen, sie in Innsbruck zu fragen. Nur Zeitpunkt und Gelegenheit waren noch offen, doch ich vertraute darauf, rechtzeitig einen Wink vom Schicksal zu bekommen.

Am Schloss angekommen, spazierten wir durch den Torbogen in den Schlosspark, in dem alles so schön blühte und nach Sommer roch. Freilaufende Pfaue und Schwäne verfolgten mit interessiertem Blick unsere Schritte Richtung Schloss. Nach wenigen Minuten liefen wir an einem Brautpaar vorbei, das sich gerade für Fotos von ihrem besonderen Tag in Pose warf. Wir gingen eine Steigung empor und schauten von dort in den Schlosshof – und sahen ein weiteres Brautpaar und ich fing an mich zu fragen, ob das der Wink des Schicksals war. Doch zunächst wollten wir in das Schloss-Café für eine kleine Stärkung und sahen dort tatsächlich ein weiteres Brautpaar. Der dritte Wink reichte aus und ich überlegte, was die passende Gelegenheit sei. So schlug ich Miriam nach dem Essen vor, sie vor dem Schloss zu fotografieren. Um sie und das gesamte Schloss aufs Bild zu bekommen, musste ich mich hinknien – eine passende Ausgangsstellung für mein Vorhaben, dachte ich.

In der einen Hand die Kamera holte ich den Verlobungsring hervor und fragte sie, ob sie meine Frau werden will. Wir fielen uns in die Arme, drückten und küssten uns innig und schauten uns tief in die Augen, als mich Miriam fragte: „Sind wir jetzt verlobt?"

Ja! Wie auf Wolken gingen wir zum Hotel zurück und das Gefühl in mir war unbeschreiblich schön. Die Frau, die ich liebte, hatte sich entschlossen, für immer an meiner Seite zu bleiben. Das war allerdings nur der erste Streich, denn in meiner anderen Hosentasche wartete noch das Liebesschloss auf seinen Einsatz. Wir bezogen dann Hotelzimmer und brachen im Anschluss auf, um die Sehenswürdigkeiten Innsbrucks zu bestaunen.

Das „Goldene Dachl", Hofburg und Dom – es war ein herrlicher Tag! Und ich behielt mein Vorhaben im Kopf: Uns beide hatten die Liebesschlösser in Köln begeistert. Deshalb hatte ich eines für uns beide anfertigen lassen, als Zeichen unserer Liebe. Fehlte nur noch eine Brücke. Deshalb lockte ich Miriam an den Inn – Namensgeber der Stadt –, um so den ewigen Bund unserer Liebe zu symbolisieren. Dazu wollte ich gerne an eine Brücke gehen, weil das der traditionelle Rahmen für solche Schlösser der Liebe ist.

Am Fluss angekommen sah ich schon die große Brücke, aber der Weg dorthin war nicht sehr romantisch, so dass Miriam schon umkehren wollte. Am Geländer wo wir standen, war ein Schloss befestigt und so erzählte ich drauf los: Von der Symbolik der Schlösser, unserer Beziehung und dann holte ich das Schloss aus der Tasche und sah ein Funkeln in ihren Augen. Wir beschlossen dann, das Schloss nicht hier an das Geländer zu hängen, sondern es als Erinnerung an diese unvergessliche Reise mitzunehmen. Als Zeichen unseres ewigen Bundes warfen wir die Schlüssel in den Inn, so dass unser Liebesschloss nie wieder geöffnet werden sollte und somit unser Bund der Liebe für immer bestehen bleibt.

Unser gemeinsamer Traum fand im vergangenen Jahr seinen Höhepunkt im bezauberndsten Tag unseres Lebens: unserer Hochzeit! Dieses Jahr kam unser erstes Kind zur Welt – und unser gelebter Traum vom Leben geht weiter!

Engelsbotschaft

© Rosita Classen

Wir haben uns einfach wiedergefunden

Von Heike und Stefan Broder

Im März 2006 haben wir – Heike und Stefan – uns über das Internet kennengelernt. Drei Mails, zwei Telefonate und ein romantisches Nachtessen und schon wir waren ein Paar. Wir haben von Anfang an gewusst, dass wir zusammenpassen. Wir teilen viele gemeinsame Interessen und Leidenschaften und die gleiche Vorstellung vom Leben.

So sind wir nach anderthalb Jahren in eine moderne und großzügige Wohnung mit zwei Kinderzimmern gezogen, vorbereitend auf den Traum einer gemeinsamen Zukunft mit Kindern. Schon zu diesem Zeitpunkt war uns klar, dass wir auch heiraten werden. Nach einem romantischen Heiratsantrag während einer vierwöchigen Rucksackreise durch Vietnam schwebten wir auf Wolke sieben.

Unser Traum gipfelte in zwei wunderschönen Hochzeitsfeiern mit vielen Freunden und einer rauschenden Party bis in die Morgenstunden. Der Start in unser Eheleben war mehr als gelungen. Unsere Flitterwochen verbrachten wir auf Safari in Südafrika und Botswana. Wir fuhren mit dem Jeep tagelang mit Tempo 20 ohne Radio und Internet durch die Savannen und führten ausgedehnte Gespräche, träumten und sprachen offen über unsere Wünsche und Bedürfnisse. Uns gegenseitig ein Buch vorzulesen, war einer der schönsten Momente in dieser Zeit.

Spätestens hier war uns klar, dass lange Reisen in exotische Länder neben Kindern und einer glücklichen Partnerschaft zu unserem Traum gehören. Die Zeit weg vom Alltag und die Zweisamkeit ohne jegliche Störungen, das haben wir in vollen Zügen genossen. Wir schrieben uns Karten und Liebesbekundungen und waren uns als Paar genug. Gemeinsam Zeit zu verbringen, war für uns prägend, wertvoll und einfach nur wunderschön.

Um unseren Traum zu verwirklichen, sollten Kinder in unserem Leben nicht fehlen. Schwanger zu werden geht ja manchmal schneller als gedacht. Das einjährige Warten auf den positiven Schwangerschaftstest hat uns das erste Mal auf eine Probe gestellt. Wir haben während dieser Zeit viel in unsere beruflichen Ziele investiert und dank großem persönlichem Engagement und intensiven Weiterbildungen haben wir unsere Karriereziele schneller erreicht als gedacht.

Während unserer wöchentlichen Joggingrunden an einem Musterhauspark vorbei entstand schon der nächste Traum, nämlich ein eigenes Haus zu haben. Schnell fanden wir ein wunderschönes Grundstück mit einer tollen Nachbarschaft. Auch die Architektin und das Bauunternehmen waren uns auf Anhieb sympathisch und das Hausbauprojekt weckte neue Energie in uns. Wir haben uns über jeden Fortschritt gefreut, sind immer wieder auf den Plänen und in Gedanken alles durchgegangen und haben richtiggehend darin gelebt. Während dieser Zeit fokussierten wir uns vollends auf den Hausbau, während der Wunsch nach einem Kind in den Hintergrund trat. Und es kam, wie es kommen musste, der Schwangerschaftstest war positiv. Wir haben uns beide riesig gefreut! Doch letztlich ist die Schwangerschaft neben Hausbau und Weiterbildung irgendwie nebenher gelaufen. Die Geburt unseres Sohnes verlief nicht wunschgemäß, was Heike viel länger belastet hat, als wir es je gedacht hätten. Als unser Sohn drei Monate alt war, konnten wir in unser Traumhaus einziehen. Im Herbst 2010 waren wir verheiratet, hatten erlebnisreiche Reisen unternommen, ein tolles Haus gebaut und einen gesunden Sohn. Doch glücklich waren wir irgendwie trotzdem nicht so richtig.

Die alltägliche Arbeit nahm immer mehr Überhand. Diskussionen über richtig oder falsch in der Kindererziehung raubten uns den letzten Nerv. Nach einem langen Tag alleine mit dem Kind überreichte die frischgewordene Mutter jeweils vollkommen entkräftet den Kleinen dem Vater. In dieser Zeit gab es auch immer wieder schöne Momente und tolle Zeiten. Vor allem die gemeinsamen Reisen haben uns wieder Energie geschenkt.

Bei einer internen Führungsschulung lernte Stefan einen Referenten kennen, der ihn sehr begeisterte. Fasziniert suchte Stefan das Gespräch, worauf er den Rat bekam, sich mit NLP zu beschäftigen. Daraufhin recherchierte Stefan im Internet und stieß schon bald auf den NLP-fresh-up Podcast der fresh-academy und wenige Wochen später auch auf das Buch „Gespräche mit Gott" von Neal Donald Walsch. Er vertiefte sich immer mehr in diese Themen und erzählte von da an auch immer wieder über das, was er in „Gespräche mit Gott" gelesen hatte, was für Heike schon fast einer „Missionierung" gleichkam. Je mehr Stefan sich für diese Themen begeisterte und je gelassener er wurde, desto mehr lehnte Heike alles ab, was damit in Verbindung stand.

Heike sah überall Probleme und Gefahren und war einfach völlig erschöpft. Stefans Begeisterung wuchs und er meldete sich für eine entsprechende Ausbildung an. In Sommer 2012 hatte Stefan zuerst sechs Wochen Ferien und direkt anschließend die geplante NLP Practitioner Ausbildung. Schon während den Ferien war die Stimmung auf dem Tiefpunkt. Heike war permanent erschöpft, fühlte sich unverstanden und flüchtete sich in die Arbeit.

Dann kam Stefan nach zwei Wochen Practitioner voller „freshie-Energie" zurück und Heike wusste nicht mehr, wie ihr geschah. Sie war nur noch traurig, gereizt und erschöpft. Ihre schlechte Laune hielt über Tage an und Streitereien waren nun fester Bestandteil unseres Alltages. Unser Traum von einem zweiten Kind wollte auch nicht in Erfüllung gehen, was im Nachhinein auch gar kein Wunder war. Bei so viel negativer Energie machte jedes Lebewesen einen großen Bogen um uns. Im Februar 2013 besuchte Stefan dann den ersten Teil der NLP-Master-Ausbildung. Voller neuer Energie und Entschlossenheit kam er zurück. Er konnte und wollte die Ehe in diesem Zustand nicht mehr weiterführen. Stefan hatte sich entschieden, dass die Trennung der einzige Weg sei, damit er seine Ziele und Träume verwirklichen könne. Er wollte in einer Beziehung leben, in der sich die Partner vorbehaltlos unterstützen und ermutigen. Nach dieser Offenbarung fühlte Heike nur noch eine tiefe Verzweiflung und Ohnmacht.

Nun stand Heike vor der Entscheidung, sich auf die Trennung einzulassen oder sich für die Erhaltung der Ehe zu engagieren. Auf Anraten einer Nachbarsfrau sprang sie über ihren eigenen Schatten und begann, sich das erste Mal überhaupt für all die Dinge zu interessieren, mit denen sich Stefan schon lange beschäftigt hatte. Heike überwand ihren „inneren Widerstand" und öffnete sich für neue Themen und Ansichten. Stefan war erstaunt und auch überrascht darüber.

Noch am gleichen Abend haben wir uns entschlossen, den geplanten Urlaub von nächster Woche für einen Neubeginn unserer Beziehung zu nutzen. Nach Heikes Zusage, sich für das Thema NLP zu öffnen, begann sie die Podcasts der fresh-academy zu hören. Alleine die ersten drei Tage ohne inneren Widerstand und mit mehr gegenseitigem Verständnis haben unseren Alltag bereits enorm verändert. Was dann in der Woche Skiurlaub passierte, hätten wir nicht für möglich gehalten. Dank unserer Offenheit und dem gegenseitigen Interesse an unseren Träumen und Wünschen kam es zu tiefgreifenden Gesprächen. Hinderliche Glaubenssätze wurden aufgelöst und Listen von schönen Dingen und allem, was Spaß macht, wurden zuerst einzeln und dann gemeinsam ausgearbeitet.

Heike hat ab da an wieder die Verantwortung für ihr Leben und ihre Launen übernommen. Sie hat sich bewusst für die gute Laune entschieden und wieder in kleinen Schritten erlebt, wie es sich anfühlt sich zu freuen. Schon nach wenigen Tagen mit der bewussten Entscheidung, sich zu freuen und gelassen zu bleiben, veränderte sich die Beziehung von Heike und unserem Sohn dramatisch. Er suchte nun wieder den Kontakt und die Nähe zu seiner Mama, nachdem sie sich monatelange gestritten hatten. Das wichtigste jedoch war, dass wir uns als Paar wieder ganz nahe gekommen sind. Wir konnten uns unsere Bedürfnisse mitteilen, miteinander weinen und lachen. Wir beide fühlten uns zum ersten Mal seit langer Zeit wieder verstanden.

Wir sind beide unendlich dankbar, dass wir uns als Paar nochmals eine Chance gegeben haben. Heike hat sich innerhalb weniger Tage und Wochen nachhaltig und auf eindrückliche Art und Weise verwandelt, denn sie wollte mit aller Kraft vermeiden, dass unserem Sohn aus lauter Sturheit die Chance auf eine intakte Familie genommen wird. Heike hat sich zudem für den Frühsommer-Practitioner an der fresh-academy angemeldet. In der Zeit bis zum Seminar hat sich Heike dank ihrer Offenheit zügig weiterentwickelt. Sie wurde deutlich gelassener, genoss immer mehr und öfter die Glücksmomente und die Beziehung zu unserem Sohn war so liebevoll wie niemals zuvor. Heike wurde nicht mehr von ihren Launen bestimmt, sondern sie konnte sich nun immer häufiger bewusst entscheiden. Schlechte Laune gab es noch ab und an, doch dauerte diese nicht mehr Tage, sondern maximal noch zwei Stunden.

Für Stefan ging nun ein großer Traum in Erfüllung: Heike hatte sich geöffnet und war bereit, sich wieder neu und positiv auf die gemeinsame Zukunft einzulassen. Stefan hatte sich nichts sehnlicher gewünscht, als eines Tages seine Frau nach einer berüchtigten Marc Pletzer Lachtrance in die Arme schließen zu können. Und genau mit dieser frischen Energie, die wir nun wieder gemeinsam ausstrahlten, kam es, wie es kommen musste, unser zweites Kind kündigte sich an. Den Practitioner besuchte Heike dann schon mit unserer Tochter im Bauch. Die Podcasts gehörten nun zu unserem Alltag und gaben uns immer wieder neuen Gesprächsstoff.

Der Besuch der NLP Ausbildung war für Heike nicht immer einfach. Es war verwirrend und anfangs kostete es sie einige Tränen und viel Energie. Und genau das hat es scheinbar gebraucht, um wirklich bereit zu sein, wieder Spaß im Leben haben zu wollen. Denn sie wollte nicht mehr überall nur die Probleme und Gefahren wittern, sondern sie will die Freude, das Schöne und die Lösungen sehen.

Nun begann für uns ein neues Familien- und Liebesleben. Wir haben als Paar wieder Verständnis füreinander, unterstützen uns in unseren Träumen, feuern uns gegenseitig an und sind füreinander da. Unsere Gespräche gehen nicht mehr darum, wer was richtig oder falsch gemacht hat. Auch streiten wir uns nicht mehr über Erziehungsthemen, denn wir schauen uns einfach die Struktur an und überlegen uns, ob unsere Handlungen das bewirken, was wir als gemeinsame Absicht erreichen wollen. Und falls dem nicht so ist, suchen wir beide nach neuen Möglichkeiten, die wir als nächstes anwenden können. Wir beide wenden die erlernten Techniken täglich an und unterstützen und ermutigen uns dabei gegenseitig.

Die zweite Schwangerschaft erlebten wir viel bewusster und übten uns in Trancen und Entspannungstechniken. Auch die zweite Geburt verlief nicht gerade planmäßig und wir bangten kurz vor Weihnachten zwei Stunden um Heikes Leben. Noch im Februar war Stefan bereit gewesen, unsere Beziehung zu beenden, und im Dezember wünschte er sich nichts sehnlicher, als dass wir als Familie gemeinsam das Weihnachtsfest verbringen können. Zum Erstaunen der gesamten Ärzteschaft erholte sich Heike schneller und besser, als alle geglaubt haben. Heike hat mit ihrer positiven Einstellung das Glaubenssystem des gesamten Ärzteteams ziemlich durcheinandergeworfen, denn sie haben mit viel Ausdauer versucht, Heike einzureden, dass es ihr in den nächsten Tagen psychisch nicht gutgehen wird – was jedoch keineswegs eingetroffen ist. Wir sind einfach nur unendlich dankbar für das Leben, unsere zwei gesunden Kinder und dass wir gemeinsam das Leben unserer Träume weiterleben dürfen.

Heike hat im Sommer 2014 noch den NLP Master besucht. Stefan hat sich seither zum Hypno-Coach und zum Kommunikationstrainer ausbilden lassen.

Wir sind immer wieder erstaunt, wie elegant und schnell unsere kühnsten Träume in Erfüllung gehen. Der aktuellste Lebenstraum, der gerade vor zwei Wochen in Erfüllung gegangen ist, ist das Geschenk unserer wundervollen Labradorhündin Emma. Sie ist drei Jahre jung, super ausgebildet und hat ihren Weg über die Hessische Blindenführhundschule Blickpunkt von Tanja Kohl zu uns gefunden. Schon Nächte bevor wir sie zu uns nach Hause nehmen konnten, konnte Stefan kaum noch einschlafen und hatte immer wieder Tränen in den Augen, dass nun sein langgehegter Kindheitstraum in Erfüllung geht.

So gibt es noch tausende Momente, wo wir unsere Gefühle immer deutlicher wahrnehmen und einfach nur unendlich dankbar sind. Dankbar, dass es den Tiefpunkt in unserer Beziehung gegeben hat, dankbar für die Chance der Veränderung und unendlich dankbar für das Leben unserer Träume.

Trennung wagen

Von Birgit Bittorf

Ich war 26 Jahre verheiratet und habe mit meinem Mann zwei Kinder großgezogen, die heute erwachsen sind. 15 Jahre dieser Ehe hindurch war ich unglücklich. Zwar bin ich ein sehr humorvoller Mensch, doch ich hatte das Gefühl, meine Kräfte an eine sinnlose Beziehung zu verschwenden. Ich habe geschuftet, mein Mann war schwierig und cholerisch und mir ging die Kraft aus, um für diese Beziehung zu kämpfen.

Zusätzlich hatte ich mich mit Menschen zusammengetan, die ebenfalls in unglücklichen Beziehungen lebten. So waren wir gemeinsam unglücklich. Und in den Momenten, in denen wir uns über unsere Beziehungen austauschten, hatten wir das Gefühl, nicht alleine zu sein und fühlten uns verstanden. Doch in der Ehe selbst fühlte ich mich unverstanden und einsam. Mein Mann hatte mir eingeredet, ich wäre nichts ohne ihn und käme alleine sowieso nicht zurecht.

Trotzdem habe ich irgendwann den Mut gefunden, mich zu trennen – und habe es nicht bereut. Die Trennung liegt inzwischen drei Jahre zurück, wir sind mittlerweile geschieden und können respektvoll miteinander umgehen. Unsere Kinder haben sich mit der Situation arrangiert und haben zu uns beiden ein gutes Verhältnis.

Für meinen Beruf als Altenpflegerin habe ich mit meinen 50 Jahren noch mein Staatsexamen nachgeholt und mich im Alter von 52 Jahren zum Wundmanager erfolgreich ausbilden lassen und bin mittlerweile zur Assistentin der Pflegedienstleitung befördert worden.

Für mein neues Leben fand ich eine wunderschöne kleine Wohnung, die ich mir gemütlich eingerichtet habe. Zudem habe ich einen wundervollen Mann kennengelernt, der mich zum Lachen bringt, ebenfalls positiv denkt, mit dem ich auf Augenhöhe bin und der mich respektiert und verwöhnt.

Heute freue mich an kleinen Dingen im Leben: das schöne Wetter, liebe Menschen, die Natur, schöne Musik und an meiner eigenen Kreativität. Ich habe den Wunsch und den Willen wiederentdeckt, noch weiterzukommen und ich weiß, dass ich das schaffe. Mit inzwischen 53 Jahren befinde ich mich gerade in einer Weiterbildung zur Pflegedienstleitung.

So weit wäre ich ohne den NLP-fresh-up Podcast nie gekommen und möchte Euch von ganzem Herzen dafür danken! Wann immer ich zweifelte, haben mir Eure lieben und fröhlichen Worte geholfen und mich auf positive Gedanken gebracht. Ich kann es nur jedem Menschen raten, die Augen zu öffnen für die schönen Dinge im Leben. Es gibt so viel Schönes zu sehen, vertieft Euch nicht in trübe, schwere Gedanken. Jeder Weg ist eine Bereicherung, ein Lernprozess, der einen weiterbringt. Wir dürfen weitergehen, uns bewegen und an uns glauben. Mit dem Wissen, dass alles gut wird, ist das Leben so schön und voller Lachen. Ich freue mich immer weiter auf neue Podcastfolgen und danke Euch, liebe Wiebke und lieber Marc, von ganzem Herzen.

Mit Mensch und Maschine: angekommen

Von Manfred Pürner

Warum ich? Warum passiert immer mir so etwas?" So lautete mein wiederkehrender innerer Dialog an diesem kühlen Septembermorgen auf der Schwäbischen Ostalb, als ich aus dem leicht beschlagenen Fenster meines kleinen Pensionszimmers auf die Wälder der Albkante sah, die sich bereits in verschiedene Braun- und Grüntöne gefärbt hatten.

Ich hatte meine Frau in meiner kleinen Allgäuer Heimatgemeinde zum Altar geführt. Unsere standesamtliche Hochzeit war auf den Tag genau ein Jahr vorher auf einem kleinen ostfriesischen Leuchtturm gewesen. Kurz darauf begann mein neuer Job. Ich hatte es auf meiner letzten Arbeitsstelle einfach nicht mehr ausgehalten. Was toll begann, war einige Jahre später zu einem lästigen Alltag geworden, Gespräche und Projekte waren so vorhersehbar, sie langweilten mich nur noch. Und jetzt ein neuer Job! Was dort geschehen würde, war ungewiss, doch ich freute mich darauf.

Dann habe ich meine Frau verlassen. Ich wusste einfach, dass es so nicht weiterging, denn wir lebten nur Kompromisse. Mir fiel das Lied von Udo Jürgens ein: „Ich war noch niemals in New York". So ähnlich fühlte ich mich, und meine Frau hätte eine solche Reise zum „Big Apple" auch nie verstanden und ich wollte nicht mit ihr darüber streiten.

Erwachen © Rosita Classen

„Warum passiert immer mir so etwas?" Die Geschichte schien sich zu wiederholen. Die Beziehungen aus meiner Teenagerzeit fanden ein ähnlich katastrophales Ende. Bei einem Spaziergang erzählte mir mein Vater vor einigen Tagen, dass er mit seiner ersten Frau ein ähnliches Erlebnis hatte und resümierte, es scheine „in der Familie zu liegen".

So startete ich meine Besuche bei einer Therapeutin und habe dort viel erzählt. Ihr Rat war: Tabletten und viel Sport zum Ausgleich. Seitdem lief ich nach der Arbeit täglich fast 90 Minuten quer durch die Wälder der Ostalb. Im Ergebnis fühlte ich mich nicht besser, nur sehr viel müder. Was stimmte bloß nicht mit mir, fragte ich mich weiter.

Ein paar Tage später sprach ich morgens ganz offen mit meinem Chef über das Thema. Er hatte mich darauf angesprochen, dass ich seit Tagen keinen Ehering mehr trug. Am Ende reichte er mir ein kleines Kärtchen über den Tisch. Eine Visitenkarte seiner Frau; sie ist NLP-Coach. Ich rief am gleichen Abend an und hatte kurz darauf schon den ersten Termin.

Auf dem Weg dorthin bin ich gespannt, welches Wundermittel an Therapie sie mir anbieten wird. Ihre erste Frage, warum ich denn nun hier bei ihr sei, kann ich lange nicht konkret beantworten. Sie macht „komische" Übungen mit mir. Möchte, dass ich mir Bilder vorstelle, Bilder herumdrehe, größer und kleiner werden lasse. Sie spielt mir Musik vor, während ich meine Augen geschlossen halte, und spricht zu mir. Ich sehe viele verschiedene Bilder von meiner Frau vor mir. Die Tränen laufen mir über die Wangen. Und ich habe immer noch keine Antwort auf die Frage, warum ich hier bin. Auf dem Weg nach Hause überschlagen sich meine Gedanken. Als Hausaufgabe soll ich 15 Eigenschaften von mir aufschreiben und 15 Momente, in denen ich erfolgreich gewesen bin. In der darauffolgenden Nacht schlafe ich zum ersten Mal seit Monaten wieder durch.

Ich kann die nächsten Termine kaum abwarten. Mit der Hausaufgabe habe ich anfangs so meine Probleme, doch fallen mir, während ich in den Abendstunden immer noch meine Joggingrunden drehe, immer mehr Eigenschaften und Erfolgserlebnisse ein. Die Frage nach meinem Ziel geht mir nicht mehr aus dem Kopf. Wann habe ich das letzte Mal über meine Ziele nachgedacht? Habe ich überhaupt schon einmal über meine Ziele konkret – schriftlich oder visualisiert – nachgedacht? Als Kind wollte ich immer Erfinder werden und meinem Vorbild Daniel Düsentrieb nacheifern.

Beim nächsten Termin präsentiere ich stolz meine Hausaufgaben. Aus 15 Punkten werden für das nächste Mal 40. Und ich muss diese Hausaufgaben nicht vorlegen; es sei nur für mich selbst. Wann habe ich das letzte Mal etwas für mich selbst gemacht? Mein Leben trug bis dahin die Überschrift: „Täglicher Kampf um einen Kompromiss". Und wieder weine ich mit geschlossenen Augen, während die Musik leise nur von der Stimme meines Coaches durchbrochen wird. Die Gedanken in meinem Kopf drehen sich immer mehr und immer schneller. Auf dem Weg nach Hause bleibe ich am Wegrand stehen und setze mich auf eine Bank, um die letzten Sonnenstrahlen des Tages zu genießen. Was wünsche ich mir wirklich in einer Beziehung? Was wünsche ich mir wirklich in meinem täglichen Job? Und wer trägt die Verantwortung für mein Leben? Und wieder taucht die Frage auf: Was will ich wirklich?

Tags darauf tue ich etwas, was ich seit Kindertagen nicht mehr gemacht habe. Ich kaufe mir einen großen DIN-A3-Block, fange an zu malen. Wie würde mein Job aussehen, wenn ich wirklich Spaß daran hätte. Wenige Tage später folgt das Bild für meine zukünftige Beziehung. An die Wand gepinnt, jederzeit sichtbar, fallen mir täglich neue Details dazu ein. Ich gehe dazu über, meine 90 Minuten Jogging gegen 90 Minuten Details malen einzutauschen.

Die Liste der 40 Eigenschaften wächst von Tag zu Tag; ebenso die Liste der Erfolgsstorys. Was ist überhaupt für mich Erfolg im Leben? Allmählich wandeln sich die Einträge meiner Liste von punktuellen Lebensereignissen zu täglichen Erlebnissen. Was auch immer mit mir passiert, es scheint auch bei meiner neuen Arbeit aufzufallen. Mein Chef spricht über ein neues Projekt, das in einigen Monaten starten soll. Eine neue, große Maschine soll für Kunden weltweit entwickelt werden. Ich spüre die Neugier, die Begeisterung für das Unbekannte. Und ich ergänze meine zwei Bilder um ein drittes Bild: meine neue Maschine!

Nach dem nächsten Termin bei meinem Coach sitze ich wieder auf meiner Bank und lausche dem Wind, der durch das trockene Laub auf dem Waldboden raschelt. Die Herbstsonne färbt den Horizont vanillefarben ein. Meine Gedanken sind bei meinen Bildern, besonders bei dem Beziehungsbild. Wie sehr doch meine Glaubenssätze meine Beziehungen in den letzten Jahren geprägt hatten. Und oftmals wurde Realität, was vorher nur gedacht und in wenigen Fällen sogar ausgesprochen worden war. Ich selbst trage dafür die Verantwortung. Ich selbst habe dafür gesorgt, dass all dies in meinem Leben geschah. Wie blind ich doch gewesen war und die Verantwortung bei anderen suchte. Bequemlichkeit? Opferrolle? Konzepte, mit denen ich bestens vertraut war. Und das Ergebnis in der Vergangenheit war keinesfalls erstrebenswert.

Das Ergebnis in der Zukunft darf klar ein Anderes sein. Mittlerweile ist das Beziehungsbild an meiner Wand um zwei weitere Blätter ergänzt. Und schon bald möchte ich meiner Frau nach all den Wochen gegenüberzutreten.

„Du bist der Durchschnitt der fünf Menschen, mit denen du dich am häufigsten umgibst!" Ich mochte diesen Satz meines Coachs zunächst überhaupt nicht hören, geschweige denn verinnerlichen. Heute sehe ich auf das Ergebnis: Vier Menschen habe ich hinter mir gelassen, losgelassen. Ich selbst habe die Verantwortung für mein Leben an dieser Stelle neu ausgestaltet; mit neuen Menschen, neuen Freunden und anderen Ergebnissen in meinem Leben.

94 Tage, nachdem ich meine Frau verlassen hatte, gab es das erste Wiedersehen.

Sie war inzwischen quer durch die Republik gezogen, hatte ein neues Leben angefangen, hatte die Verantwortung für ihr Leben in die eigenen Hände genommen und neu zu gestalten begonnen. Es war ein turbulenter Abend. Noch nie zuvor hatte ich meine Frau so wahrgenommen. Noch nie waren wir so nah beieinander. Ich merkte, wie viel ich gelernt hatte und wir spürten beide den Neuanfang.

Knapp drei Jahre später kam unser Sohn Luis auf die Welt. Die detailreichen Bilder, die ich einst an die Wand gepinnt hatte, existieren noch. Nicht nur hinter einem Glasrahmen, sondern sie sind auch wahr geworden. Meine Ehe, unsere Familie sind für mich ein wahr gewordenes Wunder.

Auch die Maschine steht mittlerweile schon fast vollständig zusammengebaut da und wird dieses Jahr an unseren ersten Kunden geliefert. Jeden Tag auf dem Weg zur Arbeit denke ich an das Bild vom Erfinder meiner Jugendzeit und an das detailreiche Bild an jener Wand vor drei Jahren. Ich habe mein Leben auch in dieser Beziehung exakt so erschaffen wie geplant.

Und ich sitze immer noch regelmäßig auf der kleinen Bank und genieße die Natur. Nach dem letzten Coaching-Termin vor langer Zeit folgten Practitioner, Master und Kommunikationstrainer am Starnberger See bei der fresh-academy. Und ich male seit längerer Zeit neue Bilder, drehe neue und größere Filme auf meinem Balkon, mit dem schönen Blick auf ein kleines Schloss. Und meine Begeisterung kennt keine Grenzen für den Tag, an welchem die noch größeren Träume von heute schon morgen sich erfüllen werden.

Von Herzen vielen Dank an Birgit und Heinz sowie an Wiebke und Marc!

Wenn ich mich liebe, liebt mich die Welt

Von Luva Rüggeberg

Wir alle kennen sie, diese Impulse, die manchmal aus dem Unterbewusstsein auftauchen und die uns zur richtigen Zeit am richtigen Ort sein lassen. Manche nennen das ihre innere Stimme, die zum Beispiel wie aus heiterem Himmel eine Frage stellt. Und wenn wir entspannt sind, bekommen wir diesen Impuls mit, und wenn wir mutig sind, lassen wir den Impuls zu und gehen ihm nach. So war es für mich mit meinem ersten Seminar bei der fresh-academy.

Im Jahr 2011 war zum ersten Mal eine solche Frage aus dem Unterbewusstsein aufgetaucht: „Um was geht es denn da bei diesem NLP?" Also fing ich an zu recherchieren. Ich fand die Seite der fresh-academy, bestellte mir die Unterlagen, lud mir den Podcast herunter und fing an, ihn zu hören. Ich war sofort begeistert, mein Hirn jubelte über dieses köstliche Futter, das es da bekam, und ich konnte gar nicht mehr aufhören, allen von meiner tollen, neuen Entdeckung zu erzählen. Als dann ein paar Tage später die Unterlagen kamen, verkündete ich: „Ich will das machen, und zwar ALLES!" und mein Lebensgefährte, ganz erfreut von meiner Begeisterung, versprach mir, wenn ich das wirklich machen wolle, würde er mir die Hälfte des Geldes dazu geben.

Weil ich aus einem Umfeld stamme, in dem Spiritualität und die magischen Dinge im Leben zum Selbstverständnis gehören, habe ich die Angewohnheit, auf die „äußeren Zeichen" zu achten, ob ich auf dem richtigen Weg bin, und die Zeichen waren überdeutlich. Zeitgleich mit meiner Recherche hatte ich ein neues Hörbuch angefangen und der Titel „Goldstück" ließ mich nicht mal ahnen, worum es wohl in diesem Roman ging, nämlich um eine junge Frau auf der Reise zu sich selbst via NLP.

Ich hörte mir „The Secret" an und befolgte die Anleitung zum Manifestieren von Geld, indem ich einen Zettel schrieb: „Ich bin so froh und dankbar, dass ich das Geld habe, um den NLP-Practitioner bei der fresh-academy zu machen." Den Zettel steckte ich weg und vergaß ihn fürs erste. Nach nur zwei Wochen hielt ich zweitausend Euro in den Händen und war fassungslos, wie einfach das geklappt hatte! Ich meldete mich für das nächstmögliche Seminar, Ostern 2012, an und freute mich.

Und dann ging es los!

Ich fuhr ganz entspannt und souverän zum NLP-Practitioner, gab beide Gefühle am Eingang ab und fühlte mich nackt, verschreckt, schutzlos diesen Röntgenblicken ausgeliefert zwischen all diesen geldigen Managertypen mit ihren guten Ausbildungen und ihren teuren Schuhen. Da saß ich nun mit meinen Fluchtimpulsen und dem Gefühl von Mangel, nicht genug und zur falschen Zeit am falschen Ort zu sein. Und die innere Stimme sagte, alles sei gut, ich sei nun schon mal da und könne dann auch einfach mal mitmachen. Na gut! Wo war eigentlich die souveräne, entspannte Frau hingegangen, von der ich dachte, dass ich sie wäre? Und wer war dieses bockige verunsicherte Gör, das da zwischendurch aus mir rausbrach und so viel Angst hat vor der weisen Frau da vorne mit dem großen Herzen und dem unendlichen Mitgefühl? Zwischendurch immer wieder Erklärungen – Gott sei Dank! Da kann ich mal entspannen! Der Mann da vorne hat so eine tolle Stimme und er ist witzig. Und wenn es witzig ist, kann ich loslassen.

Ich wäre ja auch gerne witzig, zumindest kann ich schon mal ganz gut lachen ... Und die Geschichten machen wieder dieses Gefühl in meinem Hirn, als würde es gefüttert.

Und abends eine Trance. Mal nur schön, mal entspannend, mal zum Lachen, mal alles zusammen. Und dann das mit der Hypnose: Da hat die Bockige wieder ihren Auftritt und weigert sich zuzuhören, geschweige denn mitzumachen, und dann weist die innere Stimme freundlich darauf hin, dass die liebe Frau am Morgen gesagt hat, ich wolle doch hier lernen und da dürfe ich mir vielleicht auch mal was sagen lassen. Die Bockige bockt noch ein bisschen, dass sie das eben nicht wolle, und zieht sich dann leise in ihren Schmoll-Winkel zurück.

Zwölf Tage voller Lachen, Lernen und Hirnfutter. Ich lerne mich immer besser kennen und weil ich anfange zu verstehen, wie ich funktioniere, traue ich mich mehr und mehr, meine Gefühle zuzulassen, auch die, die ich nicht ganz so schön finde. Ich lerne Techniken, schnell Ängste zu heilen, meine Gefühle zu verändern, ich beginne zu verstehen, dass ich die volle und alleinige Verantwortung für mein Leben habe und dass genau das Freiheit bedeutet.

Und ich merke, dass der erste Impuls, die ganze Ausbildung zu machen, der richtige war. Die Idee, ich sei da falsch, war nur Angst, die sich zum Glück im Lachen aufgelöst hat. Ich beginne, achtsamer mit meiner Sprache umzugehen, und staune über jede Kommunikationserleichterung. Ich freue mich über die tollen Menschen, die ich kennengelernt habe und die mich unterstützt haben, mich selbst besser kennenzulernen, und bin unendlich dankbar.

Nach dem NLP-Practitioner bastelte ich mir ein riesiges Vision Board mit all meinen Zielen und Wünschen, hängte es gut sichtbar auf und freute mich jeden Tag auf den NLP-Master im Winter.

Im Oktober besuchte ich dann noch ein Seminar über Face-Communication bei Wiebke. Das waren zwei Tage voller Lachen und Begeisterung, an denen ich mit Leichtigkeit lernte, angelegte Strukturen in Gesichtern zu erkennen, verstanden habe, dass jedes Gesicht in sich perfekt und schön ist, und dass „Charaktereigenschaften" eine Kombination aus angelegten Strukturen und Training sind. Im Dezember ging es dann endlich weiter – der NLP-Master!

Wie wir uns alle freuten, uns wieder zu treffen oder uns neu kennenzulernen. Weil ich diesmal damit beschäftigt war, mich zu freuen, und mich auch ziemlich „angezogen" fühlte, ging es mir schon am Anfang deutlich besser als noch im Practitioner. In diesen Tagen unterstützen wir Teilnehmer uns gegenseitig dabei, uns zu entspannen, gute Gefühle zu entwickeln und unseren Humor zu vergrößern. Wir lernten und übten, auch zu den „problematischen Dingen" des Lebens eine entspannte und humorvolle Haltung zu entwickeln. Und wir lachten, bis uns der Schweiß und die Tränen in Strömen herabliefen.

Voller Dankbarkeit über diesen geschützten, liebevollen Ort, der Raum für inneres Wachstum bietet, ging ich mit mehr Mitgefühl mir selbst gegenüber, mehr Eigenliebe und Selbstvertrauen nach Hause. Ich entdeckte: Je freundlicher ich zu mir selbst bin, desto freundlicher kann ich auch zu meiner Umwelt sein. Nun verstand ich mehr und mehr, dass die Welt und die Art und Weise, wie ich sie sehe, ein Spiegel meines Selbst ist. Mit einem großen Werkzeugkasten voller neuer Techniken und Möglichkeiten, mit neuen lustigen Geschichten, Begegnungen und Erlebnissen im Gepäck reiste ich in meine Zukunft mit der Gewissheit, dass ich selbst gestalten kann, wie diese aussieht.

Im Sommer 2013 folgte dann der NLP-Coach, das nächste Programm auf meiner Liste. Ich habe mich so sehr darauf gefreut! Ich nehme mir Marcs Satz zu Herzen: „Die Qualität Deiner Fragen bestimmt die Qualität Deines Lebens!" Also stelle ich in diesem Seminar jede Menge Fragen. Ich verstehe, dass Ängste und Unsicherheiten nicht das Besondere an einem Menschen sind und dass mein Mut, auch für mich sehr persönliche Fragen zu stellen, nicht nur mir hilft, Klarheit zu gewinnen.

Wir wachsen miteinander und aneinander, wir erweitern unsere Wahrnehmung, öffnen unsere Herzen und geben uns gegenseitig den Mut, auch die dunklen Ecken und Gefühle wahrzunehmen, anzunehmen und loszulassen. Wir üben aneinander und miteinander in der Gewissheit, dass auch Fehler erlaubt sind – wir lernen alle daraus und wir können es reparieren. In dieser Schwingung von Liebe, Lachen und Gelassenheit werden wir innerhalb des geschützten Kraftfeldes der fresh-academy auf die Menschheit losgelassen und dürfen coachen – yeah!

Und das fühlt sich großartig an! Ja, ich habe richtig viel gelernt und ich kann es anwenden, ohne weiter nachzudenken, ganz intuitiv. Und was sich noch nicht ganz so großartig anfühlt, da schauen, hören und fühlen wir gemeinsam ganz genau hin und unterstützen uns gegenseitig, um es beim nächsten Mal noch besser zu machen.

Ich bin sehr, sehr glücklich und dankbar. Ich habe diese beiden wundervollen Lehrer getroffen und sehr viele liebevolle, kluge, begabte, tolle Menschen kennengelernt. Menschen, die mich dabei unterstützt haben und weiter unterstützen, die zu werden, die ich bin. Menschen, die ich auf ihrem Weg begleiten durfte und an deren Entwicklung ich teilhaben durfte.

Ich habe verstanden, dass ich nicht auf der Welt bin, um von der Welt gemocht zu werden. Ich kann es lassen, mich zu verbiegen, damit die Welt mich mag, ich darf anfangen, mich selbst zu mögen, dann mag die Welt mich sowieso.

Ich habe schon immer viel und gerne gelacht und empfand mein Leben als kostbar und reich – und seit ich 2011 diesem Impuls nachgegeben habe, habe ich noch mehr Freiheit, noch mehr „Wahle", mehr Schubkraft, mehr Lebensqualität, Freude und Lachen in meinem Leben.

Nach dem NLP-Coach schrieb ich einen Businessplan, fand einen Raum zum Coachen, renovierte in Eigenarbeit, erstellte eine Homepage, entwarf und erstellte meine Visitenkarten und machte mich selbstständig. Jetzt bin ich frischgebackener selbstständiger Coach. So ist mein Traum von einem selbstbestimmten Leben wahr geworden!

Liebe Leben

Von Melanie Mittermaier

Seit gestern früh schiebe ich das Schreiben vor mir her. Meine Wohnung glänzt, die Wäsche ist gebügelt, ich war laufen, auf Facebook unterwegs und habe meditiert.

Ich schmunzle über mich selber. Zum Glück sind meine Vermeidungsstrategien nützlich für mich, meinen Körper, mein Wohlbefinden und meinen Haushalt. Ich schreibe gerne und sobald ich dann am Computer sitze, geht mir der

Freude

© Rosita Classen

Text recht leicht von der Hand und ist schnell fertig. Je mehr ich schreibe und je regelmäßiger ich das tue, desto kürzer wird die Phase des Vor-mir-Herschiebens. Ich trainiere meinen „Schreib-Muskel" nun täglich und ich merke, wie er stärker wird. Außerdem spüre ich mehr und mehr den „richtigen" Zeitpunkt, um zu schreiben. Also auch „inspired action" und nicht nur Drückebergerei. Früher hätte ich mich mal dafür geschimpft, dass ich nicht so funktioniere, wie ich will und soll. Früher hätte ich keine einzige Zeile geschrieben, denn ich dachte immer, dass ich nicht schreiben kann und dass ich nichts zu sagen hab. Früher dachte ich auch, dass das doch keiner lesen will und andere es sowieso viel besser machen als ich.

Heute bin ich Bloggerin und es ist so cool und macht so viel Spaß! Ich schreibe einfach so, wie ich spreche (nun ja, nicht ganz so bayerisch) und bekomme dafür viel positives Feedback von meinen Lesern. Ich schreibe über mein Lieblingsthema, über das ich andauernd und immer sprechen könnte und welches mich so sehr fasziniert und glücklich macht: die Liebe.

Zum ersten Mal in meinem Leben bezeichne ich mich als absolute Expertin auf meinem Gebiet, ohne mich dafür zu schämen oder mich als „Angeberin" zu fühlen. Zum ersten Mal weiß ich von ganzem Herzen, dass ich meine Sache wirklich gut mache, dass ich genau das machen will und dass es anderen Menschen nützt.

Marc hat im Master gesagt: „Ihr alle seid ein Geschenk für diese Welt. Was möchtest du schenken?" Ich schenke der Welt meine ganze Liebe, meine Begeisterung und Leidenschaft, mein Wissen, meine langjährige Erfahrung als Ehefrau, Mutter und Coach in meinem eigenen Blog.

Erst Horror vorm Schreiben und jetzt Spaß dabei?

Im Dezember 2012 hatte ich einen Termin zum Coaching bei meiner Kollegin Karen. Sie hatte gerade den NLP-Master bei der fresh-academy gemacht und meinte zu mir: „Sag mal, kann es sein, dass du momentan ziemlich spaßfrei unterwegs bist?" BOOM! Der saß! Mit Tränen in den Augen nickte ich.

Ich hatte meinen Traum verwirklicht, Coach zu werden, und ich liebe diesen Beruf. Doch ich hatte auch das Gefühl, um jeden Klienten kämpfen zu müssen. Ich hatte nicht das Einkommen, das ich wollte, und fühlte mich erfolglos, obwohl ich schon vielen Menschen geholfen hatte, mehr Spaß und Entspannung in ihr Leben zu bringen (welche Ironie!).

Meine eigene Lebensfreude blieb auf der Strecke. Ich gönnte mir kaum etwas, selten mal einen Saunabesuch, noch seltener schöne Klamotten oder Schuhe oder andere Dinge, die Geld kosteten. Materielle Wünsche zu haben, tat weh, so dass ich jegliches Wünschen und Träumen unterdrückte.

Auf Empfehlung von Karen hörte ich ab sofort das Hörbuch „Erschaffen Sie das Leben Ihrer Träume!" vom Secret-Tag der fresh-academy. Ich war Feuer und Flamme und habe viel gelacht. Dieser Typ war echt lustig.

„The Secret" hatte ich schon vor Jahren gelesen und konnte damals schon einiges in meinem Leben zum Positiven verändern. Doch so wirklich verstanden hatte ich das Gesetz der Anziehung noch nicht. Seit meinem 18. Lebensjahr besuche ich spirituelle Seminare wie zum Beispiel von Robert Betz oder Harald Wessbecher. So manches Mal war ich aber frustriert, weil ich es einfach nicht geschafft hatte, die vermittelten Inhalte in allen Lebensbereichen umzusetzen.

Gerade in einer Zeit großer beruflicher Veränderung meines Mannes Andi (er hatte seinen ungeliebten Job hingeschmissen) und in einer Zeit von großen finanziellen Ängsten (die Bilder von der Brücke, unter der wir leben würden, waren immer kalt und regnerisch) kam das Hörbuch wie ein rettender Engel in mein Leben. Ich hörte weitere Hörbücher sowie die Podcasts der fresh-academy und viele Seminarmitschnitte von Esther Hicks. Beim Putzen, Bügeln, Autofahren, Joggen und Kochen. Rauf und runter. Ich kreierte ein Vision Board, auf dem das erste Bild der Starnberger See mit Schriftzug „Practitioner" war. Plötzlich waren wieder Wünsche da, und obwohl ich keinen Schimmer hatte, wie ich diese verwirklichen konnte, hatte ich Zuversicht und Vertrauen in mich, dass alles gut werden wird.

Ein Jahr später, mit mal mehr, mal weniger Kontrast, einer weiteren großen beruflichen Veränderung von Andi, einer sich ständig steigernden Entspanntheit und viel Spaß an der gemeinsamen Entwicklung, sind wir beide mittlerweile NLP-Master und haben dadurch unser Leben, unsere Träume und Ziele, unsere Weltbilder und unsere Einstellung komplett verändert und vor allem vergrößert. Wir tauschen uns über Sprachmuster und Meta-Programme aus, lachen über Muster aus unseren Ursprungsfamilien und fragen uns gegenseitig: „Was hättest du gerne?", anstatt uns gegenseitig beim Jammern zu trösten.

Im ersten Master-Block im März stellte Marc uns die Disney-Strategie vor, und ich fragte ihn: „Warum kann ich im Privatleben so wundervolle große Bilder träumen und meine Ziele verwirklichen und im Berufsleben nicht?"

Er hatte zwei Antworten für mich: „Deine Träume sind zu schwammig und unkonkret und du wechselst in den auditiven Kanal." Wieder BOOM! Wieder Tränen in den Augen. Genau!

Sobald ich über meine Arbeit oder über Geld nachgedacht habe, kam sofort eine kritische Stimme daher, die mich vollnörgelte: „Das wird ja doch nichts. Wer will dafür schon Geld bezahlen? Wer bist du denn? Das können andere viel besser!" Und so weiter …

So macht Träumen natürlich keinen Spaß und ich habe meine ganze Energie wie immer in mein Privatleben investiert. Hier lebte ich bereits das Leben meiner Träume und daran hatte und habe ich viel Freude. Andi und ich leben eine wundervolle, entspannte und superglückliche Partnerschaft mit viel Liebe und Lachen. Wir konnten eine blöde Sex-Krise meistern und leben auch hier das Leben unserer Träume. Unsere Kids sind glücklich, haben Spaß in der Schule und wir verstehen uns gut mit Eltern, Schwiegereltern, Nachbarn und Freunden. Ich fühle mich wohl in meinem Körper, bin fit und gesund und mag mein Spiegelbild. So! Das galt es jetzt in ALLE Lebensbereiche zu übertragen. Mein Master-Ziel war es dann auch, endlich meinen Blog zu starten, den ich als Idee schon seit einigen Wochen in meinem Kopf hin- und herschob. Bisher hatte meine Angst dafür gesorgt, dass ich bloggen als fixe Idee und Blödsinn abgetan hatte. Doch jetzt ist alles anders!

Gesagt, getan. Vier Wochen Zeit. Zwei Wochen Vermeidungsstrategien (unter anderem ein ausgemisteter Kleiderschrank), viel Lesen und Lernen über Bloggen, das Auseinandersetzen mit der Technik und mit dem Design. Der Hinweis von erfahrenen Bloggern, dass ein Blog nicht schnell mal mit einem Artikel starten sollte, sondern schon einigen Content aufweisen darf, machte es nicht gerade leichter.

Dann der Beginn: Viele Zweifel, also Musik auf die Ohren; kritische Stimmen – in Mickey Mouse und Bugs Bunny verwandelt; in den unbeobachteten Wahrnehmungs-Kanal wechseln – Cappuccino trinken, Zitronenduft in die Nase. Ich habe mein ganzes Repertoire an NLP-Techniken aufgefahren. Das hilft!

Zusätzlich hatte ich großartige Unterstützung meines Erfolgsteams (wunderbare, positive und kompetente Menschen aus ganz Deutschland, mit denen ich wöchentlich telefoniere). Durch geschickte Fragen, provokative Anmerkungen und Tipps haben mir Michael und Katrin geholfen, den Weg aus einer Sackgasse zu finden, Druck loszulassen und mit Spaß weiterzuarbeiten. Behutsam und beharrlich haben sie mich darauf hingewiesen, dass ich einfach schreiben sollte, wie ich spreche. Cool! Dann macht Schreiben sogar Spaß! Mir! Wer hätte das gedacht?

Meine Freundin Christina und meine Master-Kollegin Monika haben mich bei meinem Vortrag „Lass die Liebe frei!" grandios unterstützt. Dieser Abend war toll und das positive Feedback der Zuhörer war genial – ein weiterer Schritt in Richtung: Träume verwirklichen.

Ich führte viele Telefonate mit Leuten aus der freshie-Facebook-Gruppe und lernte so viele tolle Menschen kennen. Jedes Gespräch war eine Bereicherung für mich und hat mich weiter bestärkt, meine Ziele konsequent zu verfolgen.

An dieser Stelle möchte ich allen danken, die an meiner Veränderung beteiligt sind und waren. Ihr alle seid großartig! Ganz besonders danken möchte ich Marc und Wiebke und meinem wunderbaren Mann Andi. Danke, danke, danke!

Auf der CD „Mach dir große Ziele" beschreibt Marc das Leben als Hügellandschaft. Du stehst auf deinem Hügel (dein jetziges Leben) und dein nächstes Ziel ist der nächste Hügel. In den letzten Monaten habe ich viele Hügel erklommen und hinter mir gelassen. Die nächsten Hügel sind ganz klar vor mir und dahinter sehe ich sogar schon die „Alpen" hervorblitzen. Meine Ziele sind echt riesig geworden. Und der Hügel, auf dem ich stehe, ist auch cool.

Alles ist gut und es darf immer noch besser werden. Mein großer Traum ist eine Karriere als Speakerin, Bloggerin und Coach und ich freu mich über jeden Schritt auf diesem Weg. Ich freue mich auf alles, was kommt. So oder so – es wird großartig!

Liebe ist die Grundlage all meiner Lebensfreude und für mich der einzige Sinn und Zweck, auf diesem Planeten zu sein. Liebe ist die größte Kraft im Universum; ich denke, es ist eine tolle Sache, mein Leben der Liebe zu widmen.

Die wichtigste Erkenntnis war und ist für mich: Leben darf leicht gehen und Spaß machen! Das ist so. Mein Leben wird jeden Tag noch leichter, lustiger, entspannter, sinnvoller und liebevoller als zuvor. Ich liebe es!

Ein gutes Jahr

Von Heiko Krahn

2012 begannen für mich die Veränderungen. Ich hatte große Schmerzen wegen Dingen und wollte das ändern. So ging ich im Januar zur „Ambulanten Psychotherapie". Ich erzählte meinem Therapeuten von meiner Kindheit, meinem Leben, und die Schuldigen standen bald fest. Zeitgleich erzählte mir ein Freund vom Neurolinguistischen Programmieren. Das klang spannend, ich wollte mehr erfahren und entdeckte dabei den NLP-fresh-up Podcast und besuchte bald schon ein NLP-Basis-Wochenendseminar bei einem Coach aus meiner Heimatstadt.

Meine erste Entscheidung zur Veränderung stand danach fest: „Keine Kompromisse mehr." Ich will mein Leben „in richtig". Ich wollte für meine Familie liebenswert sein und entspannt so richtig erfolgreich werden.

Deshalb meldete ich mich zum Practitioner bei Wiebke und Marc an und lernte dort 42 tolle, liebenswerte Persönlichkeiten kennen. Jeder einzelne half mir mit seiner persönlichen Geschichte und motivierte mich, noch bewusster zuzuhören, meine Ziele zu formulieren und einfach weiterzumachen. Ein Dankeschön an Kati für das tägliche tolle Joggen am Starnberger See. Danke, lieber Stephan, dass ich durch Dich die Fähigkeit entdeckte, mich selbst zu heilen. Danke Dir, liebe Cathrin, für meine tolle Kindheit (Timeline).

Und: Nach dem Practitioner ist vor dem Master. Ich war völlig motiviert. Ich las einige Literatur über NLP, hörte fast täglich Entspannungstrancen (danke, lieber Marc), fing an, meine Wünsche präziser zu äußern, und bestellte konkret beim Universum.

Nun erinnert mich täglich meine neue wunderschöne Uhr an das tolle Seminar und an die lieben Teilnehmer. Dieser Anker hilft mir täglich, an meine Ziele zu denken und dranzubleiben.

Anfang Dezember 2013 saß ich dann mit meiner Familie am Frühstückstisch und wir sprachen darüber, ob unsere Kinder schon den Wunschzettel für den Weihnachtsmann geschrieben hätten, den der Nikolaus am 6. Dezember aus dem geputzten Schuh mitnehmen solle. Tja, mein Wunschzettel war auch noch nicht geschrieben. So ging ich ins Büro und schrieb auf ein Blatt: „Ich will Vertriebsleiter werden."

Am Nachmittag des gleichen Tages kam der Anruf eines netten Herrn von einer Personalvermittlungsfirma (ich mag die englische Bezeichnung dafür nicht). Er las mir die Eckdaten zu meinem Traumjob vor und ich sagte nur: „Ja, ich will."

Schnell war der Termin für ein Gespräch beim Personaldienstleister gefunden. Einen Tag vor dem Termin holte ich mir noch Marcs Hörbuch „Mach dir große Ziele" und Practitioner-Kollege Stephan gab mir letzte Tipps: „Stell dir das Ergebnis vor und bade darin, dann hast du das Gefühl, das du für dieses Gespräch brauchst, um dein Ziel zu erreichen." Lieber Stephan, vielen Dank dafür!

Und es klappte: Das Gespräch war ein voller Erfolg. Im nächsten Schritt sollte ich dem Unternehmen als der perfekt passende Vertriebsleiter vorgestellt werden.

Der neue Job läge in Bayern, 330 km von unserer Heimatstadt entfernt. Darüber sprachen wir intensiv während der Weihnachtsferien und hatten mit Familie und Freunden tolle, tiefgreifende Gespräche. Meine Frau und ich kamen uns dabei sehr nah und stellten fest, dass wir uns wieder neu ineinander verliebt hatten – nach über 22 Jahren Beziehung – ein großartiges Gefühl!

Wir entschieden uns am Ende für das neue Leben, wenn sich die Chance biten würde. Im Januar traf ich die Geschäftsführer des zukünftigen Unternehmens. Auf dem Weg dorthin hörte ich zum x-ten Mal Marcs Hörbuch „Endlich wirklich begeistert". So traf ich in Hochstimmung ein und bereit, das bevorstehende Gespräch „zu rocken". Und, was soll ich sagen, es lief perfekt. Der Termin zur Vertragsunterzeichnung folgte und ich war stolz, bald Vertriebsleiter eines Unternehmens mit rund 1.000 Arbeitnehmern und Produktionsstandorten in Deutschland, den USA, der Türkei, Polen und den Niederlanden zu sein. Ich war überwältigt vor Freude.

Ich kündigte „im Guten" bei meiner alten Firma und erklärte den Weggang. Sie ließen mich eher ziehen, als ich es erbeten hatte, und es war ein freundschaftlicher Abschied.

Da ich der Branche treu blieb, musste ich mich von meinen Kunden nicht verabschieden, sondern traf sie in der neuen Stelle wieder und sie beglückwünschten mich.

Und das Glück hielt an: Schon beim ersten Vorstellungsgespräch hatte ich die perfekte Wohnung in einem 650 Jahre alten Fachwerkhaus fotografiert und am heimischen Kühlschrank platziert. Zehn Wochen später konnte ich sie besichtigen und wohne nun darin. Gedanken erschaffen – es funktioniert!

Und all das geschieht in großer Harmonie mit meiner Frau und meinen Kindern. Wir sprechen viel, lachen, freuen uns, weinen, scherzen, kurzum: lieben uns. So ist mein Leben in richtig! Und ich verändere mich weiter, weil ich – gemeinsam mit meiner Familie – große Ziele habe.

Ein Leben voller Liebe!

Von Andreas O.

Als ich das erste Seminar bei der fresh-academy besuchte, ahnte ich schon, dass irgendetwas mit meinem Leben passieren würde. Von so Vielen anderen hatte ich das schon gehört. Wie war denn mein Leben? Fast alle Menschen in meinem Umfeld dachten, ich würde das perfekte Leben führen: eine sehr hübsche Frau, wirklich tolle Kinder, ein sicherer Arbeitsplatz mit Renommee – mittelmäßig bezahlt, aber mir ausreichend Freizeit lassend, ein riesiges Haus – 15 Minuten vom geliebten Meer entfernt. So ähnlich hatte ich mir schon zu Studienzeiten meine Zukunft ausgemalt. Auch die Wünsche meiner Frau waren verwirklicht: Leben auf dem Lande und viele Tiere: Pferde Hunde, Katzen, Kaninchen,…

Aber: Unsere gemeinsamen Ziele hatten wir entweder verwirklicht (was mit „Ein-Heim-haben" zusammenhing) oder begraben (Was mit Reisen, weiterentwickeln, An-sich-Arbeiten, Abenteuer) zusammenhing. Das betraf auch meine Vorstellungen vom Familienleben. Denn spätestens seit ein Psychologe in der Vergangenheit meiner Frau herumgewühlt und einige unschöne Erinnerungen hervorgerufen hatte, gab es da ein „Nähe-Problem". Aus ihrer Sicht war dies recht einfach gelöst: keine Nähe. Die Kinder kannten es damals nicht anders und ich hatte es irgendwie geschafft, meine Gefühle und Bedürfnisse abzuschalten. Wir lebten in einer Art „Zwei-Generationen-WG" und hatten mit unseren beiden Jobs, Kindern, Haus und Tieren so viel zu tun, dass wir gar nicht dazu kamen, darüber nachzudenken, was unsere Träume – oder gar, ob wir glücklich waren. Ja, ich hatte sogar für mich festgestellt: „Glücklich werde ich nicht mehr, vielleicht schaffe ich es auf die eine oder andere Art, zufrieden zu sein."

Und was passierte dann bei der fresh-academy?

Und dann kam eben der Practitioner. Tagelang ärgerte ich mich über das Format – vor allem über Marcs Erzählen seiner (Familien-)Geschichten und Weltanschauungen. Es dauerte Tage, bis ich aufhörte, Fehler in seinen Ausführungen zu suchen, und mich wieder mit mir zu beschäftigen und mich selbst zu hinterfragen – während er meinem Unbewusstsein weiterhin half, Ängste zu beseitigen und Glaubenssätze aufzulösen.

Und so stellte ich mir dann doch irgendwann im Rahmen der Seminarübungen und zunehmend auch abends/nachts viele Fragen: War ich wirklich Opfer meiner Lebenssituation oder war ich selbst verantwortlich dafür, weil ich immer mehr von mir selbst aufgegeben hatte, ohne mich wirklich zu wehren oder einen großen Schritt zu tun? Was waren meine Träume? Was waren meine Ziele? Was konnte ich für mich tun? Welche Werte und Glaubenssätze hatte ich aufgrund eigener Überzeugungen – welche waren „ererbt" oder mir selbst eingeredet (wie etwa der oben genannte mit dem „Nur-Zufrieden-Sein", weil ich die Situation für unveränderlich hielt. Was wollte ich im Leben noch machen und erreichen u. v. m.

Und was änderte sich danach?

Als ich vom Seminar zurückkam, war es mein Ziel, wieder glücklich zu sein, dass meine Frau und meine Kinder glücklich würden, in welcher Konstellation

Frohlocken

auch immer. Natürlich wäre es mir am liebsten, meine Ehe auf ein tolles Niveau zu heben, denn wie ich festgestellt hatte, war eine dauerhafte Ehe einer meiner höchsten Werte – offensichtlich von den Eltern übernommen. Andererseits konnte es ein Weiter so nicht geben, denn mir war auch klar geworden, welches Vorbild wir für die Kinder waren.

Und was ich vielleicht am wenigsten auf der Welt wollte, war, dass die Kinder später ein ähnlich liebearmes Ehe-/Familienleben ansteuern würden, wie sie es kannten.

Um es kurz zu machen: Wir schafften es nicht. Nach einer kurzen Phase des sich Erinnerns an frühere Träume und Gefühle wurde uns klar, dass unsere Vorstellungen von unseren künftigen Leben sich nicht vereinbaren ließen. Es folgte die Trennung.

Und es erschreckte mich fast, wie groß meine innere Erleichterung war. Und die innere Stimme, die mir ständig sagte, dass ich meine Werte verraten und versagt hatte, wurde immer leiser.

Und was wurde denn nun aus meinen Träumen?

Ich l(i)ebe zusammen mit einer wundervollen liebevollen Frau und lebe mit ihr die Beziehung meiner Träume. (Obwohl ich schon die Sorge hatte, als gebrauchter Mann keine neue Frau zu finden). Wir leben in der Stadt, in der ich immer leben wollte. (Zufällig war sie schon 1 Jahr vorher dahingezogen). Wir haben zusammen ein wundervolles Kind bekommen (obwohl das völlig unvernünftig ist – zufällig habe ich nun so viele Kinder, wie ich ursprünglich wollte).

Uns begeistern tolle Reisen in die ganze Welt ebenso wie ein Picknick in der Natur und unsere spontanen Wochenendurlaube. Meine neue Liebe bringt auch meinen Kindern aus erster Ehe mehr Zuneigung entgegen, als ich mir hätte vorstellen können. So ist das gemeinsame Familienleben sicher noch optimierbar – doch viel schöner als es früher war.

Wir genießen die gemeinsame Zeit und vor allem: Ich weiß wieder, dass ich glücklich sein kann. Denn ich bin es!

Wie entwickeln uns ständig weiter, besuch(t)en fast alle Seminare an der fresh-academy sowie viele andere und lern(t)en uns so immer besser kennen und lieben. Und: Wir haben noch Pläne und Ziele für die Zukunft, auf deren Realisierung wir hinarbeiten. Es bleibt also spannend, liebend, abwechslungsreich … So, wie wir es eben wollen!

Lebensraum im Süden

Von Helga Faria-da-Graca

Vor über dreieinhalb Jahren, beim Master, fing ich zum ersten Mal an, mutig über meine Zukunft nachzudenken. Welch' ein Schritt in meinem Leben! Ich traute mich, mir ein erfülltes und freudvolles Leben an einem warmen, südlichen und idyllischen Ort vorzustellen, an dem ich Menschen zusammenbringe, die sich dort, an diesem von mir und anderen kreierten Ort wohlfühlen, ausdrücken können und Impulse für ihre Weiterentwicklung bekommen.

Ich war damals ganz aufgeregt deswegen. Das war in der ersten Master-Woche. Ich arbeitete bis zum nächsten Masterblock an dieser großartigen Vision. Der erste Abend des zweiten Masterblockes veränderte dann aber vorläufig alles. Ich war damit konfrontiert, dass da tief in mir noch etwas anderes ist, das dringend ans Licht gebracht werden wollte und was zunächst nichts mit Weggehen zu tun hatte.

So fing mein Herz an, für „heal yourself" (eine Methode der Selbstheilung) zu schlagen. Gleichzeitig wurde mir bewusst, dass ich ohnehin nicht alleine in den Süden gehen wollte. Ich liebte und liebe bis heute mein Leben in Frankfurt und bin gerne in Deutschland. Und ich liebe meine Freunde und mein Lebensgefühl hier – sicherlich auch, weil ich mich hier in meiner „Komfortzone" sicher fühle.

Ein Jahr nach dem Coach traf ich den tollen Mann, den ich mir als „Sahnehaube" für mein Leben vorgestellt hatte. Ich habe mich der Liebe und dieser Partnerschaft auf eine neue Weise hingegeben und unendlich schöne und interessante Erfahrungen dabei gemacht. An dieser Stelle expliziten Dank für die vielen Impulse zum Thema Partnerschaft.

Zwei Jahre später fühlte ich mich privat erfolgreich und erfüllt. Beruflich war mir das so noch nicht gelungen. Und das, obwohl ich tief und intensiv fühlte, dass alles, was zu meinem „heal yourself"-Konzept gehört und die Beschäftigung damit, alleine oder mit anderen, mich immer wieder begeisterte, mich anspornte, mein Wissen darüber zu leben und es weiterzugeben. Doch irgendwas fühlte sich noch nicht richtig an. Ein Teil dessen war, dass sich mein Partner in Deutschland nicht besonders wohlfühlte. Es hat allerdings über ein Jahr gedauert, bis ich verstanden habe, dass er mir wohl meinen Wunsch spiegelte, an einem schönen Ort im Süden einen Raum für Menschen, Kultur und Heilung zu schaffen.

Letzten Sommer vertrat ich für drei Wochen die Betreiber einer Pension im

Süden und konnte dabei testen, ob mein „heal yourself" Lebens- und Arbeitskonzept in solch einem Rahmen umzusetzen sei. Und es passte sehr entspannt! So bin ich nun bereit, endlich richtig „groß" zu werden. Zum ersten Mal im Leben weiß ich ganz genau, was ich will. Und ich sehe mich schon in der Vision agieren und fühle mich stark wie eine Löwin und bereit, das Ziel zu erreichen. Mit dieser Kraft kam das Ziel fast von alleine. Nun wartet ein Haus an der Algarve auf uns, das wir mit Leben füllen werden: Eine Snackbar und Räume für Veranstaltungen finden sich dort. Wir können dort selbst wohnen, eine Kunstwerkstatt einrichten und haben sogar Raum für eine Ferienwohnung. Es ist einfach nur großartig – loslaufen und loslassen und es fließt!

Dankbarkeit ist der Schlüssel

Von Dominik Weiß

Früher war ich ein Mann, der häufig aufbrausend geworden ist, sich über vieles aufgeregt hat und meist im Modus „Kampf" war. Ich war auch fröhlich und witzig und aus heutiger Sicht ging da noch einiges …

Irgendwann hatte ich dann mal von NLP gehört und davon, dass ich damit Menschen manipulieren kann. Mit Manipulation meine Ziele zu erreichen (hatte ich damals welche?), fand ich einen interessanten Weg. Einige Bücher und Hörbücher ließen mich einen ersten Einblick in das Thema NLP bekommen.

Dann entdeckte ich den NLP-fresh-up Podcast und hörte auf einer Geschäftsreise mit dem Auto von Dortmund nach Hamburg die ersten Folgen. Das hat mir sooo gut gefallen, dass ich auf den nächsten Autohof gefahren bin und mir mehr Folgen geladen habe. Von Folge zu Folge bemerkte ich mehr und mehr, wie gut es mir geht. Ich habe über vieles ganz anders gedacht und wurde viel entspannter.

Dann ergänzte ich die Veränderung mit einer Trance von Marc und bald wurde auch diese zu meinem täglichen Begleiter. Freunde sprachen mich an, dass ich gut aussehen würde und in letzter Zeit immer so fröhlich sei. Bei mir entstand der Wunsch, einen Kurs an der fresh-academy zu besuchen. Ich wollte unbedingt mehr erfahren und mehr dazulernen. Und schon war meine Anmeldung raus und erst kurz vor dem Kursbeginn war sicher, dass ich einen Platz habe.

Diese zwei Wochen in Feldafing waren die ersten zwei Wochen, in denen ich alleine losgezogen bin, um Urlaub zu machen. Klar, es war ein Kurs; das bedeutet, jeden Tag von morgens 9:30 Uhr bis abends 18:30 Uhr im Seminarraum sitzen und zuhören. Das hört sich erst mal nicht nach Urlaub an. Doch es war einer der schönsten Urlaube in meinem Leben. So viel tolle Energie! Und so viel und so intensiv hatte ich noch nie in meinem Leben gelacht. Zumindest kann ich mich nicht daran erinnern. Es war ein so tolles Erlebnis, und wenn ich nur daran denke, bekomme ich ein Flattern im Bauch.

Der Kurs hat mein ganzes Leben verändert – positiv in jeder Hinsicht. Schnell wurde auch das „Kerze gucken" zu meinem täglichen Begleiter. Jeden Tag eine Viertelstunde auf eine Kerze schauen und auf genau mein Thema fixieren. Gaaaanz laaangsaaam atmen. Nur die Atmung, mein Thema, die Kerze und ich. Heute bin ich so entspannt, dass ich völlig ausgeglichen bin und in mir ruhe. Ich bin viel leistungsfähiger als früher und kann mir viel mehr merken. Ich habe gelernt, mich selber zu lieben – so zu lieben, wie ich bin. Ich habe neue Leute kennengelernt und ich liebe es, anderen Menschen gute Gefühle zu machen. Alles, was ich ausstrahle und gebe, kommt als Vielfaches zu mir zurück. Einfach den Menschen, denen ich begegne, ein Lächeln zu schenken, ist toll. Und in den meisten Fällen lächeln die Menschen zurück.

Nach dem Kurs wieder daheim, habe ich dann mein Umfeld angesehen und festgestellt, dass ich in Bezug auf meine Arbeitsstelle umdenken und mich auf das konzentrieren darf, was ich wirklich will. So habe ich dann nach drei Monaten meine Stelle gekündigt, um eine Arbeitsstelle zu finden, die mir Spaß macht und die ich liebe. Heute habe ich genau diese Stelle. Ich stehe jeden Morgen mit einem Lächeln im Gesicht auf und freue mich riesig, dass ich gleich wieder im Büro bin. Meine innere Ruhe und meine grenzenlos positive Einstellung begeistern auch meine Arbeitskollegen und stecken sie an. Ich habe das Gefühl, dass sich das Betriebsklima in meinem Büro in dem Jahr, in dem ich dort arbeite, wirklich verbessert hat.

Nach weiteren Kurzseminaren wollte ich noch mehr von der positiven Energie und noch mehr Spaß in meinem Leben. Und schon hatte ich mich zum nächsten Kurs angemeldet. Der NLP-Master stand nun in meinem Terminkalender und ich fieberte jeden Tag diesem Seminar entgegen. Die Vorfreude wurde von Tag zu Tag immer größer. Und auch dieser Kurs war wieder ein großer Schritt ins Leben meiner Träume. Ich habe mir vor jedem Tag Gedanken gemacht, was ich noch möchte, und mich darauf fixiert, was ich mir wünsche. Ich war neugierig, was ich alles in mein Leben ziehen kann und was zu mir kommt. Die meisten Dinge, die ich mir gewünscht habe, sind wahr geworden und es werden immer mehr.

Mein Chef sprach mich an, dass er mir einen Firmenwagen zur Verfügung stellen möchte. Parallel wurden neue Gespräche mit Autoherstellern geführt und tatsächlich wurde mir das Auto angeboten, das ich mir so oft gewünscht hatte.

Ich wollte gerne viel bewegen und erschaffen. Passenderweise leite ich heute Projekte, bei denen ich die größten Onshore-Windkrafträder aufbaue, die es auf der Welt gibt. Und ich liebe meinen Job.

Dann fehlte noch eines in meinem Leben. Die eine Person an meiner Seite, die ich mir immer erträumt hatte – und auch die sollte ich finden. Sie ist wunderschön, sie ist der liebenswerteste Mensch, dem ich je begegnet bin, und ich genieße jede Sekunde mit ihr. Manchmal sitze ich einfach nur da und schaue sie an. Dann danke ich dem Universum dafür, dass ich genau sie getroffen habe. Ich danke dem Gesetz der Anziehung, dass ich all dies erreicht habe und erleben darf.

Ich danke dafür, dass ich meinen Traum leben darf. Dankbarkeit ist in meinem Leben das Wichtigste geworden, was es gibt. Dankbar zu sein für das, was ich habe. Dankbar zu sein für das, was ich erlebe. Dankbar zu sein für die Menschen, die ich treffen durfte und die ich noch treffe. Dankbar zu sein für das tolle Leben, das ich lebe, und dankbar zu sein für alles, was ich noch erleben werde. DANKE !!!

Ich werde niemals ein Buch schreiben …

Von Mathis Uchtmann

Im Juni 2009 habe ich mir überlegt, wie es mit meiner beruflichen Zukunft weitergehen soll. Ich war ein erfolgreicher Projektleiter bei einem führenden Softwarehersteller und hatte viel Spaß bei meiner Arbeit. Doch ich wollte mehr erreichen und Karriere machen. In diesem Unternehmen – so schien es mir – gab es keine Chance mehr aufzusteigen und die Selbstständigkeit war für mich damals ein absolutes No-Go! – Vorstand? Ja! Unternehmer? Nein.

Drei Monate später verließ mein Vorgesetzter überraschend das Unternehmen und ich wurde Bereichsleiter. Damit war die Idee zu wechseln, vorerst beerdigt und ich war sehr froh darüber, weil ich wirklich sehr gerne in dem Unternehmen arbeitete – mit herausfordernden Projekten, klasse Kollegen und tollen Kunden.

Nachdem ich nun Personalverantwortung hatte, war ich auf der Suche nach einer Weiterbildung, um die Kommunikation mit meinem Team weiter zu verbessern. Bei meiner Suche stieß ich auf den Podcast der fresh-academy. Bedingt durch eine Augen-Laser-OP war ich gezwungen, ein paar Tage in einem dunklen Raum zu verbringen und konnte nichts machen, außer hören oder reden. Da niemand sonst da war und Selbstgespräche irgendwie komisch sind, habe ich alle Folgen des Podcasts am Stück über zwei Tage angehört.

Am Montagvormittag habe ich – unter stark tränenden und schmerzenden Augen – das Informationsmaterial online bestellt und ehe es am Dienstag eingetroffen ist, hatte ich mich am Montagabend bereits zum NLP-Practitioner angemeldet.

Das war mit Sicherheit eine der besten Entscheidungen meines Lebens! Mein Wunsch nach besserer Kommunikation wurde erfüllt. Und viel mehr …

Der NLP Practitioner war der Einstieg in eine Welt, die ich vorher so nicht kannte: Die Welt der Psychologie des Menschen, unsere Denk- und Verhaltensweisen und die Welt der (schnellen) positiven Veränderung.

In den darauffolgenden drei Jahren habe ich mehrere Seminare der fresh-academy besucht und erfolgreich die Ausbildung zum NLP Coach und zum Kommunikationstrainer absolviert. Jedes Seminar war eine einzigartige Mischung aus Spaß, Fortschritt und Veränderung.

Durch die Seminare trat auch der Mensch immer mehr in den Mittelpunkt meines Alltags – insbesondere im beruflichen Umfeld. Ich coachte meine Teammitglieder und legte mein Augenmerk auf deren Entwicklung. Das brachte mir so viel Freude, dass ich mich nach sieben Jahren entschied, die Hürde der Software zu überwinden und direkt mit Menschen zusammenzuarbeiten. Ja, ich habe mich wirklich selbstständig gemacht – wer hätte das gedacht … Ich habe meinen geliebten und vor allem sicheren Job – nach reiflicher Überlegung – aufgegeben und bin meiner Leidenschaft gefolgt.

Heute unterstütze ich Menschen, die das Gefühl haben, dass ihnen die Zeit davon läuft, und denen alles über den Kopf zu wachsen scheint. Ich erinnere mich noch sehr gut, wie ich 2012 im NLP-Master saß und einige der Teilnehmer davon träumten, ein Buch zu schreiben. Ich habe in mich hingehört und da war ein klares: „Nein, ein Buch werde ich sicher nicht schreiben. Worüber auch?"

Zwei Jahre später ist mein erstes Buch „Endlich mehr Zeit!" bei Amazon erhältlich und hat bereits in der ersten Verkaufswoche meine Erwartungen weit übertroffen. In dem Buch habe ich meine Erfahrungen der letzten zehn Jahre mit Zeitmanagement sowie neue Strategien und Methoden zusammengefasst. Das Feedback ist durchweg positiv und heute schließe ich weitere Bücher nicht mehr aus. Überhaupt schließe ich heute nur noch sehr wenig aus, was vielleicht einmal in meinem Leben passieren könnte.

Durch die Seminare der fresh-academy und den darüber hinausgehenden Kontakt mit Wiebke und Marc hat mein Leben eine Richtung eingeschlagen, die zuvor für mich nicht mal als Option in Frage kam. Das Beste daran ist, dass es sich wirklich verdammt gut anfühlt und ich heute fest davon überzeugt bin, das Richtige getan zu haben und zu tun.

Als Bonus und großes Geschenk habe ich aus allen Seminaren viele tolle Menschen und einen sehr guten Freund mitgenommen und heute – Jahre später – besteht weiterhin ein enger Kontakt.

Heute genieße ich mein Leben mit der tollsten Frau der Welt an meiner Seite und einem Beruf, der sich mehr wie ein Hobby anfühlt. Ich kann ehrlich sagen: „Ich bin glücklich!" Danke, fresh-academy, danke, Wiebke und Marc!

Einmal um die Welt

Von Jennifer Pletzer

Seit ich denken kann, erinnere ich mich an meine Freude am Reisen und daran, wie aufgeregt ich war, selbst wenn es nur für einen Nachmittag zu meiner Oma ging, um ihren selbst gemachten Kartoffelsalat zu essen. Mit etwa zehn Jahren begann meine Phase der Ferien auf dem Reiterhof, mit 15 flog ich alleine nach Israel, um Freunde aus einem Schüleraustausch zu besuchen. Mit 17 leitete ich eine Pfadfindergruppe auf einer Reise durch Finnland. Nach dem Abitur ging ich für ein Jahr als Au-pair nach New York und startete danach mein „Abenteuer Hamburg" als Schülerin einer Musical-/Schauspielschule.

Auf Reisen ging es mir nie nur darum, unterwegs zu sein und Sehenswürdigkeiten zu bestaunen – in New York war ich nicht einmal auf dem Empire State

Fülle

Building. Mir lag einfach viel am Abenteuer, am Kontakt zu den Menschen vor Ort und an der Natur, die überall so komplett unterschiedlich war.

Im Oktober 2012 war das Ende meiner Ausbildung als Musicaldarstellerin absehbar. Ich befand mich in einer Liebesbeziehung, die mich nicht wirklich glücklich machte, und ich hatte keinen Plan, wie meine Zukunft aussehen sollte. Inspiriert hat mich in dieser Zeit eigentlich nur eines: Ich arbeitete an den Wochenenden in einem Hamburger Hostel und traf dort junge Leute aus aller Welt, die genau das machten, wovon ich träumte: die Welt erkunden. Im gemeinsamen Weihnachtsurlaub mit meinen Eltern entschloss ich mich nach intensiven Gesprächen, mein Leben „auf den Kopf zu stellen" und das zu tun, was ich wirklich wollte: reisen.

Das setzte ich konsequent um: Ich beendete meine Beziehung, zog aus der gemeinsamen Wohnung aus, reduzierte Hab und Gut, zog in ein kleines WG-Zimmer bei Freunden und buchte einen Flug, der mich nach Vietnam bringen würde. Die Reiseplanung wuchs mit den Informationen, die ich sammelte; immer mehr Länder kamen hinzu, die ich unbedingt besuchen wollte. Ich fühlte, dass ich plötzlich unfassbar viel Energie hatte, und freute mich auf die große weite Welt. Mit einem Mal wurde es für mich alles leichter und leichter.

Meine Freunde waren beeindruckt, aber auch skeptisch, alles hinter sich lassen und einfach losziehen, wäre für sie nicht infrage gekommen. Aber ich wusste, das will ich und ich schaffe das, und so kümmerte ich mich um Impfungen, Visa und alles, was nötig war, um die Reise ganz konkret zu planen. Einen Monat später stand dann fest: Ich gehe für fünf Monate nach Südostasien, reise dann drei Monate durch Neuseeland, um dann ab März 2014 in Australien mit einem „Work and Holiday"-Visum zu leben und zu arbeiten.

Bevor es losging, verabschiedete ich mich noch quer durch die Republik von allen meinen Lieben und flog schließlich Ende Juli 2013 nach Ha Noi in Vietnam. Ich bereiste von dort aus Kambodscha, Thailand, Sri Lanka, Malaysia und Indonesien, bevor ich die geplanten drei Monate nach Neuseeland ging. Auf meiner Reise lernte ich unglaublich viele Menschen kennen, habe unfassbar viele wundervolle Orte erkundet, so viel gutes Essen probiert und so viele unterschiedliche Situationen erlebt, für die ich einfach nur dankbar bin.

Ein Backpacker zu sein bedeutet, alles, was man besitzt, in einem Rucksack mit sich rumzutragen und teilweise nicht zu wissen, wo man die nächste Nacht verbringt. Ich lernte Menschen kennen, die in Windeseile gute Freunde wurden, die einen sicherlich auch in ihrer Heimat jederzeit willkommen heißen würden. Und ich genoss dieses Abenteuer – jeden Tag an einem anderen Ort, ständig neue Dinge kennenzulernen und jeden Morgen in einem anderen Bett aufzuwachen.

Mich hat auf dieser Reise das Leben täglich überrascht, mich gefordert, und beim Meistern von allem wurde ich flexibler und stärker als je zuvor.

Jetzt, da ich dies schreibe, bin ich in Australien angekommen, und lebe mit meinem australischen Freund in Adelaide, im Süden von Australien, und blicke voller Dankbarkeit auf die wunderbare Reise zurück.

Bau Dir Dein eigenes Fliewatüüt

Barbara Wegmann

Ich erinnere mich daran, als ich circa fünf Jahre alt war: Eine neue Serie „Robbi, Tobbi und das Fliewatüüt" kam ins Fernsehen. Ich war ganz aus dem Häuschen. Wenn ich nur daran denke, spüre ich dieses Gefühl wieder ganz intensiv – ein Gefühl von „alles ist möglich". Tobbi hatte sich sein eigenes Fliewatüüt konstruiert. Ein Fahrzeug, das fliegen, auf Wasser fahren und auf der Straße (tüüt) fahren konnte. Wow – das sprengte damals alle Vorstellungen der VW-Käfer-Zeit. Tobbi fragte sich, wer das jetzt wohl bauen sollte. Er legte sich ins Bett und schlief. In dieser Nacht tauchte Robbi, ein Roboter, auf. Die Geschichte nahm ihren Lauf und alles wurde Wirklichkeit.

Ich liebte solche Sendungen, bei denen alle Regeln und alle Grenzen überschritten wurden: Pippi, die einfach machte, was sie wollte, und Süßigkeiten in großen Säcken kaufte; die Quizshow „Am laufenden Band", bei der der Gewinner geschenkt bekam, was er sich merken konnte. Ich träumte davon, in einem Kaufhaus über Nacht eingeschlossen zu werden und mich nach Herzenslust zu bedienen. Wünschen ohne Grenzen. Ach, wie schön!

Irgendwann hörte das auf mit dem grenzenlosen Wünschen. Ganz leise hat es sich aus dem Staub gemacht. Stattdessen nahmen Pflichten in Form von „Barbara, Du musst aber …" immer mehr Raum ein. Mit 13 durfte ich mich nicht mehr vor 17 Uhr verabreden und musste mehr für die Schule tun. Ich lernte und lernte und lernte. Das Ziel waren gute Noten, die ich auch immer erreichte. Ja, es fühlte sich gut an, gut zu sein und zu den Besten zu gehören. Aber irgendwie fehlte etwas. Ich erinnere mich noch genau. Nach meiner letzten Abiturprüfung kam ich nach Hause, setzte mich wie automatisch an meinen Schreibtisch und realisierte erst dort sitzend, dass ich ja fertig war. Ich hatte keine Ahnung, was ich jetzt tun sollte. Keine Idee. Nichts, auf das ich mich freute. Ich machte eine Lehre, studierte, ging ins Ausland. Ich lernte und lernte und lernte, um gut zu sein. Später arbeitete ich und arbeitete und arbeitete, um zu den Besten zu gehören. Ich gründete eine Familie, bekam zwei Kinder und strengte mich immer mehr an, um alles, Familie, Haus, Ehe und Beruf, unter einen Hut zu bekommen. Ich funktionierte und funktionierte und funktionierte. Alles schien perfekt. Mein Haus, mein Auto, mein Boot, meine Kinder, mein Mann.

Aber ganz tief im Innersten war so ein diffuses Gefühl. Eine leise Stimme in mir sagte: „Irgendetwas stimmt hier nicht. Barbara, das kann doch noch nicht alles gewesen sein."

„Was soll hier nicht stimmen?", fragte dann barsch eine laute Stimme – ebenfalls in mir. „Es ist doch alles perfekt! Und außerdem geht es allen so. Also stell Dich nicht so an. Was willst Du eigentlich?"

Mit „Okay, okay, ich bin ja schon still" unterdrückte ich jedes ungute Gefühl. Tja, und genauso ging das viele, viele Jahre lang. Morgens um 6 Uhr aufstehen, funktionieren und abends um 22 Uhr in den Komaschlaf fallen. Welches Wetter heute war? Keine Ahnung. Ich hatte keine Zeit, aus dem Fenster zu schauen.

Es kam, wie es kommen musste. Meine heile Welt flog mir eines Tages um die Ohren. Ja, es stimmte: Es ging allen – zumindest vielen – so. Mehr als 50 Prozent der deutschen Ehen werden heute geschieden. Damals fühlte ich mich wie tot. Aus heutiger Sicht war es das Beste, was mir passieren konnte. Endlich wachte ich auf. Endlich kam Bewegung ins Spiel. Etwa wie bei einer warmen Sektflasche, die heftig geschüttelt wird und der Korken herausschießt. Der Druck entweicht schlagartig und bringt den ganzen Inhalt zum Überschäumen.

Ich holte mir Hilfe von außen, um mit der überschäumenden Situation zurechtzukommen: Heilpraktiker, Gesprächstherapeutin und Rechtsanwältin. Endlich hatte ich Menschen, die mir zuhörten. Endlich traute sich die leise Stimme in mir, lauter zu sprechen. Und endlich fing ich an, mir selbst zuzuhören. War es das doch noch nicht gewesen?

Schritt für Schritt wurde es besser. Ich fing wieder an, Dinge zu tun, die ich gern tun wollte. Ich ging in Poker-Clubs auf der Reeperbahn und setzte mich zu zwanzigjährigen, Sonnenbrillen tragenden Jungs an den Spieltisch. Ich lernte Tango und tanzte wöchentlich mit einem argentinischen Taxifahrer in einem Hamburger Hinterhof. Ich fuhr alleine in den Urlaub und genoss es. Obgleich es bergauf ging, passierte es immer wieder, dass mich schlechte Gedanken und Gefühle erwischten.

„Wie schaffe ich es, dass ich nicht mehr nur hinten im Bus sitze, sondern vorne am Steuer?", fragte ich mich.

Und wieder kam ein entscheidender Wendepunkt in meinem Leben. Ein Freund schwärmte von einem Seminar, das schnelle Veränderung möglich mache. Genau das, was ich wollte. Schnelle Veränderung und die Werkzeuge, selbst mein Leben verändern und steuern zu können. Über zwei Jahre hinweg besuchte ich die Seminare bei der fresh-academy in Starnberg und endlich wusste ich, was in meinem Leben gefehlt hatte und – viel besser – was ich selbst tun konnte, um es zu ändern.

Ich nahm meinen Mädchennamen wieder an, um noch einmal mehr die Vergangenheit hinter mir zu lassen. Ich verpasste das erste Mal in meinem Leben einen Termin, weil ich so entspannt war. Ich räumte drei Tage die Küche nicht auf, weil ich es mir erlaubte, einfach mal keine Lust dazu zu haben. Ich ging mit meinen Kindern bei Rot über die Ampel, wenn die Straße leer war. Regeln sind schließlich für uns da und nicht umgekehrt. Ich fing an, mich über „Fehler" zu freuen, um aus dem stoischen Funktionieren herauszukommen. Endlich fühlte ich mich wieder lebendig und spürte wieder das „Alles-ist-möglich-Gefühl", das ich in meiner Kindheit so geliebt hatte. Und genau dieses Gefühl machte es möglich, dass ich es wagte, die wohl größte Veränderung in meinem Leben anzugehen. Bis zu diesem Zeitpunkt war es für mich undenkbar, mein 19 Jahre währendes Angestelltendasein aufzugeben.

Eines Tages machte es Klick. Wie Tobbi nahm ich ein Blatt Papier und konstruierte mein eigenes Fliewatüüt – meinen neuen beruflichen Traum. Ich wollte selbst bestimmen können, was ich tue. Ich wollte andere Menschen dabei unterstützen, auch ihr Leben zu verändern. Ich wollte etwas tun, was mir Spaß macht, bleibende Spuren hinterlässt und dabei Geld verdienen. Ein Fliewatüüt halt. Kaum hatte ich meinen Traum fertig konstruiert, kamen Robbis aus allen Ecken, die mich dabei unterstützten, diesen Traum Realität werden zu lassen.

Das liegt nun zwei Jahre zurück.

Heute habe ich die Rückmeldung einer meiner Seminarteilnehmerinnen erhalten. Sie ist Mitte fünfzig. Vor einem Jahr hat sich ihr Mann von ihr getrennt. Nach unserem ersten Seminarabend ist sie in den Keller gegangen, hat die alten Reitsachen ihrer Kinder herausgekramt und angezogen. Sie hat sich ihren Kindheitstraum erfüllt und ist auf ein Pferd gestiegen. Sie steht vor mir mit glänzenden Augen. Seit zehn Jahren sei sie nicht mehr so glücklich gewesen, strahlt sie. Und ich durfte dabei sein.

Danke, Robbi und Tobbi. Danke, fresh-academy. Alles ist möglich.

In Gründerstimmung

Von Thorben Nordmann

*M*ein Freund Jonas sagte zu mir: „NLP! Das ist DAS Ding, sage ich dir." Ich fragte wieso, und er antwortete nur: „Glaub mir" und nickte schmunzelnd. Weil mir das nicht mehr aus dem Kopf ging, habe ich natürlich danach gegoogelt und stieß auf die verschiedenen Institute, wobei ich mir sehr schnell sicher war: wenn NLP, dann bei Wiebke Lüth und Marc A. Pletzer, in der fresh-academy am Starnberger See.

Das trug ich dann meiner lieben Frau Kira vor, die meinen Vorschlag erstmals hinterfragte und wissen wollte, warum genau da. „Wegen des Podcasts", war meine Antwort. Und nachdem wir dann gemeinsam eine Folge gehört hatten, war die Entscheidung gefallen. Dort gehen wir hin, um zu lernen, wie schnelle Veränderung, maßlose Begeisterung und Erfolg auf ganzer Linie gehen. „Leben in richtig" eben. Das war 2008.

Es sollten noch knapp zwei Jahre vergehen, bis der Traum vom fresh-academy Practitioner in Erfüllung ging; 2010 nahmen wir endlich im Seminarraum Platz und durften Wiebke und Marc auf der Bühne erleben.

Die Auswirkungen dieser ersten zwei Wochen mit den beiden Trainern sind unbeschreiblich großartig. Es war für uns eine Zeit des „Resets"; verrückt, neu und alle Widerstände außer Acht lassend. Lachen bis zur Detonationsgrenze. So viel in so kurzer Zeit haben wir bis dahin nur als Kinder gelacht. Und dann, am Ende des Tages, waren unsere Köpfe so angenehm leer. Tiefenentspannt. Wir wussten nicht wirklich warum, aber es hat sich einfach gut angefühlt. Nach diesen zwei Wochen, die wir dann kurzerhand zu unserem Jahresurlaub erklärten, kamen wir zurück nach Hause, in die Welt von „Leben 1.0".

Dieser Unterschied ist nicht zu unterschätzen! Die Gesichter, in die wir blickten, sahen überfordert, gestresst und gar nicht amüsiert aus. Deshalb wollten wir unbedingt und sofort, dass unsere Mitmenschen und Familienmitglieder genauso viel Spaß haben wie wir! Jetzt! Und das hat super funktioniert. Das Leiden hörte mehr und mehr auf, und an seine Stelle traten Lachen und Entspannung. Wir waren in der Lage, mit den alten Dingen ganz einfach umzugehen, es leichtzunehmen und wir wollten mehr!

Denn es stand ein Roadtrip durch Kalifornien mit der fresh-academy an, die fresh-academy Harley-Tour 2011. Für Kira war schnell klar, dass wir da mitfahren.

Wir hatten zwar noch keine Idee, wie wir das bezahlen sollten, aber wir sagten uns, wenn wir das jetzt schaffen, dann geht noch einiges.

Mehr oder weniger selbstständig – im Unternehmen von Kiras Vater – hatten wir uns bisher mit vermeintlich vielen Freiheiten und einem moderaten Einkommen arrangiert. Aber wir hatten ja das „Leben 2.0" kennengelernt. Und so haben wir es mit Geldern aus verschiedensten Quellen und eisernem Sparen tatsächlich geschafft, die Kosten für die Tour zu stemmen. Was für ein Reichtums-Gefühlebooster! Wir konnten selber kaum glauben, dass wir das hinbekommen haben, und am Ende war es ganz leicht – die berühmte Harley-Tour. Und wir waren wirklich dabei. Wir hatten uns bewiesen: Da geht noch einiges mehr. Supertolles Gefühl und ein starker Initiator für das, was folgte.

Nach der Tour war klar, Kira und ich wollten im Unternehmen ihres Vaters einen größeren Anteil und damit mehr Entscheidungsspielraum. Das war auch schon seit zwei Jahren geplant.

Dann kam der Master. Hier änderte sich nun wirklich alles! Leben 1.0 endete endgültig für uns und wir schlossen das Update auf Leben 2.0 ab. Ängste und Glaubenssätze löschten wir über Nacht, haben sie umgedreht oder ersetzt – durch gute Sachen, zum Beispiel mit ganz viel Liebe in der Partnerschaft, ganz viel Klarheit und sehr großen Zielen!

Durch die Erfahrungen im Practitioner und auf der Harley-Tour war uns schon vorher klar, wenn wir zum Master gehen, ändert sich unser Leben stark. Und so kam es dann auch. Der Notartermin für die Beurkundung der Beteiligung an der Firma stand fest. Alles war vorbereitet. Und dann die Nachricht: Der Termin platzte, Kiras Vater wollte keine Beteiligung mehr. Und wir konnten völlig positiv damit umgehen, weil wir wussten, was zu tun war!

Innerhalb von drei Wochen hatten wir alles bis auf das letzte Detail vorbereitet, um eine neue Firma zu gründen. Ein großer Kunde war schon akquiriert, die Homepage und der Businessplan standen, was wichtig war, um von der Bank das nötige Kapital zur Vorfinanzierung der Gehälter zu bekommen, damit unsere ersten sechs Mitarbeiter pünktlich ihr Gehalt auf dem Konto fanden.

Und das ist nicht zu kurz gefasst. So schnell wie gerade beschrieben passierte es tatsächlich!

Im Oktober 2011 gegründet, hatten wir im Dezember schon 30 Mitarbeiter. Wir konnten es selbst kaum fassen! Heute, ziemlich genau zweieinhalb Jahre nach dem Start von „immerda – Ambulante Intensivpflege", sind wir eine GmbH mit über 200 Mitarbeitern und einem Team, das begeistert von seinem Job spricht und gerne bei uns arbeitet. Das haben sie uns damit gedankt, indem sie uns dazu verholfen haben, dass wir 2012 auf Platz 1 als TOP-Arbeitgeber in der Pflege gelandet sind. Und genau das war immer unser Ziel. Einen Arbeitsplatz im Pflege-bereich zu schaffen, der richtig viel Spaß macht! Dank der Erfahrungen, die wir durch Wiebke und Marc gemacht haben, ist uns das so schnell und leicht gelungen. Wir sind unendlich dankbar dafür, dass die beiden uns bei der Veränderung, die dafür nötig war, so gut unterstützt haben!

Einzelcoachings in Wiebkes Coaching-Van in Kalifornien, diese unglaublichen, magischen Trancen von Marc, die im Kopf irgendetwas freisetzen, das einfach nur gut ist, das Vorleben einer wunderbar liebevollen Traumbeziehung und der Umgang mit jedem Teilnehmer mit dieser großen, positiven Intention – all das führte dazu, dass wir als ehemalige Landeier jetzt in unserer Wahlheimat Köln mitten im schönsten Viertel der Stadt in der wahrscheinlich schönsten Wohnung weit und breit wohnen, während wir die dritte, vierte, fünfte, sechste Firma gründen (dauert ja nur jeweils drei Wochen) und jeden Tag gemeinsam arbeiten und neue große, tolle Ideen umsetzen.

Das Leben 2.0 ist einfach nur wunderbar!

Wünsche und Wissen

Von Monika N.

Seit ich denken kann, bin ich sehr wissbegierig. Und als ich das Bildungs-system in Deutschland begriffen hatte, wollte ich an einer Universität studieren. Das war mein geheimer Wunsch und wirklich ein Traum, denn ich wuchs in einer bildungsfernen Familie auf. Niemand aus meiner großen Verwandtschaft hatte Abitur und ich selbst besuchte die Hauptschule. So hatte ich keine Vorbilder und niemanden, dem ich den Wunsch erzählen konnte, denn sie hätten mich für verrückt erklärt.

Ich erinnere mich an eine Begebenheit in der neunten Hauptschulklasse: Ich hatte ein zweiwöchiges Berufspraktikum beim Zahnarzt gemacht. Nach einigen Tagen dort fragte mich der Zahnarzt, wie mir der Beruf der Zahnarzthelferin gefiele. Als Antwort stammelte ich etwas zusammen, dass es mir schon gefallen würde. Aber ich dachte mir: Wenn ich etwas mit Zähnen machen werde, dann als Zahnärztin.

Fülle im Herzen

© Rosita Classen

Mir war schon klar, dass dieser Gedanken von meiner Umgebung als extrem arrogant verstanden worden wäre, deswegen schwieg ich und handelte. Nach dem qualifizierten Hauptschulabschluss fiel mir kein Beruf ein, den ich lernen wollte, so ging ich zur Realschule. Nach dem Realschulabschluss fiel mir wieder kein Beruf ein, den ich hätte ausüben wollen, so bin ich aufs Gymnasium gegangen, um dort auf dem direkten Weg Abitur zu machen. Nach dem Abitur habe ich mir das Studieren nicht zugetraut und habe ein Freiwillige Soziales Jahr absolviert, um danach eine Krankenpflegeausbildung zu machen. Nun kam mein Leben ins Stocken. Der Schwung war hin, es floss nicht mehr. Die Ärzte hatten auf meine vielen Fragen nur eine Antwort: Das braucht eine Krankenschwester nicht zu wissen. Also habe ich mich nach meinem Krankenpflegeexamen selber auf die Suche nach den Antworten auf meine Fragen gemacht, indem ich studierte. Jetzt war mein Leben wieder im Fluss, bis auf einige Kleinigkeiten. Ich lernte meinen Mann kennen, dessen Lebensvorstellungen sehr rational bestimmt waren. Bezüglich Bildung hatte ich seine volle Unterstützung, wenn es um meine anderen Träume ging allerdings überhaupt nicht. Er hatte noch nicht einmal verstanden, was Träume sind, denn er versuchte, mit Argumenten zu überzeugen. Ich wurde immer stiller und trauriger, denn ich fing an, mich von meinen Träumen zu verabschieden.

Die Rettung meiner Träume und meiner Ehe kam 2009 mit dem Practitioner bei Marc und Wiebke. Ich habe die offizielle Erlaubnis zum Träumen erhalten und mein Mann den offiziellen Befehl, mich träumen zu lassen.

Und es kam noch viel besser. Träume manifestierten und materialisierten sich. Alles war zuerst ein Gedanke oder Traum. Wir erdenken also unser Leben. Also wünschte ich mir ein großes Haus mit Garten. Es dauerte nur ein halbes Jahr und schon war es da. Es war die Schule, in der ich inzwischen arbeitete. Sie hatte eine sehr große, ungepflegte Grünanlage, so dass ich mich im entstehenden Schulgarten austoben durfte. Zwar waren Haus und Garten nicht mein Eigentum, doch die Pflege dieses Gartens machte mir sehr viel Spaß.

Und meine Bestellungen sollten präziser werden: Ich brauchte Gartenwerkzeug für die Kinder und Pflanzen verschiedenster Art. Jetzt träumte ich von einem Lottogewinn. Der kam nicht. Stattdessen gingen meine eigenen Gartengeräte mehr und mehr kaputt. Es brauchte zwar etwas Überzeugungsarbeit, aber dann fiel meinem Chef ein, dass unsere Schule noch Spendengelder zur Verfügung hatte, so dass ich plötzlich einen stattlichen Betrag für den Schulgarten ausgeben durfte. Welch' ein Genuss, einen ganzen Tag mit einer Verkäuferin im Gartencenter zu verbringen. Sie schrieb alle meine Wünsche auf – welch ein Gefühl von Reichtum!

Ich träumte immer größer, sogar von meiner eigenen Schule, die ich so gestalten wollte, wie es für die Kinder gut ist. Als ersten Schritt hatte ich vor einem Jahr den Mut, die „alte" Schule zu verlassen, wo meine Träume von der Schule unterdrückt wurden. Meine riesigen Coaching-Erfolge wurden in meiner Be(Ver)-urteilung so formuliert: „ Frau M.N. versucht, mit dem Coaching die Schülerinnen und Schüler zum Lernen zu motivieren." Und als Bewertung: „… nicht für Führungsaufgaben geeignet."

Diesen Kontrast habe ich wohl so und auch noch schriftlich gebraucht, bis ich wirklich weg wollte. An meiner neuen Schule habe ich von meinen Coaching- und Führungserfolgen erzählt und offensichtlich war meiner neuen Vorgesetzten die Meinung des alten Chefs völlig egal, denn seit Juni dieses Jahres bin ich nun Lernhausleiterin. Ein Lernhaus ist eine kleine Schule in der großen Schule. Ich bin nun Vorgesetzte von etwa 15 Kolleginnen und Kollegen und habe sechs Klassen mit insgesamt 160 Kindern zu betreuen.

Natürlich kann ich jetzt so richtig Gas geben und alles, was ich bei Marc und Wiebke gelernt habe, in das Lernhaus hineingeben und mich einbringen. Ich habe jetzt die Möglichkeit, Schule von innen zu verändern – das ist so unglaublich toll! Seit ich von den Lernhäusern gehört hatte, wusste ich, dass das genau das Richtige für mich ist. Diesen Wunsch hatte ich auch gegenüber meiner neuen Chefin geäußert, als ich in die neue Schule kam, aber alle Stellen waren schon besetzt und ich war neu. Doch nach einigen Monaten wurde eine Stelle frei, ich schrieb ganz schnell meine Bewerbung und wurde einen Monat später schon auf diese Stelle berufen, obwohl ich so spät dran war. Ich finde das immer noch unglaublich und habe das Gefühl, dass da einiges für mich „über den Wolken" geschoben wurde, damit mein Wunsch in Erfüllung geht.

Ist mein Traum jetzt wirklich Realität? Meine Vorschläge, Schule und Gewohnheiten zu verändern, werden nicht nur gehört, sondern ich darf meine Ideen auch realisieren – Gedanken werden Realität. In meinem Lernhaus wird jedes Kind so gecoacht, dass es seine Potenziale optimal entwickeln kann. Ich schwebe immer noch auf den Wolken – und dies zu erwarten, habe ich von Wiebke und Marc gelernt! Danke!

Ein Traum wird wahr!!!!

Von Ulrike Beverungen

Es fing alles an, als ich im Herbst 2010 das erste Mal zu den „Erfolgstagen" an die fresh-academy nach Feldafing kam. Ich hatte nicht die geringste Ahnung, warum mein Freund Thomas Focke ausgerechnet dieses Seminar für mich ausgewählt hatte. Zwar hatte ich mir mehr Selbstbewusstsein im Job gewünscht, aber als ich das erste Mal in der fresh-academy ankam, konnte ich mir nicht vorstellen, dass sich in diesen Räumlichkeiten über einer Metzgerei und in der Nähe einer Bahnstrecke mein Leben verändern würde.

Schon in den drei Tagen, in denen wir nur mal in das Modell von NLP reinschnuppern konnten, war ich angefixt von dem Thema und allem, was damit zusammenhing, so dass ich mich gleich zum Practitioner im Herbst 2011 angemeldet habe. Dort kamen unter anderem Themen wie Veränderungen und Ziele, die bis dahin eher Fremdwörter und weit weg von „kann ich schaffen" für mich waren. Ich fing dann an, kleine Dinge in meinem Leben zu verändern, wie zum Beispiel meine Haare abzuschneiden (obwohl ich meine langen Haare so sehr mochte) und bekam ohne Ende tolle Komplimente. Das bestätigte mich darin, dass Veränderung leicht sein muss, und ich begann, viele Dinge in meinem Leben zu verändern. Ich traute mir plötzlich viel mehr zu und wenn ein Weg nicht funktionierte, so nahm ich einen anderen und kam damit meistens an mein gewünschtes Ziel.

Dann kam der Zeitpunkt, an dem ich mehr wissen wollte, um mein Leben 2.0 in Angriff zu nehmen, so dass ich mich zum Master im Herbst 2012 anmeldete. Ein paar Tage vorher fragte mich mein Freund, was ich denn für ein Masterziel habe. Ich schaute ihn mit großen Augen an und dachte: „Mist". Da kam für einen kurzen Augenblick die alte Struktur der Ulle durch, die sagen wollte: „Außer meinen Keller zu entrümpeln, habe ich keine Ziele". Damit keine weiteren Fragen kamen, erwähnte ich aber in einem Nebensatz, dass ich gerne Teamlead im Anwendersupport für Klinische Arbeitsplätze werden wollte. Da es zum damaligen Zeitpunkt aber keine Aussicht auf eine Stelle in meinem Unternehmen gab, musste wohl der Keller als Masterziel herhalten. Nicht gerade einfallsreich, jedoch für mich erst einmal „ganz ok".

Zwei Tage später wurden wir zu einer Versammlung im Büro gerufen, in dem uns die Geschäftsführung mitteilte, dass unser Chef nicht zurückkommt, und seine Teamleadstelle ausgeschrieben wird. „Wow", dachte ich. Da hat das Universum ja sehr schnell geliefert und ich hatte nun ein echtes Ziel für die Masteraufgabe. Somit schrieb ich noch am gleichen Abend meine Bewerbung, die ich dann per E-Mail ins Büro schickte und anschließend ging es für mich schon los in Richtung fresh-academy. Beim Master angekommen, wurde ich von Wiebke nach meinem Ziel gefragt und ich sagte zu ihr, dass ich Teamlead werden wollte. In der Pause sprach mich dann Christine S. an und teilte mir mit, dass sie vor nicht allzu langer Zeit in dem Unternehmen, für das sie arbeitet, auch eine vergleichbare Stelle ausgeschrieben war. Sie würde mir den Fragebogen mitbringen und ich könnte mir in der zweiwöchigen Masterpause Gedanken dazu machen, wie ich auf die Fragen antworten würde. Und sie bot mir an, mich auf das Bewerbungsgespräch vorzubereiten, sobald wir wieder in Feldafing seien.

Gesagt – getan. Ich habe mich in der Pause zwischen den beiden Masterblöcken gut vorbereitet und nebenbei auch den kompletten Keller entrümpelt. Nach unserer Rückkehr an den Starnberger See habe ich mich in mehreren Mittagspausen mit Christine S. in den Gasthof „Zur Linde" gesetzt und das Bewerbungsgespräch mit ihr ausgiebig geübt. Sie hat in guter NLP-Strategie immer wieder meine Antworten hinterfragt, so dass ich mich bestens vorbereitet gefühlt habe.

Nachdem der Master zu Ende war, folgte bald das Bewerbungsgespräch und ich hatte ein klares Bild von mir als Teamlead im Kopf. Die drei Geschäftführer meiner Firma meinten zu mir, sie hätten dieses Mal einen Fragebogen vorbereitet, damit alle die sich beworben haben, gut miteinander verglichen werden können, da es nur interne Bewerbungen gab.

Sie zogen den Fragebogen aus der Tasche und begannen, die ersten Fragen zu stellen, die mir bereits sehr bekannt vorkamen, denn es waren genau die gleichen Fragen, wie aus dem Fragebogen von Christine. Ich fühlte mich auf absolut sicherem Boden und auch bei den Rückfragen hatte ich keine Probleme, die richtigen Antworten zu geben, denn auch da hatte ich bereits Übung drin. Das Bewerbungsgespräch verging wie im Fluge und ich habe mich dabei richtig wohlgefühlt und war gar nicht nervös, da ich ja ganz sicher war in all dem, was ich tat.

Nach dem Gespräch habe ich mein Bild als Teamlead, welches ich fest im Kopf hatte, dem Universum zum Liefern geschickt und habe es dann für mich losgelassen. Ich hatte alles getan, was ich konnte, und nun durfte geliefert werden.

Ein paar Wochen später kam die erwünschte Lieferung aus dem Universum und ich hatte den Job!!!!! Für mich irgendwie unglaublich, obwohl ich mir auf der anderen Seite ganz sicher war, dass ich ihn bekommen würde.

Inzwischen habe ich ein Team mit 13 nationalen und internationalen Mitarbeitern und bin total happy in meinem Job.

Das ist nur eine meiner wundervollen Geschichten, die mein Leben 2.0 ausmachen, und ich könnte noch viele mehr erzählen, jedoch sprengt das hier den Rahmen.

Ich möchte jedoch meine Geschichte nicht beenden, ohne mich bei meinem Schatz Thomas Focke zu bedanken, der mich auf die fresh-academy aufmerksam gemacht hat. Ebenso bei Wiebke und Marc für so viel Tolles, was es nun in meinem Leben gibt. Auch habe ich gelernt, ohne Ende zu lachen, und wenn Marc mich dirigiert, kann ich gar nicht mehr aufhören zu lachen.

Danken möchte ich auch allen Menschen, die ich kennenlernen durfte in der fresh-academy. Sie sind alle eine Bereicherung meines Lebens und ich möchte keinen Einzigen missen.

Danke für alles, Ihr seid die Besten!!!!

Eure
Ulle

Mein Weg zur Kunst des Lebens

Von Rosita Claasen

Es trifft sich gut, dass ich gerade jetzt diese Geschichte schreibe, denn ich stehe wieder mal vor einer neuen Gabelung in meinem Leben. Wünsche haben sich (wieder mal) in einer Art und Weise erfüllt, wie ich es besser nicht hätte planen können, dabei stand ich noch vor fünf Jahren ganz anders da: in einer Opferrolle gefangen und in einer Situation, in der ich mich ohnmächtig, hoffnungslos und verlassen von aller Welt fühlte.

Dann, im Practitioner an der fresh-academy, ging mir im wahrsten Sinne des Wortes ein Licht auf. Mir wurde dort bewusst, dass das Meiste, was mir im Leben passiert, damit zu tun hat, wie ich auf das Leben blicke. Ich steuere, was ich über das Leben denke, was ich glaube und erwarte. Bahnbrechend war für mich, dass ich so ziemlich alles verändern kann, sobald ich lerne, meine Gedanken unter Kontrolle zu bekommen, und ich darauf achte, was ich und wie ich mich täglich fühle.

Das hat enorme Veränderungen in meinem privaten Leben verursacht: von der Abnabelung von meinen Eltern über einen großen Umzug in eine andere Stadt bis hin zu einem komplett neuen sozialen Umfeld mit neuen Freunden und vor allem meiner Selbstständigkeit.

Und die Selbstständigkeit meint vieles: Ich bin heute selbstständig im Denken und Handeln. Ich achte selbst und ständig darauf, was ich im nächsten Moment denken will und wo meine Reise hingeht. Und die Selbstständigkeit ist auch im beruflichen Sinne eingetreten. Und das ist eine richtige Erfolgsstory:

Es fing damit an, dass ich als Coach und Kinesiologin arbeiten wollte. Nach etlichen Jahren Ausbildung und unendlich vielen Zielformulierungen habe ich den NLP-Master an der fresh-academy gemacht, um noch „den letzten Schliff" zu bekommen und endlich durchzustarten.

Gegen Ende des Master-Kurses hat Marc mir durch ein paar einfache Fragen bewusst gemacht, dass ich ein paar Fähigkeiten und Fertigkeiten in mir habe, die mir als solche nicht mal bewusst waren – und es waren große Fähigkeiten und Ressourcen.

Mit diesem großen Schatz, den ich nun auf einmal in mir wahrgenommen habe, bin ich nach Hause gefahren, habe innerhalb von zwei Monaten meine Heilpraktiker-Prüfung geschafft, mich als Künstlerin selbstständig gemacht und konnte innerhalb eines halben Jahres komplett von der Kunst leben und meine Kinder davon ernähren.

Der Umzug in eine andere Stadt und ein neues Umfeld haben mir zudem geholfen, mich von alten Mustern und Glaubenssätzen zu befreien, um mich komplett in diese neue, positive, aktive Richtung hin zu verändern. Nach genau drei Jahren habe ich heute ein unglaublich großes Netzwerk an Freunden, Bekannten und wundervollen Kunden: Dadurch, dass die meisten meiner Bilder Auftragsarbeiten sind und die Kunden vorher nicht wissen, was sie genau bekommen, finde ich dieses Vertrauen, das mir meine Kunden entgegenbringen, unglaublich toll und freue mich jedes Mal darüber.

Im Herbst hatte ich meine erste Ausstellung mit Vernissage, die sehr gut besucht war und auch hier am Ort geschätzt wurde. Nächsten Monat ziehe ich mit meinen Kindern in ein Haus, das groß genug ist, um mein eigenes Atelier, Büro und Gästezimmer darin unterzubringen. Mit einem großen Garten, wo ich auch mal Freunde und Kunden einladen kann. Ein Traum, den ich schon hatte, seitdem ich mit dem Malen begann. Hier am Ort hatte ich einige Geschäftsleute, die zu mir kamen und mich fragten, wie ich es denn mache, so erfolgreich zu sein, um von der Kunst leben zu können. Was für ein Feedback! Das hätte ich mir noch vor drei Jahren nicht träumen lassen. Auch sind in den drei Jahren meine Bilder jedes Jahr größer geworden. Die letzten Bilder sind mittlerweile 1,30 x 2,70 Meter und ich brauche einen Sprinter, um sie zu transportieren.

Und, um diese ganze Verwandlung noch abzurunden, habe ich auch im Privaten mein Glück gefunden in einer ganz wunderbaren Partnerschaft, die mich jeden Tag dankbar darüber macht, wie schön das Leben doch sein kann. Und das ist es, was mich in all dieser Entwicklung am meisten freut. Was ganz groß in mir geworden ist, ist meine Dankbarkeit, meine Liebe und das Vertrauen zu mir selber und zu all den wundervollen Menschen, denen ich jeden Tag begegne. Und je mehr ich darüber nachdenke, desto mehr bekomme ich davon, und das ist wohl das wundervollste Geschenk, das wir uns selber im Leben machen können.

Einige von diesen Geschenken, die ich in meinem Leben bekommen habe, habe ich vorher aufgeschrieben, gewünscht und formuliert, mir Bilder dazu gemalt und es mir visualisiert. Die meisten aber hätte ich mir vorher gar nicht so aufmalen und formulieren können, denn es kam weit besser, als ich mir vorstellen konnte und je erwartet hätte. Das Vertrauen in die Liebe ist es, was uns groß macht und uns wachsen lässt und alles, womit wir in Berührung kommen.

Und um diese Geschichte zum Abschluss zu bringen noch ein Highlight, das sich im Frühjahr 2014 zutrug: Da durfte ich zum Begeisterungstag das Bühnenbild gestalten, was so gar nicht geplant war: Marc wollte einfach eines von diesen großen Bildern mit einer Erdkugel darauf. Und während wir beim Mittagessen darüber sprachen, sah ich dieses Bild vor meinem geistigen Auge und musste ganz schnell nach Hause, um es umzusetzen. Mir kam dann während des Malens die Idee, dass dieses Bild gut als Bühnenbild zum Begeisterungstag passen könnte und Marc stimmte freudig zu. Mein Highlight war nicht nur, dass dieses Bild dann auf der Bühne stand, sondern auch, dass Marc dieses Bild den ganzen Tag für seine Metaphern gebrauchte und es in den Aufbau seines Seminars mit einarbeitete – was für eine Ehre und Freude für mich, die mich jetzt noch mit Dankbarkeit erfüllt!

Im Fluss des Lebens

© Rosita Classen

Und ich dachte, mir geht's schon gut!

Von Miriam Hohenfeldt

Eigentlich war ich mit mir und meinem Leben zufrieden, als ich mich vor rund zwei Jahren auf die Suche nach einer fachlichen Weiterbildung für den Beruf machte. Meine Heilpraktikerin erzählte mir damals von einer Akademie am Starnberger See, die NLP-Seminare anböte. Ihre Tochter habe da an einer Ausbildung teilgenommen und eine Woche lang nur gelacht. Das klang in jedem Fall schon mal ganz witzig, aber durfte ich mir das gönnen?

Ein Jahr später war ich auf der Suche nach einer tollen Weiterbildung immer noch nicht fündig und mir fiel der Satz wieder ein: „Die haben eine Woche nur gelacht". Weil Humor mir so ein wichtiger Wert im Leben ist, blieb mir das in Erinnerung. So kam mir der Zieletag im November 2012 gerade recht – zum Schnuppern und um strategisch gut aufgestellt zu sein für das neue Jahr. Bepackt mit Schreibzeug und iPad machte ich mich also auf nach Tutzing zum „Ziele machen" und fand mich in einem ganztägigen Kabarett mit viel Tiefgang wieder. Ich bekam Inhalte, Themen und Weltanschauungen erzählt, von denen ich bereits gehört hatte. Doch völlig neu war für mich die Leichtigkeit und Lockerheit, in der alles präsentiert wurde. Der Tag war für mich gespickt mit einigen, sehr persönlichen, magischen Momenten und mir wurde klar: Egal, ob ich dort einen Abschluss im Brustschwimmen oder etwas „Nützliches" für mein Business bekommen würde, ich würde in jedem Falle dort einmal ein Seminar besuchen. Irgendwann einmal.

Zunächst begann ich den NLP-fresh-up Podcast zu hören. Zu dem Zeitpunkt gab es bereits gut über 100 Folgen. Bei so intensiver freshie-Beschallung ließen die ersten „Nebenwirkungen" nicht lange auf sich warten. Ich mistete endlich sowohl meine Wohnung als auch meinen Keller aus und setzte mir Ziele fürs neue Jahr (keine Vorsätze, sondern konkrete Ziele!).

Eines der Ziele war die Teilnahme am NLP-Practicioner. Beim regelmäßigen Visualisieren der Zielerreichung kam mir die Frage, was ich eigentlich noch brauche, um dieses Ziel zu erreichen. Anmelden, war prompt die Antwort die mir dazu einfiel. Und so schritt ich beherzt zur Tat, noch keine Ahnung habend, ob sich das nächste Jahr geschäftlich so entwickeln würde, dass ich mir die Seminargebühr auch würde leisten können.

Heute weiß ich, dass sich das Jahr wirtschaftlich in keinster Weise so entwickelt hat. Aber dort wartete so vieles auf mich, das mit Geld nicht aufzuwiegen ist!

Ja, es gab bei all dem Lachen auch harte Momente, in denen ich den Widerstand dagegen, selbst für wirklich alles in meinem Leben verantwortlich zu sein, körperlich spüren konnte. Und als ich durch den Widerstand gegangen war, mein Modell von Welt gefunden hatte und mich völlig neu kennengelernt hatte, merkte ich, dass ich hier nicht wegen einer beruflichen Weiterbildung oder eines lustigen Seminar gekommen war, sondern, um die Tür zu finden zu meinem Innersten.

Vor dem Seminar war ich stolz darauf, mich auch mal so richtig aufregen und ärgern zu können. Jetzt erkannte ich, dass ich das brauchte, um mich lebendig zu fühlen. Ebenso wie ich viele Dinge getan und gesagt hatte, um bei anderen Eindruck zu machen, um Anerkennung im Außen zu bekommen, weil ich sie mir selbst nicht geben konnte.

Nun endlich durfte das Drama gehen und ich entschuldigte mich – vor allem bei mir selbst. Was, wenn mich dieses Universum wirklich liebt? Was, wenn ich mir – wie Pippi Langstrumpf, „widewidewitt" – die Welt erschaffen kann, wie sie mir gefällt? Das waren neue Gedanken. Gedanken so herrlich und wundervoll, angereichert mit so viel guten Gefühlen, dass sie noch heute täglich mein Herz zum Hüpfen bringen, denn tief in mir drinnen kenne ich jetzt die Antwort.

Und natürlich gab es auch eine Fülle an fachlichem Input, den ich seither auch in meiner Arbeit einsetze – vor allem „Enten installieren" macht besonders Freude, mir und meinen Kunden! Mit das größte Geschenk sind für mich die Menschen! Früher liebte ich Fasching oder Karneval, weil da alle mal so verrückt sind wie ich das ganze Jahr, wie ich zu sagen pflegte. Heute kenne ich so viele Gleichgesinnte – ohne Maske und Kostüm –, mit denen ich mich regelmäßig treffe, austausche, zum Tanzen gehe, inspirieren lasse und mit denen ich auch Geschäfte mache. So habe ich dieses Jahr den Fasching sogar ganz ausfallen lassen.

Facebook heißt bei mir nur noch freshbook, weil ich es hauptsächlich nutze, um mich mit anderen freshies zu vernetzen, auszutauschen und bei all den lieben Menschen auf dem Laufenden zu bleiben.

Ich bin heute ich selbst, vertraue in mich und sehe Chancen und Möglichkeiten, wo ich früher eine Krise bekommen und mich geärgert habe. Jedes Mal schneller finde ich von einem blöden Gedanken oder einem blöden Gefühl wieder zurück zu meiner Mitte.

Natürlich bin ich seit dem Practitioner auch am Ball geblieben: Ich habe weiter Bücher zu den Themen gelesen, Podcasts und Trancen gehört. Und natürlich weiß ich, dass es in erster Linie an mir liegt, ob ich das Leben meiner Träume lebe. Genau deshalb ist es so schön, bei der fresh-academy Wegbegleiter gefunden zu haben: Weil es gemeinsam einfach so viel mehr Freude macht. Es ist schön, sich gegenseitig mit Lachen und Begeisterung anstecken zu lassen, und es tut gut, wenn es mal nötig ist, von Gleichgesinnten wertschätzend den Kopf gewaschen zu bekommen und sich den Spiegel vorhalten zu lassen. So lässt es sich gemeinsam gut über gelegentliche Falschbestellungen lachen und neue Wege finden.

„Da geht noch was" ist eines meiner Lieblingszitate aus dem Practitioner und so sehe ich mich bei all meinen Glücksgefühlen weiter auf dem Weg – jedoch mit wesentlich leichterem Gepäck, besseren Wanderschuhen und viel mehr Muße, die Landschaft, durch die mich mein Lebensweg führt, auch zu genießen. Inzwischen bin ich stolze Besitzerin des Master-Zertifikates und bin bereits zum Kommunikatonstrainer und face communiation angemeldet. Es geht weiter – und es darf leicht sein.

Danke, liebe Wiebke, danke, lieber Marc und danke, an alle freshies, die ich schon kennenlernen durfte!

Mein Traum vom Fliegen

Von Thomas Paeßens

Ich war ein Junge mit großen Träumen. Und wie die meisten Jungen hatte auch ich einen ganz klaren Berufswunsch. Nicht Feuerwehrmann, Lokführer oder Astronaut, sondern Pilot wollte ich werden! Schon als Kind begeisterte mich die Vorstellung, selbst ein Flugzeug zu steuern. Wann immer ich konnte, schaute ich den Motorflugzeugen zu, die am Flugplatz starteten und landeten, der auf dem Weg zu meinen Großeltern lag. Ich begeisterte mich so für das Fliegen, dass ich mich heute noch an einen Traum erinnern kann, in dem ich ganz genau sehen und fühlen konnte, wie ich selbst ein Flugzeug steuerte.

Dann kam die Pubertät und mit dem Wachstum die Kurzsichtigkeit. Das war's mit meinem Traum. Ich erkundigte mich nach den Dioptriengrenzen und musste einsehen, dass ich mich besser um einen anderen Berufswunsch kümmern sollte. Den Flugzeugen schaute ich immer noch zu, nun allerdings eher mit einem Gefühl der Wehmut als mit Begeisterung. Nach wie vor nahm ich jede Möglichkeit wahr, einen Rundflug zu machen und die Welt aus der Vogelperspektive zu betrachten – allerdings leider nur als Fluggast. Auch jede Flugreise war eine willkommene Möglichkeit, einmal mehr abzuheben.

Beruflich ging ich meinen Weg. Ich begann ein duales Studium in einem großen Lebensmittelkonzern und übernahm noch vor dem offiziellen Ausbildungsende einen Filialbezirk mit knapp 100 Mitarbeitern. Nach ein paar Jahren konnte ich in die Konzernzentrale nach Süddeutschland wechseln und dort das internationale Controlling mit aufbauen. Drei Jahre später stand das Controlling und mich zog es zurück in die Heimat, auf der Suche nach neuen Herausforderungen. So wechselte ich den Arbeitgeber und ging zurück in den Vertrieb, um mehr mit Menschen zu arbeiten.

Ich war recht erfolgreich und erreichte alle Ziele, die ich mir steckte. Doch richtig zufrieden war ich nicht. Um zu erreichen, was ich wollte, musste ich sehr viel Zeit und Energie investieren und die Ungeduld wuchs. Da kam ein wichtiger Anstoß von meinem damaligen Chef. Er legte sehr viel Wert auf die Persönlichkeitsbildung und Integrität seiner Führungskräfte und er riet mir, Coaching-Seminare zu besuchen.

Rückwirkend betrachtet war das der erste Schritt in mein neues Leben. Ich bekam eine Idee davon, was es bedeutet, zu 100 Prozent für mein Leben verantwortlich zu sein und entsprechend zu entscheiden. Zwei Wochen vor der Geburt meiner ersten Tochter – zu einer Zeit, in der ich 70 bis 80 Stunden pro Woche arbeitete, auch an Samstagen und Sonntagen – half eine Bemerkung von ihm mir bei einer Entscheidung: Er sagte sinngemäß, wenn ich Vater sei, würde ich mich bestimmt noch mehr in den Job reinhängen, so dass es doch etwas Gutes hätte … Das war für mich der Auslöser, mich von dieser Stelle zu trennen. Rückblickend bin ich meinem Chef sehr dankbar, dass er mir das große Spielfeld der Persönlichkeitsentwicklung gezeigt hat. Bei der anschließenden Stellensuche wurde mir schnell klar, dass ich in vielen Positionen sprichwörtlich „vom Regen in die Traufe" kommen würde. Da mein Haus gerade mitten im Bau war und ich bei der Finanzierung eine sehr gute Erfahrung mit der umfassenden und fairen Beratung in einem privaten Finanzierungsbüro gemacht hatte, beschloss ich deshalb, mein Zahlenverständnis und den Wunsch, mit Menschen zu arbeiten, zu verbinden und Baufinanzierungsberater zu werden. Ich besuchte meinen Finanzierungsberater und nach einer kurzen Bedenkzeit von zwei Wochen stand fest, dass ich mich als Freiberufler seinem Büro anschließen würde.

Auch als Freiberufler wurde ich sehr schnell erfolgreich. Endlich konnte ich wieder mit Menschen arbeiten und das Strahlen der Menschen auf dem Weg in ihr Eigenheim war ein zusätzlicher Lohn.

Ich wollte mich auch persönlich weiterbilden. Ein Freund empfahl mir den

Podcast der fresh-academy und nach kurzer Zeit war klar, dass ich dort Seminare besuchen würde. Der Durchbruch kam mit dem Master bei der sogenannten Entscheidungsübung. Das war der Tag, an dem ich entschied: „Jetzt verwirklichst Du Deinen Traum!"

Am meisten Respekt hatte ich vor der Tauglichkeitsuntersuchung wegen meiner Kurzsichtigkeit. Als ich mit den Ergebnissen vom Augenarzt beim Fliegerarzt vorsprach, guckte er sich zuerst meine Werte an, dann mich und sagte anschließend: „Da haben Sie ja Glück. Vor ein paar Jahren hätten Sie noch keinen Pilotenschein machen können!" Ich konnte es kaum fassen! Die Dioptriengrenzwerte waren heraufgesetzt worden und somit stand dem Pilotenschein nichts mehr im Weg!

Am nächsten Monatsersten trat ich einem Fliegerverein bei und begann sofort mit der Ausbildung. Unglaublicherweise spielten mir sämtliche Umstände in die Hände. Ich bin beruflich vormittags sehr flexibel und bekam einen Fluglehrer, der nur vormittags unterrichtete. Obwohl ich die Ausbildung im Winter machte, hatte ich immer gutes Wetter. Und selbst die Prüfungstermine fielen so gut, dass ich schon nach einem halben Jahr die Privatpilotenausbildung erfolgreich beenden konnte. Vereinsrekord! Und: Mein Traum ist wahr geworden!

Und damit nicht genug: Ein Reporter aus unserem Verein kam nach der Ausbildung auf mich zu und fragte mich, ob ich bereit wäre, meine Ausbildung und die Erfüllung meines Kindheitstraumes zu verfilmen und ein Werbevideo für den Verein zu drehen. Ich sagte natürlich sofort zu! Vor gerade einmal sechs Monaten hatte ich noch mit dem Fliegen eine unerfüllte Sehnsucht verbunden und nun das: Ein Werbevideo mit mir als Pilot! Ich konnte es kaum glauben!

Habe ich mich in den letzten Jahren verändert? Ja, das habe ich! Ich habe bereits vor dem Besuch der Seminare an der fresh-academy Schritt für Schritt angefangen, mein Leben umzugestalten und immer alle meine Ziele erreicht, allerdings meist einen hohen Preis dafür bezahlt: Der Zeiteinsatz war hoch und ich war oft angespannt. Der Schritt in die Selbstständigkeit war dann der erste Schritt in die richtige Richtung. Durch die freiberufliche Tätigkeit haben meine Familie und ich viel mehr Freiheiten gewonnen. Der wirkliche Durchbruch kam aber nach dem zweiten Seminar an der fresh-academy. Ich bin nicht nur viel entspannter geworden, vor allem habe ich gelernt: Ich kann alles erreichen, wenn ich nur will und daran glaube! Und mit Entspannung fällt es besonders leicht!

Daher bin ich sehr dankbar. Danke an meine Frau, die mich bei allen verrückten Ideen unterstützt, an die fresh-academy für die unglaubliche Förderung, an meine Fluglehrer und Vereinskameraden, an meinen Ex-Chef, dessen Anteil wahrscheinlich viel höher ist, als er selbst weiß – und an mich, dass ich an mich selbst glaube, träume und genieße. Jetzt noch mehr!

Einzigartig

Von Artur Hildebrandt

ein Traum begann wahr zu werden, als mein Arbeitgeber 2012 an der Börse aufgekauft wurde. Da wurde aus einem Unternehmen, das sich Kundennähe mit dem Slogan „be brilliant together" – also „gemeinsam brillant sein" als höchsten Unternehmenswert und Alleinstellungsmerkmal auf die Fahne geschrieben hatte, ein Unternehmen mit 70.000 Mitarbeitern. Zeitgleich wurde der Slogan in „experience the commitment" geändert – also frei übersetzt: „Erlebe die Hingabe, das Engagement".

In dem Moment ist ein Teil in mir eingegangen wie eine Blume. Meine Überzeugungen waren dieses „Gemeinsam sind wir stark", also der Kunde und wir. Ich war überzeugt, dass die Menschen den Unterschied machen. Und dieses Bild sollte nun durch das Bild einer Maschine ausgetauscht werden, die nur noch mechanisch Performance abliefern muss? Das ging nicht. Und so sah ich innerhalb eines Jahres mir selbst dabei zu, wie meine innere Blume mehr und mehr verwelkte. Zum Glück war ich schon 2011, also viele Monate zuvor, einem Impuls gefolgt und hatte mein eigenes, kleines Unternehmen mit einer Idee gegründet, die nun zu meiner Perspektive wurde. Mein Impuls war damals, das zu tun, was mich in meinem früheren Leben, im Alter von 15 bis 24 Jahren, so begeistert und fasziniert hatte.

Während ich voller Widerwillen täglich ins Büro ging, ging also eine innere Sonnenblume weiter ein. Auch mein Umfeld hat das immer stärker gemerkt. Das schreckliche Gefühl in mir hat sich dann sogar auf mein privates Leben verlagert. Wir hatten zwar keine Geldsorgen. Ich bekam ein gutes Gehalt und das bei rund 32 bis 35 Arbeitsstunden pro Woche. Es hat mir jedoch immer weniger Spaß gemacht, und deshalb war mir das Geld auf einmal egal. Mir wurde Mitte 2013 klar: Ich kann das nicht mehr, ich muss da raus. Ich muss mich verändern.

Und dann brachte mir meine Partnerin einen Flyer der TBA-Academy mit, den sie im NLP Practitioner gesehen hatte. Noch am selben Tag meldete ich mich für den TBA-Tag an. Ich war gespannt. Und dann passierte etwas. Ich wurde intellektuell weit über meine bisherigen Grenzen geführt und mein Hirn, mein Körper, mein ganzes Ich fingen wieder an zu leben. Es war wie der erste Schwung Wasser, den eine ausgetrocknete Blume bekommt und die sich innerhalb von wenigen Minuten aufrichtet, um möglichst viel Sonne zu bekommen. Ich meldete mich noch am gleichen Tag abends für den TBA-Master an. Es war für mich eine persönliche Herausforderung, die ich nur zu gerne annahm. Schon in den ersten drei Tagen des TBA-Masters sah ich, dass ich bis dahin vom Unternehmersein nicht viel verstanden hatte. Dass ich irgendwo zwar meiner Intuition folgte, doch mein Leben war ohne Struktur. Ich kannte noch nicht die Tools, um ganz bewusst den Spaß und die Freude in mein Leben zurückzuholen. Doch dann dämmerte es mir: Es ist die persönliche Ebene, die ich verändern muss, um mein Leben im Außen zu verändern. Denn ich hatte keine Ziele mehr. Zwar hatte ich bis auf zwei oder drei Ziele alle meine bisherigen Ziele erreicht (wie cool!), aber mir fehlte der Antrieb, der Wille, die Lebensfreude.

Dann besuche ich den Practitioner bei der fresh-academy im Februar 2013. Wow! Und dort verändert sich alles für mich. Ich lerne ein Weltbild kennen, das sehr viel Sinn macht, es ist auf jeden Fall logisch und enthält die Elemente und Werte, die ich gerne in meinem Leben hätte. Ich lache in den letzten Tagen des Seminars so viel und so intensiv, einfach so, wie noch nie in meinem Leben. Und ich erlebe, wie ich mich fallen lassen kann in einer Trance, und wie diese Trance die Angst aus mir zieht und das Lebensgefühl, die Wurzeln und den Stamm wieder stärkt und aufstehen lässt. Das Feedback der Teilnehmer ist so überwältigend für mich, dass ich eine Stunde weine. Ich bin Vorbild, Motivator und ein Teil des Ganzen, der ganzen Gruppe, und ich spüre die Liebe der Gemeinschaft im Abschlusskreis. Das ist wunderschön. Und ich lerne ein Geheimnis kennen, das ich bereit bin, sofort auszuprobieren: Und zwar, dass alle erfolgreichen Menschen eine Gemeinsamkeit haben – die tägliche Entspannung und Meditation. Und das tue ich dann auch. Seitdem meditiere ich und höre jeden Tag Trancen, rund eine Stunde, gerne auch länger. Und die Bilder, die dabei entstehen, sind wunderschön. Träume aus der Vergangenheit, als Kind und Jugendlicher, aber auch neue Ziele sind mit dabei. Zum Beispiel: vier Urlaube im Jahr zu machen. Ich merke täglich, wie meine Power, meine Lebenslust und meine Motivation steigen … Und jetzt mache ich mein eigenes Unternehmen zum erfolgreichsten Unternehmen im Bereich Produktindividualisierung. Weltweit und einzigartig. Für und mit Menschen, die ihre Einzigartigkeit ausleben möchten, so wie ich!

Und meine Ziele, Wünsche und Werte sind auf den Weg gebracht, ausgesprochen, aufgeschrieben und gemalt.

Dabei ist das Allerschönste, dass ich weiß, dass das Leben, das Universum, sich darum kümmert, dass dieses Leben ganz bewusst einzigartig wird!

Damit wird mein Lebenstraum war!

In tiefer Liebe und Dankbarkeit an Sandra, Sophie sowie Marc und Wiebke.

Lebensfreude

NLP bringt Heilung und Freude in jede Zelle

Von Renate Preiß

Vor etwa eineinhalb Jahren bin ich bei Amazon auf Hörbücher von Marc A. Pletzer gestoßen. Das war für mich der Anfang einer traumhaften Veränderung zum Positiven. Denn ich war krank geworden und suchte für mich Perspektiven.

In meinem Beruf als Pharmazeutin bin ich seit vielen Jahren im direkten Kontakt mit unseren Patienten und Kunden. Im Umgang mit so vielen Menschen habe ich früher unreflektiert eine Menge Glaubenssätze übernommen. Aber mit den Hörbüchern von Marc hatte ich das erste Mal das Gesetz der Anziehung wirklich verstanden. Dieses Wissen durfte ich im Trance-Wochenende und im NLP Practitioner vertiefen und lernte Techniken, wie ich meine Glaubenssätze verändern kann. So konnte ich alte Denkmuster einfach durch neue, positive Glaubenssätze ersetzen.

Und so ging mein großer Wunsch in Erfüllung: Ich bin heute völlig gesund. Die Gesundheit in jeder meiner Zellen ist wiederhergestellt. Meine absolut lebensbejahenden Gedanken ließen meinen Körper in seinen natürlichen Zustand des Glücks und der Gesundheit zurückkehren. Und damit wurde für mich ein ganz großer Traum wahr!

Diese Veränderung wollte ich auch in meinen Berufsalltag einbringen. Ich leite eine der größten Apotheken in Ulm. Und als Führungskraft ließ ich natürlich sofort die neuen Erkenntnisse in meine Arbeit einfließen – mit frappierenden Erfolgen: Wir haben viel mehr Spaß im Team. Meine Kolleginnen konnten ihre eigenen Einstellungen zum Positiven verändern und sind nun viel freier, lockerer und glücklicher. Das überträgt sich auch auf unsere Kunden. Sie sind durch die positiven Beratungen und unsere Kompetenz sehr zufrieden und verlassen deutlich fröhlicher als früher unsere Apotheke. Außerdem haben wir unsere Prozesse im Betrieb vereinfacht und setzen unsere Kompetenzen flexibel ein. Das Arbeiten ist jetzt einfach leicht!

Meine eigenen Beratungen in der Apotheke konnte ich durch Veränderungen in mir auf eine andere Ebene heben: Heute setze ich neben den stofflichen und feinstofflichen Heilverfahren, wie Homöopathie, Bachblüten, Biochemie und

Mikronährstoffe, inzwischen emotional-energetische Heilungshilfen ein. Heilimpulse auf mitochondrialer Ebene – also auf der Ebene der „Kraftwerke" jeder Zelle – machen ein Umprogrammieren jeder einzelnen Körperzelle möglich. Ich erkannte die Verknüpfung körperlich-stofflicher Struktur mit unseren Gedanken und der Fähigkeit, unser Leben bewusst zu gestalten.

Und die Veränderungen erstreckten sich auf weitere Lebensbereiche: In meiner Freizeit arbeite ich mit Pferden. Auch hier verbesserte sich vieles. Nicht nur die Zielplanung einer Aufgabe gelingt mir inzwischen viel besser. Ich habe auch den Spaß bei der Arbeit mit den Tieren erhöhen können, bin flexibler und arbeite mit inneren Bildern und Filmen, die das Training viel effektiver machen.

Diese positiven Veränderungen und Verbesserungen in all meinen Lebensbereichen verdanke ich den Hörbüchern und den Seminaren der fresh-academy. Das Freilegen meiner Fähigkeiten und meines Potenzials wurden erst durch die hervorragende Arbeit von Wiebke und Marc möglich. Dafür bin ich den beiden unendlich dankbar. Durch NLP, mehr Spaß, echte Entspannung, hohe Schwingung im Seminar und viele weitere Impulse habe ich zu mir gefunden. Dafür danke ich Wiebke und Marc von Herzen.

Endlich wieder freie Wahl beim Essen und Trinken

Von Anna Maria Größinger

*H*ätte mir vor drei Jahren jemand gesagt, wie mein Leben heute aussieht – ich hätte es nicht einmal zu träumen gewagt. Fühlbar und sichtbar verändert und dann noch selbstständig ... Und mein größter Traum wurde auch noch wahr: Ich kann wieder alles essen und trinken und vertrage es bestens!

Ich hatte nicht nur ein paar Nahrungsmittelunverträglichkeiten oder Allergien. Ich hatte sie fast alle – gegen Fructose, Lactose, Histamin und vieles mehr. Außer Fleisch, Salat und das ein oder andere Gemüse dazu ging nicht mehr viel.

Und zu trinken gab es nur stilles Wasser oder Kräutertee. Ganz schön langweilig. Traute ich mich mal, etwas „Verbotenes" zu essen, zum Beispiel einen Apfel, ging es mir gesundheitlich sehr schlecht. Ich wurde dann urplötzlich unglaublich müde und hatte starke Verdauungsprobleme. Für meine Genesung habe ich sehr viel Geld ausgegeben – erfolglos, bis zur fresh-academy.

Schon kurz nach dem Practitioner konnte ich wieder alles, wirklich ausnahmslos alles essen und trinken! Die Veränderung fing schon während des Seminars an. Ich probierte sehr bald ein bisschen Schokolade zu essen und schaffte danach problemlos eine ganze Banane und dazu einen halben Apfel – das war für mich schon pures Glück. Und nur drei Monate später vertrug ich alles und mir ging und geht es bis heute blendend und ich fühle mich super fit.

Diese Veränderung hat mich so sehr beeindruckt und begeistert, dass ich mich für die NLP-Master-Ausbildung entschied. Und ich beschloss, selbst Menschen dabei zu unterstützen, wieder gesund zu werden. So fand ich meine Berufung und bin heute Gesundheitscoach. Ich bin darauf spezialisiert, Menschen zu unterstützen, ihre Allergien oder Unverträglichkeiten loszulassen oder ihr Wohlfühlgewicht zu erreichen und wieder die (Wahl-)Freiheit in ihrem Leben zu haben, damit sie zu ihrer Begeisterung und zu ihrem Glück finden.

Vor meiner Zeit an der fresh-academy hatte ich darüber nachgedacht, Ernährungsberaterin zu werden, um Menschen zu helfen, besser mit ihrem „Problem" zu leben. Doch jetzt, als Gesundheitscoach, bin ich eine noch viel größere Hilfe für die Menschen.

Dieser Beruf macht mir unendlich viel Spaß! Ich tue endlich das, was ich wirklich liebe, und es fühlt sich einfach richtig gut an, wenn wieder ein Kunde oder eine Kundin gesund werden. Während ich hier dies hier schrieb, rief ein Kunde an, der seit dem 16. Lebensjahr unter einer Milcheiweiß-Allergie litt. Er erzählte mir nun begeistert, dass er seit meinem Coaching wieder Milchprodukte äße und es ihm dabei sehr gut gehe. Er sagte zu mir „ Ich bin so begeistert, wie lustig und schnell das ging – nach so vielen Jahren wieder frei – was für ein Glück!"

So ist nicht nur mein größter Wunsch nach eigener Gesundheit in Erfüllung gegangen, sondern ich habe auch noch meine Berufung gefunden. Zusätzlich zu den Coachings gebe ich Seminare zum Thema Gesundheit und bringe den Teilnehmern das Löffelverbiegen bei. Das öffnet das Denken der Teilnehmer weit, lässt sie ihre eigene innere Kraft und Stärke spüren und wirklich erleben. Es ist immer wieder eine Freude für mich zu sehen, wie Menschen dadurch Veränderungen beginnen und sich zu einem Leben hin entwickeln, das ihnen echte Freude bereitet.

Ja, es sind auch diese wundervollen Menschen, die ich kennenlernen durfte durch die Ausbildung an der fresh-academy. Es sind allesamt Menschen, die Verantwortung für ihr Leben und ihre Gesundheit übernommen haben. Menschen, die ihre Berufung gefunden haben und diese leben. Menschen voller Liebe und Begeisterung, voller Dankbarkeit und Wertschätzung, die sich gegenseitig unterstützen. Und mit dieser Energie und Power umgeben zu sein, ist ein riesiges Geschenk!

Manchmal wache ich morgens auf, und ich frage mich, bin das wirklich ich? Ist das möglich in so kurzer Zeit? Oder ist es ein Traum, aus dem ich aufwache? Und ja, es ist ein Traum, der Wirklichkeit geworden ist! Mein Leben ist wieder lustig, ich lache gerne und viel öfter als je zuvor und wann immer ich will. Ich bin viel mehr ich selbst geworden, entspannter und so, wie ich immer sein wollte: eine lustige Frau voller Power, die sich selber wieder spürt und die ein erfülltes Leben lebt. In mir ist die Neugier eines Kindes wieder geweckt und ich gehe mutig meinen Weg. Ich gönne mir selber mehr als früher. Das fällt mir viel leichter und fühlt sich so gut an. Und was mich ganz besonders glücklich macht, ist, dass ich andere Menschen auf ihrem Weg unterstütze, wieder zu mehr Freiheit im Leben zu gelangen.

Ein großes Dankeschön von ganzem Herzen an Marc und Wiebke, die das alles ermöglicht haben und die selbst ihre Berufung leben! Und ein Danke von ganzem Herzen an all die wundervollen Menschen, denen ich begegnen durfte und noch begegnen werde, für die Liebe und Unterstützung, für ihre Freundschaft, für die Begeisterung und für die Wertschätzung!

Neustart

Von Anja Dilshener

Ein schweres Unglück innerhalb meiner Familie gab mir das ganz dringende Gefühl, dass ich so wie bisher nicht weitermachen wollte! Doch wo es hingehen sollte, das wusste ich nicht.

„Zufällig" fand ich über Google den NLP-fresh-up Podcast. Das sprach mich sehr an, ich wurde immer neugieriger und nahm schon kurze Zeit später am Zieletag teil. Das war im November 2011. Beim Zieletag mit Marc und Wiebke spürte ich, dass ich hier absolut richtig war.

Am Ende dieses Tages war ich total erstaunt, was ich da alles auf meinen Block für Lebenswünsche gezeichnet hatte. Ich wusste ja bis dahin gar nicht, was ich für Wünsche hatte. Es war mir schon fast peinlich und ich zeigte deshalb auch niemandem, was ich mich getraut hatte, mir zu wünschen. Ich wollte mehr von diesem neuen, unbeschreiblich tollen Glücksgefühl und meldete mich zum Practitioner an. Dabei war mir vollkommen klar, dass ich diesen Platz bekomme. Ich ignorierte, dass ich auf der Warteliste stand, denn ich sah mich schon auf dem Stuhl sitzen, mit vielen Teilnehmern um mich rum. Die ganze Zeit hatte ich ein supertolles Gefühl.

Dann kam – leider – eine Absage!! Klar, ich stand auf der Warteliste und es ist nicht selbstverständlich, in ein ausgebuchtes Seminar nachrücken zu können. Trotzdem war ich irritiert und habe nicht verstanden, wie mich mein Gefühl so trügen konnte!

Ich machte meiner Traurigkeit Luft, indem ich in der fresh-academy-Gruppe auf Facebook postete. Die vielen netten Reaktionen, die mir so viele Menschen daraufhin schrieben, machten mir unendlich viel Mut, und ich war durch die so liebenswerten Antworten auf Facebook sehr positiv berührt.

Irgendwie konnte ich aber noch nicht glauben, dass ich mich irrte. Trotz der Absage organisierte ich deshalb alles so, als würde ich zur fresh-academy fahren. Ich sagte meinen Kindern Bescheid, dass ich wahrscheinlich nicht zu Hause sein werde, wenn sie von der Schule kommen.

Auf dem Weg vom Einkaufen nach Hause klingelte mein Handy: „Hallo, hier ist Frau Engel von der fresh-academy. Ihr Platz ist frei geworden. Können Sie kommen?" Meine Antwort war nur: „Waaaas??? Juhuuuu!!!" Kein geschriebenes Wort kann meine unglaubliche Freude beschreiben, ich jubelte am Telefon und konnte es kaum glauben.

So begann mein Weg in den Neustart meines Lebens. Seitdem hat sich viel verändert und ich bin selbst beim Aufschreiben ganz berührt von diesem Wendepunkt.

Law of Attraction – das Gesetz der Anziehung – es funktioniert. Immer. Ich weiß das, wende es an und es funktioniert wirklich! IMMER!

Übrigens, die Dame am Telefon heißt gar nicht Engel … aber für mich ist sie einer!

Selige Rückkehr aus der „Unterwelt"

Von Beate Weber-Kehr

Winter 2013: Ich war im NLP Practitioner bei Wiebke und Marc. Draußen gab es einen herrlich kalten Winter und der Starnberger See zeigte sich mit weißer Umrandung. Im Seminarraum dagegen herrschte Wärme, ja, Hitze …! Hitze vom Lachen, Wärme vom Aufbrechen alter Denkmuster und vom Umdrehen der Gefühle.

Erwachsene machten Pausenspiele mit drei Bällen gleichzeitig und kamen mal kurz ins Grübeln, wie ihr eigener Vorname lautet. Und erst die Tänze. Wie wurde Leben auf einmal so einfach!

Vor allem ein Lied hatte es mir angetan. Die Melodie blieb im Kopf, der Text zu meiner Verwunderung auch und die Tanzbär-Bewegungen automatisierten sich wie von selbst. Ich suchte im Internet nach dem Lied, ich wollte es schließlich auch außerhalb des Seminars hören. Nicht genug damit, es weckte mich von nun an jeden Morgen und verbreitete in mir sofort gute Laune.

Doch wie geht es mit dem Leben 2.0, wenn wir wieder in der „Mischwelt" ankommen?

Ich kam da an und spürte Veränderungen. Es lüftete sich ein Schleier der Erkenntnis. Wie logisch ließ sich jetzt manches „Problem" betrachten, wie einfach erschien die Lösung. Warum begriffen das die Menschen nicht?

Bevor ich wieder richtig ankam, kam ich erst einmal ins Krankenhaus. Meiner überfüllten Nasennebenhöhle musste wieder zur Belüftung verholfen werden. Was nicht mehr zu mir gehörte, durfte nun raus.

Mein Gute-Laune-Level war von dem NLP-Seminar noch so hoch, dass mir das nichts und niemand nehmen konnte – auch nicht das Skalpell im Gesicht.

Mit Freude zum OP-Tisch (war das die berühmte Pille davor oder steuerte mich mein guter Geist?) und mit Freude wieder zurück. Und das Zurück hatte es in sich. POCD, postoperatives kognitives Defizit, so heißt die Störung von Denken und Gedächtnis nach einer OP. Daran schien auch meine Krankenschwester im Aufwachraum zu glauben. Mein Bewusstsein kam langsam, ganz langsam mit einem kleinen Lied zurück: „Jede Zelle meines Körpers ist glücklich …" Ich lachte, ich tanzte, ich sang …. Warum verstand die Schwester das nicht? Hörte sie nicht diese wunderbare Melodie?

Ich setzte mich halb auf und demonstrierte ihr mit starken Gesten meinen

Tanz. Ich war so glücklich und spürte die vielen Leitungen in und an meinem Gesicht überhaupt nicht.

Ich war happy, ich sang … und sie? Sie behandelte mich wie eine Geisteskranke: „Legen Sie sich mal schön hin … Legen Sie sich JETZT hin!"

POCD oder Mischwelt-Erlebnis? Ich wusste es nicht. Es war mir auch egal. Ich legte mich einfach zurück in mein Kissen und sang für mich ganz allein weiter. Da hatte sie eben Pech, wenn sie sich so etwas Schönes entgehen ließ.

Nach fünf Wochen war ich wieder fast vollständig hergestellt, meine Nase wieder vorzeigbar und der Weckton immer noch der Gleiche.

Und bis heute beginnt jeder Morgen mit einem Schmunzeln über meine supergute Laune nach der Narkose und die aufgebrachte Krankenschwester.

So gefällt mir Leben 2.0! Und es wird immer besser …

Das Leben ist kein „Ponyhof" – es ist besser!

Von Cathrina Maier

Alles begann, als ein – in meinen Augen – sehr erfolgreicher und zufriedener Freund von einem NLP Podcast erzählte. Er meinte über sich, dass es ihm immer gut gehe. Und wenn es mal nicht so gut liefe, würde er sich fragen, was er an SICH ändern könnte und nicht, was die anderen ändern sollen.

„Jaja", dachte ich damals. Ein netter Spruch. Und irgendwann hörte ich dann doch einmal in den Podcast rein. Gleich in der ersten Folge wurden die Hörer aufgefordert, ihre Wünsche und Ziele zu malen. Und anstatt gleich wieder abzublocken, habe ich das – mit großem Widerwillen, muss ich gestehen – einfach mal getan. Dieser Wunsch hat sich übrigens erfüllt.

Einige Tage später saß ich am Computer bei einer Übersetzung, sah aus dem Fenster und wollte denken: „Mein Leben ist echt schrecklich." Nur dass mein Kopf genau diese Worte nicht mehr ausspucken wollte. So eine Aussage treffen zu können oder zu wollen schien fern in der Vergangenheit zu liegen. Ich war fasziniert. Also funktionierte dieses „Gerede" wohl doch!

Lebenskraft

Da ich damals auch zu den Menschen gehörte, die Psychotherapie für das Maß aller Dinge hielten und auch ca. 15 Jahre damit zugebracht hatte, war ich natürlich weiterhin skeptisch, doch definitiv motiviert und gewillt, etwas völlig Neues, etwas so „Unkonventionelles" auszuprobieren. Kurz darauf meldete ich mich für ein Tagesseminar, den Secret-Tag, an. Marc dort live zu erleben und in diese entspannte Atmosphäre einzutauchen, war schon ein kleines Highlight. Es folgten noch zwei weitere Seminare, in denen ich lernen durfte, mit einfachen Übungen meine Einstellung positiv zu ändern.

(Damals war ich als jahrelanger Single tatsächlich der festen Überzeugung, dass es für mich schlichtweg niemanden gäbe. Das Ausmaß davon reichte sogar so weit, dass nicht einmal mehr der Kontakt mit Männern vorstellbar war. Nur wenige Wochen später lernte ich meinen Partner kennen.)

2013 entschied ich mich, den Practitioner und den Master zu machen. „Wenn, dann schon richtig", war meine Devise. Kurz zuvor hatte sich mein Partner sehr überraschend von mir getrennt, mein Arbeitsvertrag lief aus und mein Startpunkt für den Practitioner lag, vorsichtig formuliert, etwas unter dem emotionalen Meeresspiegel. In den darauffolgenden Wochen und Monaten hat sich dann mehr verändert, als ich jemals zu hoffen gewagt hätte.

Dass sich besonders während der Seminartage viel in meinen Denkstrukturen änderte, konnte ich vor allem an den unruhigen Nächten festmachen, in denen es in mir nur so arbeitete. Aussagen, über die ich früher noch gelacht hätte, bahnten sich mehr und mehr den Weg in mein Glaubenssystem. Früher dachte ich zum Beispiel, dass es überhaupt keinen Grund gäbe, dass ich auch nur irgendwas Gutes verdient hätte, ohne gleichzeitig dafür arbeiten oder leiden zu müssen.

Jetzt konnte ich den Trainern stundenlang hundertprozentige Aufmerksamkeit widmen, obwohl ich doch überzeugt war, dass mich nichts im Leben wirklich interessieren und fesseln könne. Das war eine weitere Bestätigung für mich, dass sie da vorne etwas Besonderes taten; etwas, das mich weiterbrachte und mir gut tat.

Natürlich war diese Zeit der Veränderung kein „Ponyhof", wie man so schön sagt. Doch gerade während ich mich an einer Thematik (was will ich eigentlich wirklich?) buchstäblich aufrieb, lösten sich im Hintergrund viele meiner Ängste, und am Ende des Masters war ich „plötzlich" selbstständig, symptomfrei und das bis heute und ohne auch nur den Funken eines Gedankens, dass es jemals wieder anders sein wird – entgegen der weitläufigen Therapeutenmeinung, dass schwere Essstörungen nicht komplett heilbar sind. Und ich bin zufrieden, ja glücklich!

Während meiner „Wandlung" bin ich, wie viele andere NLP-Anwender, auch auf Kritik und Gegenwehr gestoßen, und für all diese Kritiker oder „Befürchter" habe ich folgenden Gedanken: Die fresh-academy alleine hat mich nicht gesund gemacht, NLP alleine ist (auch) nicht das Maß aller Dinge und die Antwort auf alle Fragen. Ich stimme damit überein, dass alles gerne einfach sein darf. Aber es darf sich auch noch tiefgründiger und emotionaler gestalten, als ich es im Modell des NLP wahrnahm.

Ein weiterer Gedanke, der für mich einer Offenbarung nahekam, war, dass ich mein Leben nun damit verbringen kann, mir Sorgen zu machen, die negativen Ereignisse hervorzuheben und alles ernst zu nehmen – oder eben genau das Gegenteil zu tun. Was dazu führen könnte, dass ich eines Tages auf ein Leben voller Spaß, Glück und Erfolg zurückblicken darf. Was ist die bessere Option, wenn ich davon ausgehe, dass ich nur dieses eine wertvolle Leben zu leben habe? Richtig!

Was ich außerdem absolut vertrete, ist der Gedanke, dass jeder Mensch Verantwortung für sich selber übernehmen darf. Meine großartige Veränderung fand statt, weil ich absolut entschlossen, motiviert und gewillt war. Und auch wenn es sicher noch Aspekte gibt, an denen ich weiterarbeiten darf – die Tatsache, dass ich es kann, motiviert bin und das Werkzeug sowie die emotional feste Basis habe, verdanke ich Marc und Wiebke. Die beiden haben mir – auch wenn es etwas melodramatisch klingt – mein Leben wiedergegeben. So fand ich die Kraft, mein Leben wieder in die Hand zu nehmen und erfolgreich und glücklich zu sein.

Einfach Nichtraucher

Von Hermann Jelleschitz

*E*ndlich angekommen in Feldafing! Ich dachte schon, ich komme zu spät durch den zähfließenden Verkehr in München. Jetzt schnell hier orientieren, wo ist die fresh-academy? Erst mal eine Zigarette und den Eingang suchen. Ich gehe rein, viel Holz, schön gemacht und sehr hell, der Seminarraum. Ich begrüße die Teilnehmer, die schon da sind, und nehme mir einen

Tee, den ich aus einer Riesenauswahl wählen kann, daneben ein ganzer Tisch voller Leckereien.

Das Seminar beginnt und ich merke, Wiebke und Marc sind echt nett. Sie stellen sich vor, die Teilnehmer auch – nach etlichen offengelassenen Geschichten von Marc. In der ersten Pause kann dann vor dem Haus wieder geraucht werden. Und wir haben schon die erste Herausforderung zu meistern: Wir dürfen uns alle Vornamen der 44 Teilnehmer bis zum Nachmittag merken. Und ja, es geht! Wir merken uns jeden mit einem speziellen Bild und damit geht es erstaunlich einfach.

Die erste Nacht des Seminars ist eine weitere Herausforderung für mich. Ich übernachte in einem Kloster, sehr spartanisch und etwas gewöhnungsbedürftig, dafür sehr günstig. In jedem Fall starte ich in den zweiten Tag mit Kopfschmerzen, mittags wird es besser, nachmittags wieder massiver. Irgendwie bekommt Marc wohl mit, wie es mir geht und für mich beginnt mein ganz besonderer Raucherentwöhnungskurs. Zwar rauche ich auch am zweiten Tag in jeder Pause eine Zigarette. Und ich bin sicher, dass das Kopfweh nichts damit zu tun hat.

Marc hilft mir dann mit einer Übung gegen die Kopfschmerzen: Ich soll mich entspannt hinsetzen, die Beine nebeneinander auf den Boden gestellt und dann die Luft anhalten und sie in den Kopf pressen. Erst wenn er es mir sagt, soll ich wieder atmen.

Marc macht dann mit dem Seminar einfach weiter und lässt negative Aussagen über Raucher fallen, wie, dass sie erfolglos blieben, weil ihre Hände so stinken, dass man ihnen ungern die Hand gibt und dass Aufhören das leichteste auf diesem Planeten sei. Die anderen sind amüsiert und nach einer scheinbaren Ewigkeit darf ich wieder einatmen – zum Glück, denn ich als Gleichbeispielsortierer im Außen wäre sonst womöglich erstickt.

Diese Übung darf ich über den Tag noch einige Male mit ihm machen. Unterdessen beantwortet Marc Fragen, geht im Seminarstoff weiter und lässt die Leute lachen und lernen. Ich krieg da aber nicht mehr alles mit, bis auf die Pointen, die dringen alle durch. Später stehe ich wieder im Mittelpunkt und werde von Marc gefragt, wie es mir jetzt geht. Ich fühle mich nach diesen Übungen wirklich leichter, ganz weg ist der Kopfschmerz noch nicht. Also werde ich von Marc angewiesen, weiterzumachen. Und er klärt mich kurz auf, dass ich eigentlich nur die nächste Zigarette weglassen müsste und dann schon Nichtraucher wäre. Entrüstet fragt er mich „Und was soll daran bitte schwer sein?", worüber wieder gemeinsam gelacht wird. Mit meinen Kopfschmerzen fiel mir das Mitlachen allerdings schwer.

Ich darf dann weiterüben und nun selbst entscheiden, wann ich wieder atme.

Marc verknüpft das mit Aussagen, die zum Nichtrauchen motivieren, was ich aber nur teilweise mitbekomme, wie ich zugeben muss.

Die Abschlussmeditation zum Ende des Tages ist für mich dann eine völlig neue Erfahrung, die ich hochinteressant finde. Was genau der Auslöser war, kann ich im Nachhinein gar nicht mehr so genau sagen. Jedenfalls habe ich seitdem keine Zigarette mehr geraucht und auch nicht darunter gelitten – zu keiner Zeit.

Sicherlich hatte Bugs Bunny auch seinen Anteil an dieser Entwicklung: Wir dürfen uns einen Hasen vorstellen, der einen ansieht und hinter ihm befindet sich ein persönliches, negatives Bild. Der Hase kaut an der Karotte, dann stößt er auf, dreht sich um und spuckt auf das Bild, das davon zerfressen wird. Danach dreht er sich um, lächelt mich an und ich rieche Karottengeruch. Mit dieser Methode kann ich alle Bilder entfernen die ich will. Marc gibt uns als Vorschlag 400 Bugs Bunnys mit nach Hause. Die sollen mir nachts im Traum alle unangenehmen Bilder ausradieren. Mehr Hasen ginge auch, so entscheide ich mich für eine riesige Armee (ähnlich der Klonarmee in Star Wars). In dieser Nacht habe ich einiges zu tun … Jedenfalls habe ich weder am nächsten Tag noch an den weiteren Seminartagen Lust auf eine Zigarette. Und am letzten Tag verankere ich das neue Nichtrauchen, damit ich auch nach dem Seminar nicht wieder rückfällig werde. Schließlich kann Stress das eigene Körpergefühl schon mal „ausknipsen" – vielleicht auch ein Glaubenssatz?

In den weiteren Tagen werde ich dann hauptsächlich von den teilnehmenden Rauchern gefragt, wie das gelaufen ist. Antworten habe ich nicht wirklich darauf. Aber ich habe meine Freude daran, die Raucher kopfschüttelnd mit Sätzen wie „Ihr raucht ja immer noch" zu necken. Die Gegenwart von Rauchern hinterlässt seitdem Bilder von Erfolglosigkeit und der negative Geruch stört mich.

Schon nach dem ersten Teil des Practitioners, also nach nur sechs Tagen, bin ich durch dieses Erlebnis davon überzeugt, dass das mein „Modell von Welt" ist. Das ist es, wonach ich gesucht habe, und ich weiß, mein Leben wird sich weiter verändern, in welche Richtung auch immer.

Wie ich meine Freiheit wiederfand

Von Michael Müller

*I*ch erinnere mich noch genau an diesen Tag im Herbst: Eine liebe Freundin rief mich an und berichtete mir super euphorisch von einem Kurs, den sie im weit entfernten Süden besucht hatte. Dieser Kurs der fresh-academy habe ihr zunächst nur sehr wenig Klarheit verschaffen können, sie zeigte sich nach den ersten Tagen ärgerlich und wähnte sich im „falschen Film", sie wollte sogar vorzeitig abreisen. Doch sie bemerkte den bekannten Rhythmus ihrer Kindheit und ihr wurde klar, dass es sich nur um alte Ängste und andere, nicht mehr gewollte Verhaltensmuster handelte. Sie entschied sich, neu und anders zu reagieren, und begann, den Trainern zu vertrauen. So wurde das Seminar für sie ein voller Erfolg mit vielen neuen, positiven Gefühlen.

Sie berichtete mir von diesem Practitioner Seminar absolut begeistert und erwähnte beiläufig, dass einer der beiden Trainer in einigen Wochen in Köln sein werde und einen „Secret-Tag" anbiete. Sie fragte mich, ob ich Zeit und Lust habe, mit ihr dorthin zu gehen? Nach einigem Zögern willigte ich schließlich ein.

Es war ein Samstag. Ich verspätete mich ein wenig und wurde von meiner Freundin und dem Trainer, Marc Pletzer, in Empfang genommen. Das machte schon deutlich Eindruck auf mich, denn ich fühlte mich geachtet und wahrgenommen.

Im Saal befanden sich geschätzt 100 Menschen und Marc saß vor uns. Dabei schien er ohne geschriebenes Konzept auszukommen und konnte meiner Meinung nach die Stimmungen der anwesenden Menschen spüren und auf sie eingehen. Freudig wirkte er, absolut entspannt und sensitiv.

Auf eine seiner ersten Ankündigungen, dass die Teilnehmer nicht mitschreiben müssten, nahm eine Teilnehmerin Heft und Stift zur Hand und schrieb intensiv mit. Dies beeindruckte Marc überhaupt nicht, er zeigte sich unverändert guter Dinge. Wie konnte jemand so gelassen bleiben?

Mir hat dies besonders imponiert, hatte ich mich doch in der Vergangenheit immer wieder von Stimmungen anderer Leute, besonders von meiner Mutter, beeinflussen lassen und hatte oft ganz schnell deren zumeist schlechte Stimmung angenommen.

Ich verspürte im Seminar auch den Wunsch, wichtig und klug zu sein, und stellte eine Frage. Allerdings so, dass die Antwort unweigerlich bedeuten würde, dass Marc darauf keine Antwort wissen und er quasi mit einem Satz den Glauben an sein gesamtes Lebenskonstrukt verlieren würde.

Also fragte ich im Zusammenhang mit „law of attraction", dem Gesetz der Anziehung, ob denn auch die Juden für ihren bestialischen Genozid selbst verantwortlich seien? Das saß! Wenn ich heute auf diese Frage zurückschaue, stelle ich fest, dass ich gewohnt war, angriffslustig zu fragen, um den Gesprächspartner zu verunsichern und mich dadurch sicherer zu fühlen. Diese Wirkung blieb allerdings aus und stattdessen erlebte ich weiterhin eine lockere Atmosphäre. Das war schon eine ganz andere Reaktion, als ich erwartet hatte.

Im Anschluss an das Seminar fand eine lockere Runde statt, in der schon erfahrene „freshies" von ihren Seminaren berichteten. Die Stimmung war leidenschaftlich und freundlich. Doch es gab etwas, das mich sehr irritierte: Die freshies berichteten davon, wie sich ihr gesamtes Umfeld nach dem Besuch des Seminars geändert habe und dass sie jetzt teilweise einen neuen Freundeskreis hätten. Ich konnte mir das für mich überhaupt nicht vorstellen.

Im Sommer nahm ich dann am NLP-Practitioner teil. Ich machte mich ziemlich unbefangen auf den Weg und eins war mir klar: Ich würde den Vorträgen, Übungen und Hinweisen absolut vorurteilsfrei folgen.

Im Verlauf des Seminars, welches ich als intensiv, heiter und losgelöst empfand, entwickelte sich bei mir Enormes: Zunächst lernte ich eine phantastische Frau kennen und verliebte mich sofort in sie. Ich machte mir fortan keine Gedanken darüber, dass ich verheiratet war, und freute mich jeden Tag auf sie, die so leidenschaftlich schaute und die als „Kind schon ins NLP Fass" gefallen zu sein schien. Der Umgang mit ihr war lustig, einfach, genial und spannend.

Und mitten im Seminar hatte ich eine entscheidende Erkenntnis: Ich schaute rückblickend auf mein Leben und entdeckte, dass dies gar nicht mein Lebensstil war. Ich hatte mir angewöhnt, zaudernd, intellektuell und melancholisch zu sein. Aber das war ich innendrin gar nicht, es war nur ein antrainiertes Verhalten! Die Angst hatte mich verändert, hatte dafür gesorgt, dass ich mich nicht zeigte, dass ich im Verborgenen blieb und immer eine schnelle, geistreiche Antwort oder Frage zur Hand hatte, wenn es nötig war.

Ich erlebte eine kolossale Änderung in mir: Wow! Das bekannte, mir schon teilweise wohlige Gefühl der Melancholie, des Einsam-seins, wich einem Gefühl enormer Freiheit. Endlich war ich für mich selbst verantwortlich, endlich war ich frei!

In mir wuchs der Wunsch danach, dieser wundervollen Frau nah zu sein und gemeinsame Ziele zu verwirklichen. Sie goutierte dies freudig und somit rückten wir zunächst mental äußerst eng zusammen.

Nach Ende des Seminars fuhren wir zurück in unsere alte Umgebung und wussten beide, dass die Zukunft nur noch uns beiden gelten solle. Wir schrieben uns unaufhörlich und mir bedeutete dies so enorm viel, ich schöpfte immer wieder Kraft daraus. Schließlich berichtete ich meinem gesamten Umfeld von meinen Plänen und verblüffte meine Freunde mit der Mitteilung, in den Süden zu meiner neuen Frau gehen zu wollen. Meine damalige Frau reagierte nicht sonderlich erfreut, als ich ihr von meinen Plänen berichtete, und doch hatte ich den Eindruck, dass sie mich irgendwie verstand.

Als nächstes Seminar wählte ich den NLP-Master. Es passte für mich einfach hervorragend, stand doch für mich eine bahnbrechende Änderung an und im Master-Seminar ging es unter anderem darum, ein großes Ziel zu beschreiben und umzusetzen. Mein Ziel war es, nach Bayern zu gehen und dort mit meiner Freundin (tolles Wort!) ein Unternehmen zu gründen, welches sich an Kinder und Jugendliche wendet und vermittelt, dass Lernerfolg so einfach ist.

Schließlich zog ich im Juli 2011 nach Regensburg, hatte mich bei der Krankenkasse, bei der ich damals arbeitete, kündigen lassen und freute mich unglaublich auf meine Zukunft. Schon während meines Umzuges wurde mir klar, dass die Teilnehmer beim Secret-Tag auch in Bezug auf mich richtig lagen, als sie erklärten, dass sich der Freundeskreis ändern würde. Denn zu meinem Umzug erschien keiner meiner alten Freunde, die mich seit mittlerweile 30 Jahren durch mein Leben begleitet hatten. Nur die eine besagte Freundin blieb übrig und half mir.

Nun blicke ich nach vorne und freue mich sehr auf meine Zukunft, meine Zukunft mit meiner neuen Frau und als selbstständiger Unternehmer mit immer weiter steigenden Umsatzzahlen.

Der Kundenkreis ist seitdem enorm gewachsen und wir bieten Einzelcoachings, Gruppencoachings für Kinder und Jugendliche und Elternworkshops an. Zudem halten wir Vorträge an Schulen, Kindergärten und anderen Institutionen und bieten Workshops für Azubis in Unternehmen an. Außerdem bieten wir mittlerweile auch Lerncoach-Ausbildungen an vielen Standorten an, in Frankfurt, Regensburg, Bodenmais und Utting am Ammersee.

Ja, auch das Haus am See, welches ich auf meinem Vision Board visualisiert hatte, ist inzwischen Wirklichkeit geworden. Yes! Genau so wie meine bezaubernde neue Frau und ich es uns vorgestellt hatten. Alles ist wahr geworden, bis ins kleinste Detail!

Die Arbeit mit den Kindern und Jugendlichen macht mir unglaublich viel Freude. Ich erkenne in manchem Kind die Hilfsbedürftigkeit, die ich aus meiner eigenen Kindheit kenne. Entgegen meiner Vorannahme macht mir gerade die Arbeit mit Kindern enorm viel Spaß, denn sie verändern sich viel schneller

Pantha Rhei

© Rosita Classen

und leichter als viele Erwachsene. Und ich sehe mich als deren Anwalt und das ist ein schönes Gefühl.

Ich weiß, dass wir (meine neue Frau, ihr Sohn und ich) super erfolgreich sein werden und unser Leben so erschaffen, dass es heiter, locker und zukunftsorientiert ist.

Dafür gilt mein wirklich extremer Dank Wiebke und Marc, die unerschütterlich und leidenschaftlich NLP leben und dies ist in jeder Sekunde spürbar. Nur dadurch erklären sich für mich die phantastischen Ergebnisse, die aus einer Seminarteilnahme bei den Beiden resultieren. Ich wünsche ihnen ein tolles und ihnen gemäßes Leben! Ich bin mir sicher, dass sie es erreichen werden. Vollkommen klar!

Schritt für Schritt in Bewegung kommen

Von Heike Loosen

*I*m Februar 2012 lernte ich den NLP-fresh-up Podcast kennen. Zu einer Zeit, als ich seit zwei Jahren Schmerzen hatte aus immer neuen Gründen: Bandscheibenvorfälle, Zysten im Sprunggelenk, Knieprobleme, Bauchschmerzen und vieles mehr. Damals war ich nebenberuflich als Gehirn- und Gedächtnistrainerin tätig. Das geschah nebenbei, in Volkshochschulkursen am Wochenende oder freiberuflich zwischendurch an Abenden oder ausgewählten Terminen. Ich liebe diese Arbeit und weiß, dass ich darin fachlich sehr gut bin. Ich habe mich allerdings hauptsächlich als Mutter wahrgenommen, die nur nebenbei arbeitet. Entsprechend habe ich mich vollkommen unter meinem Wert verkauft und nur für die Anerkennung durch Außenstehende gearbeitet. Das hat mich irgendwann nicht mehr befriedigt, und der Stress aufgrund von Familienorganisation, Kursen und Akquisition wurde mir zu groß. Durch die andauernden Schmerzen und den Stress wurde ich depressiv und das Familienleben war ebenfalls nicht mehr so schön. Kurz: Es ging mir nicht gut!

Durch das Podcast-Hören und die Meditationen, die ich mir ergänzend besorgt habe, konnte ich den ersten Schritt raus aus dem Selbstmitleid und der „Schockstarre" tun.

Als erstes nahm ich mir einen Personaltrainer, der mir Kraftübungen für den Rücken zeigte und mir half, meine Ernährung umzustellen. Dadurch ging es mir schon deutlich besser. Und ich habe kapiert, dass mir mein Körper durch die vielen Beschwerden mitteilen wollte, dass ich etwas in meinem Leben ändern muss. Schließlich hatte die jahrelange Symptombehandlung nichts gebracht. Wurde der Fuß behandelt, kamen Schmerzen im Knie, wurden die behandelt, kamen welche im Rücken. So gab mir mein Körper immer heftiger Signale: Du musst was ändern! Ich wusste nur noch nicht, was und wie. Und ich verstand: Der Practitioner ist für mich der Weg, das herauszufinden. Aber mit meiner familiären Situation schien das nicht machbar, bis ich es doch wagte: Im Herbst sollte es so weit sein. Zum ersten Mal stellte ich meine Bedürfnisse über die meiner Familie, denn ich wollte das unbedingt. Und es war die beste Entscheidung meines Lebens!

Die Übungen im Practitioner haben mich meistens verwirrt, einige Dinge, die mir gesagt wurden, haben mich sehr betroffen gemacht. Ich hatte aber immer das tiefe Vertrauen, dass Wiebke und Marc wissen, was sie tun, und für mich das Beste wollen. Also habe ich mich eingelassen und einfach fallengelassen.

Meine Wende fand ich in einer der wunderbaren Trancen von Marc. Darin durfte ich mich von meinem Depri-Bären verabschieden, ich bekam eine kostbar verzierte Holzschatulle mit meiner Medizin, die mich wieder ganz gesund gemacht hat. Ich erkannte mich selbst in dem Engel, der mich mit der Kraft des Universums verband. In dieser Trance öffnete sich wieder der Zugang zu meinen Gefühlen, der verschlossen war. Ich konnte nach vielen Jahren endlich wieder weinen und lachen bis zum Umfallen. Das größte Geschenk habe ich in einer Übung zur Glaubenssatzveränderung erhalten. Für die Besserung meines Gesundheitszustandes galt für mich bis dahin: „Es kann doch nicht so schnell gehen." Durch die Übung habe ich dann verinnerlicht: „Alles ist möglich!" Und dieser Satz war Ausgangspunkt meiner nachfolgenden Veränderung.

Zuhause habe ich weiter Übungen gemacht und angefangen, zu meditieren. Und die Wirkung war verblüffend: Meine Ehe wurde wieder wunderschön. Ich habe tolle „freshies" getroffen, die alle in der fresh-academy waren und in Verbindung blieben. Durch ihr Vorbild wusste ich, dass ich auch meinen Traum leben werde. Allerdings wusste ich noch nicht ganz genau, wie dieser Traum aussehen sollte, da ich vorerst voll und ganz auf die vollständige Wiederherstellung meiner Gesundheit fokussiert war.

Ich begann zu laufen. Aus verschiedenen Gründen konnte ich früher nicht joggen. Diesen tiefsitzenden Glaubenssatz habe ich aufgelöst und jeder kleine Streckenrekord, den ich in den nächsten drei Monaten aufgestellt habe (von 5 auf 12 km) war für mich ein unvorstellbares Fest. Als krönenden Abschluss habe ich Anfang Dezember an einem Wettlauf teilgenommen – früher unvorstellbar!

Dieser Lauf fand in einem Stadion statt, in dem ich als Schülerin 800 Meter bei den Bundesjugendspielen laufen sollte. Als Kind musste ich nach 400 Metern anfangen zu gehen, und meine Lehrerin musste mich am Rand anfeuern, damit ich überhaupt bis ins Ziel kam.

Und ausgerechnet dort habe ich an dem ersten Wettlauf meines Lebens teilgenommen. Er ging über 3 Kilometer. Ich war zwar als Letzte im Ziel, aber trotzdem glücklicher als die Siegerin. Die Urkunde, die mir schwarz auf weiß belegte, dass ich gelaufen und ins Ziel gekommen bin, war mir mehr wert als alles andere auf der Welt. Sie war für mich der Beweis: „Alles ist möglich."

Einen Tag vor meinem Master habe ich dann noch an einem weiteren Lauf teilgenommen. Diesmal an einem richtig großen Volkslauf. Unterstützt von zwei Freunden, die über die ganzen 5 km an meiner Seite gelaufen sind, bin ich eine Zeit gelaufen, die für mich beim Start weit jenseits meiner Vorstellungskraft lag. „Alles ist möglich". Mit diesem Glücksgefühl ging es am nächsten Tag zum Master. Inzwischen, nach nicht einmal einem Jahr bei der fresh-academy, habe ich sogar erfolgreich an einem Triathlon teilgenommen: Ich habe ein Ziel erreicht, dass ich in meinen kühnsten Träumen nie für möglich gehalten hätte.

Während ich beim Practitioner das Gefühl hatte, einmal einen kompletten Waschgang in einer Waschmaschine erlebt zu haben, war der Master vergleichsweise entspannt. Er war einfach nur sehr schön. Ich habe viel über meine Strukturen gelernt und in einer Übung erstaunt festgestellt, dass ich noch immer mit angezogener Handbremse lebte. Beruflich hatte sich nichts geändert und privat hatte ich es mir in meinem aus früherer Hilflosigkeit entstandenem Nest bequem gemacht. Ich stellte fest, dass ich mir bei Schwierigkeiten immer den leichtesten Weg gesucht hatte und der war, mir helfen zu lassen oder die Aufgabe sogar ganz abzugeben. Mit dieser Erkenntnis merkte ich, dass die Bewegung, die auf körperlicher Ebene bei mir Einzug gehalten hatte, sich nun auch auf andere Bereiche übertragen ließ.

Hatte ich vorher Wiebkes Hinweise blockiert, die sich auf meine berufliche Entwicklung bezogen, so spürte ich nun fast körperlich, wie ich Gas geben und auch hier richtig in Bewegung kommen wollte. Und von dem Moment an, in dem ich die Entscheidung getroffen hatte, beruflich durchzustarten, erhielt ich –

ohne weiteres Zutun – auf einmal Anfragen, Aufträge oder Kontakte in einer Qualität und Anzahl, die früher für mich undenkbar gewesen wären. Für diese schrittweise Veränderung hin zu neuem Lebensglück bin ich Wiebke und Marc unendlich dankbar. Sie haben mich in vielerlei Hinsicht in Bewegung gebracht!

Marathon

Von Thomas Bloch

Ich würde mich als einen Menschen beschreiben, der schon immer Ziele erreichen konnte. Die waren auch nicht unbedingt (kleine) Ziele, die jemand mal eben so angehen würde. So saß ich zum Beispiel mit 28 Jahren in einem Flugzeug nach Australien mit dem Gedanken, langfristig dort zu leben. Mit an Bord hatte ich lediglich meinen Rucksack mit Kleidung und einen Laptop mit den Arbeitsproben meiner Projekte als Architekt in Deutschland.

Mein Visum erlaubte mir, für zwölf Monate in Australien zu reisen und zu arbeiten. Noch am ersten Tag, nach einer kurzen Hafenrundfahrt mit Blick auf die Oper von Sydney und die Harbour Bridge, kaufte ich mir einen Drucker. Ich kreierte ein kleines Büchlein meiner Projekte und ging schon nach wenigen Tagen auf gut Glück in ein Architekturbüro. Von diesem Büro wusste ich nur, dass es schöne Projekte machte und direkt über dem Bavarian Beer Cafe in „The Rocks", dem ältesten Stadtteil Sydneys, lag; direkter Blick auf die Oper inklusive. Zufällig war der Chef im Büro und es kam auf der Stelle zu einem Vorstellungsgespräch. Noch auf dem Weg zurück zur Fährstation, die etwa fünf Gehminuten vom Büro lag, bekam ich den Anruf, ich solle am Montag anfangen.

Innerhalb der folgenden sechs Jahre hatte ich mich ins Management-Team einer international agierenden Architekturfirma eingearbeitet, und erhielt im Mai 2010 in einer berührenden Zeremonie meine Urkunde zum Staatsbürger Australiens – überreicht von der damaligen Premierministerin von Queensland, Anna Bligh.

Diese Ziele hatte ich erreicht, doch es gab viele Ziele, die nicht erreichbar waren, ohne dass ich wusste, warum. Mal klappte es, mal nicht. Gedanken über das Warum, hatte ich mir bis dahin nicht gemacht.

Zurück in Deutschland machte ich kurz hintereinander in der fresh-academy den Practitioner und den Master – und erfuhr viel über das Erreichen von Zielen. Ich hörte von Vision Boards, vom Visualisieren und vor allem lernte ich das Formulieren von Zielen.

In unserem Urlaub im Mai dieses Jahres las ich dann das Buch „Ultra Marathon – Confessions of an All-Night runner" von Dean Karnazes. Inspiriert von den Geschichten über das Laufen langer Distanzen, wollte ich sofort wieder damit beginnen. Bis dahin war ein „Gelegenheitsläufer", würde ich sagen, also hin und wieder sechs bis acht Kilometer. Damals gab es Wochen, in denen ich gleich zweimal zu den Laufschuhen griff, um dann wieder einen Monat gar nicht zu joggen. Um nicht „nur so" anzufangen mit dem Laufen, suchte ich ein passendes Ziel, auf das ich „hinarbeiten" konnte – und ich wurde schnell fündig: Im August findet jedes Jahr der „Allgäu Panorama Marathon" in Sonthofen statt. Das ist ein Laufereignis mit einem Halb-Marathon, einem Marathon und einem Ultramarathon über 70 km. Start- und Ziellinien sind nur ein paar Minuten von meiner Haustür entfernt und ich hatte gute 14 Wochen für die Vorbereitung. Perfekt, um den Halb-Marathon anzugehen.

Allerdings kamen nun die Worte von Marc und Wiebke wieder in meinen Kopf: „Wie hoch möchtest du deine Ziele setzen?" All das, was ich über Ziele gelernt hatte, konnte ich nun „überprüfen"; in einem festgesetzten Zeitrahmen und mit messbarem Ergebnis. Auf der Anmeldeseite zum Lauf klickte ich also kurzerhand Marathon an: 42,2 km über die schönen Allgäuer Berge und 1.500 Höhenmeter sind dabei zu überwinden. Ich hatte mit diesem Klick also nicht nur die Distanz verdoppelt, sondern auch noch einen Höhenunterschied hinzugefügt, der in etwa der zehnfachen Höhe des Kölner Domes entspricht.

Ich stellte mir einen Trainingsplan zusammen und legte direkt los. Ich hatte mir mehrere kurze Läufe unter der Woche und einen längeren Lauf am Wochenende vorgenommen. Da ich die Strecke von zehn Kilometern hin und wieder schon gelaufen war, setzte ich den ersten langen Lauf mit zwölf Kilometern fest, den nächsten mit 15, dann 18. Nach vier Wochen war ich mit einem 21 Kilometer Trainingslauf bei meinem ursprünglichen Ziel, der Halb-Marathon-Strecke, angekommen. Ich war so voller Euphorie, dass ich die letzten hundert Meter dieses Laufes sogar noch sprinten konnte. Ich konnte es kaum glauben, wie schnell und problemlos ich dieses ursprüngliche Ziel erreicht hatte. In den folgenden Wochen verlängerten sich die Strecken noch bis auf 28 Kilometer und ich fing an, Höhenmeter in die Läufe einzubauen. Nach neun Wochen Training zog ich mir bei einer 42 Kilometer langen Fahrradtour, die ich als Alternativtraining angesetzt hatte, Rückenschmerzen zu und musste für fast zwei Wochen pausieren. Das sollte mich aber nicht von meinem Ziel abbringen. Jeden Tag schaute ich von meiner Terrasse aus auf die Berge, über die ich den Marathon laufen würde. Ein Vision Board war hierfür also nicht nötig!

14 Wochen nach meiner Entscheidung war es dann soweit. Mit 338 weiteren Läuferinnen und Läufern ging es auf die Strecke und aus der Stadt direkt auf die Berge zu. Während des Trainings hatte ich gelernt, auf meinen Körper zu hören und mein eigenes Tempo zu laufen. Ein Berg-Marathon unterscheidet sich leicht von einem Stadt-Marathon. Hier wird auch mal geredet und man lernt sich etwas kennen. Man macht Fotos voneinander oder von der Aussicht. An den Verpflegungsstationen gibt es zusätzlich zu den Getränken Butterbrot, Bananen und Kuchen, um die Energiespeicher aufzufüllen. Einmal musste ich einer Frau, offensichtlich eine Städterin, durch eine Herde Kühe helfen, die einen schmalen Weg blockierten. Ich hatte im Vorfeld öfters von „dem Mann mit dem Hammer" gehört, der bei Kilometer 30 auftauchen sollte – der hatte mich wohl übersehen.

Ich glaubte eh nicht daran, denn ich wusste, wenn ich meine Kalorienzufuhr aufrechterhalte, hätte ich keine Probleme. Und so kam ich dann nach gut fünfeinhalb Stunden ohne Zwischenfälle im Ziel an. Zielerreichung: messbar zum ursprünglichen Ziel – mehr als verdoppelt.

Das Interessanteste für mich war, dass der Aufwand nicht wesentlich größer war. Im Gegenteil. Die Anzahl der Trainingseinheiten zum Halb-Marathon wären gleich gewesen. Lediglich der Lauf am Wochenende war länger. Wäre ich den Halb-Marathon gelaufen, wäre ich am Ende genauso müde gewesen, wie nun, nach dem Marathon – weil ich es erwartet hätte.

Mir hat diese Erfahrung gezeigt, dass ich meine Ziele bis dahin immer im Autopilot angegangen war. Ich war mir, wie die meisten Menschen, nicht bewusst darüber. Und ich hatte mir immer Ziele gesetzt, die irgendwie in meiner Komfortzone lagen. Weil ich wusste, dass diese erreichbar waren. Durch das Herauskatapultieren des Zieles aus der Komfortzone entstand für mich eine tolle Erfahrung mit unglaublich viel Spaß und einer großen Zufriedenheit. Nun, da ich diese Tools habe, kann ich mein Leben ganz bewusst gestalten. Und das mit messbarem Erfolg.

Mit Eifer suchen und finden

Von Marco Balmer

Ich wusste nicht einmal, in welche Richtung ich überhaupt unterwegs war, als ich mit dem Lesen von Marcs Buch „Emotionale Intelligenz" im Herbst 2007 begonnen hatte. Ich hatte kein Ziel … Heute weiß ich: Auch kein Ziel zu haben, ist ein Ziel.

Meine Veränderung startete nicht sofort mit einem NLP-Seminar. Ich durchlief im Vorfeld eine Weiterbildung zum Hypnose-Coach. Seither bin ich begeistert von Trancen und werde immer davon fasziniert sein, was Menschen imstande sind damit zu tun – unglaublich! Einfach und wirksam.

Im Frühjahr 2010 war es dann auch für mich so weit. Ich besuchte den Practitioner bei der fresh-academy. Am dritten Tag kamen in mir Fragen auf. Was tun die da? Weshalb schlafe ich nachts nicht mehr? Liegt das an mir? Dieses erste NLP-Seminar in zwei Worte gefasst: Turbo zünden! Danach lief ich Monate lang gegen die Wand bei Mitmenschen, die ich unbedingt verändern wollte. Ich wusste ja jetzt, wie Leben in richtig funktioniert. Das wollte ich so weit wie möglich in meinem Umfeld verbreiten.

Ein Jahr später schrieb ich in ein schönes kleines Büchlein, wie ich mir vorstelle, meinen Traum in einer Beziehung zu leben. Ich lernte den Text auswendig und las ihn mir jeden Morgen laut vor. Exakt drei Wochen später schrieb mich meine heutige Lebenspartnerin Marian via E-Mail an – das Universum lieferte praktisch sofort.

Fast zeitgleich fuhr ich wieder nach Deutschland in den NLP-Master. Ein Jahr war um und ich war bereit für den nächsten „NLP Flash".

Nach dem Master verstand ich, was NLP für mich möglich macht. Endlich ein Handbuch, um diesen Planeten zu bedienen. Endlich eine Idee davon, wie ich wirklich meine Lebensziele erreiche. Endlich Lebensziele – mit Absicht.

Der Eye-Opener im eigentlichen Sinne war für mich die Ausbildung zum NLP-Coach: Die Unterscheidung von Struktur und Inhalt und die Engpass-Konzentrierte Strategie (EKS) – das alles macht es mir leicht.

Zu Beginn meiner Tätigkeit als Coach hatte ich mich auf Beziehungs-Coaching konzentriert. Nach einer gewissen Zeit machte ich die Zielgruppe noch enger. Seither coache ich nur noch Menschen mit Eifersucht. Damit änderte sich alles rasant. Seither kommen Kunden aus der ganzen Schweiz, in der ich lebe.

Passion

Mein alter Glaubenssatz, ich müsse viel anbieten, um Kunden zu haben, war restlos besiegt. Spezialisierung – das war der Schlüssel. Er war immer schon da. Ich durfte ihn jetzt finden. Was für ein Glück.

Die wichtige Botschaft, die ich im Master erfuhr: Große Ziele lassen sich mit nur 30 Minuten Fokus täglich erreichen. Ganz leicht. Ich hatte das erst verstanden, nachdem ich es erlebt habe. Oder habe ich es erst erlebt, nachdem ich es verstanden hatte? Egal. Ich habe es verstanden.

30 Minuten täglich. Fokus und Trance.

Im Herbst 2014 ist es nun soweit. Es ist absolut unglaublich. Ich hätte es vorher nie gedacht. Ich werde heiraten. Ich heirate Marian. Yiiiipppiiiiiiii.

Ich bin so wahnsinnig glücklich und dankbar – sie hat viele Coachings mit mir jeden Tag gemacht, mich in Seminare begleitet, wir hatten lange Gespräche abends im Restaurant. Ich danke ihr von Herzen.

Warum ich nach dem Practitioner alles verändern wollte, verstehe ich heute: Es waren Schritte meiner persönlichen Entwicklung. Und ich „musste" dabei scheitern. So war ich in der Lage, zu lernen, zu verstehen, Kontrast zu erleben und neue Wege zu gehen. Damals verstand ich das noch nicht. Heute gelingt mir das mit Leichtigkeit, mit mehr Methode und Struktur. Trance und Hypnose unterstützen mich dabei jeden Tag mit einer kurze Meditation – zehn Minuten reichen vollends aus. Dann nehme ich Tempo raus, nehme bewusst wahr. So bin ich begeistert von meinem Leben, begeistert von dem, was ich alles erreicht habe und begeistert von dem, was ich noch erreichen werde.

Jetzt kenne ich die Richtung. Ich bin mitten drin! Ich bin mitten im Leben meiner Träume. Danke, liebe Wiebke und lieber Marc, danke ihr lieben Teilnehmer. Und danke an Marian.

Schreiben für Menschen

Von Patrick Koglin

s war das impulsive „Go for it", mit dem mich Marc Pletzer in einem der ersten NLP-fresh-up Podcasts, die ich hörte, angesprochen hat. Zum damaligen Zeitpunkt befand ich mich in keiner sehr lustigen Phase meines

Lebens. Ich war nicht sehr unabhängig und fand kaum noch Optionen. Nächtelang war ich wach. Meine Gedanken drehten sich im Kreis, fesselten mich ans Bett. Ich spürte zwar eine unbändige Motivation und eine Energie in mir, aber ich setzte sie nicht gut ein. In meinem damaligen Umfeld verpuffte beides wie heiße Luft.

Die Erkenntnis darüber brachte mir, neben anderen tragenden Stützen, der NLP-fresh-up Podcast. Ich hörte ihn auf dem Weg zur Arbeit, beim Spazierengehen mit dem Hund und abends zum Einschlafen. Die Entspannungstrancen von Marc Pletzer halfen mir, wieder einen gesunden Schlafrhythmus aufzubauen. Bücher und Videos zum „Law of Attraction" unterstützten mich dabei, ein neues Bild meiner Zukunft aufzubauen und daran festzuhalten. Inzwischen habe ich einen Großteil davon erreicht. Ich bin glücklich verheiratet, habe mich zu einem neuen Arbeitgeber bewegt, bin zurück zu meiner Familie gezogen und gehe ausgeglichen meiner Berufung nach. Ich schreibe inzwischen lieber, statt über Dinge zu diskutieren; es ist effizienter. Und die Veränderung sollte jeder für sich selbst planen.

Ich habe an mir selbst erfahren: Wenn ich etwas verändern möchte, kann das sehr schnell gehen. So schnell, dass es Familienmitglieder, Kollegen und Bekannte überrascht. Ein Bekannter schilderte es mit dem Bild von „Lucky Luke" – schneller als sein eigener Schatten.

In all dem ist mir das Tun viel wichtiger als das darüber Reden. Und es macht viel mehr Spaß. „You go first" ist dabei ein Glaubenssatz, der mich immer häufiger selbstbewusst vorangehen lässt. Einige andere ungünstige Filter und Glaubenssätze konnte ich ablegen. Meine Sinne sind inzwischen auf diese Sätze geschärft. Manchmal höre ich sie noch von anderen, dann blende ich sie schmunzelnd aus.

Heute unterscheide ich zwischen mentalem und finanziellem Reichtum. Ich habe verstanden, dass mir Zufriedenheit und Achtsamkeit wichtiger sind als Geld. Ziele zu erreichen, ist sicherlich ein schönes Gefühl, aber nicht um jeden Preis. Durch den NLP-fresh-up Podcast habe ich einige Methoden und Wege für mich gefunden, die mich stark gemacht haben. Inzwischen habe ich eine Vielzahl dieser Ideen in einem eigenen E-Book zusammengefasst. Es heißt „Endlich achtsam" und zeigt Methoden und Übungen, um zu sich selbst zu finden. Passend dazu arbeite ich gerade an meinem zweiten Blogprojekt und verfasse Artikel für Fachzeitschriften. Dinge, die ich ohne den Podcast womöglich nie angegangen hätte.

Das Schönste sind allerdings die Menschen, denen ich im Laufe der letzten Monate begegnet bin. Jeder von ihnen ist einzigartig. Immer mehr erkenne ich ihre Stärken und kann sie fördern. Dadurch kommt immer häufiger etwas zurück. Oftmals ein spannendes oder anregendes Gespräch, immer häufiger die

Verwirklichung gemeinsamer Ideen und manchmal ein Buch. Vor allem aber freue ich mich jeden Tag, Neues lernen zu können und das Gefühl zu haben, „mehr" zu werden. Natürlich spielen auch hier meine Mitmenschen eine große Rolle.

Erst kürzlich wurde ich auf meine scheinbar höhere Sensibilität angesprochen. Das war ein großer Impuls für mich. Ich setzte mich intensiver mit dem Thema „Hochsensible Menschen" auseinander. Plötzlich erklärten sich viele Situationen meines Lebens. Solche Rückmeldungen und Menschen hätte ich früher womöglich nicht angezogen oder gar ignoriert. Heute sehe ich, dass dadurch wertvolle Beziehungen entstehen, die man mit keinem Geld der Welt bezahlen kann.

Jeder Tag, den man unglücklich verschwendet, ist ein Tag zu viel. Das Leben bietet so viele Optionen. Und die Fähigkeit dazu, das Können, diese zu erkennen, das hat jeder von uns in sich.

Marc Pletzer, Wiebke Lüth und das ganze NLP-fresh-up Podcast-Team haben mir geholfen, nicht den Mut zu verlieren, an meinem Bild festzuhalten und es weiterhin zu verfolgen. Ich bleibe am Ball und freue mich, eines Tages ein Coaching am Starnberger See zu besuchen. Danke!

Erfolge auf der ganzen Linie

Von Dr. Tina Schultheiß

Nach meinem Biologiestudium bekam ich die perfekte Promotionsstelle in der HIV-Forschung. Es war thematisch genau das, was ich mir vorstellte, und der damit verbundene Umzug in eine neue Stadt tat mir gut. Ich war begeistert von meinem Thema, meinen Möglichkeiten und von den Ergebnissen, die ich erzielte. Ich arbeitete sehr viel, doch ich tat es mit viel Leichtigkeit und Selbstvertrauen. Alles, was ich im Labor anfasste, funktionierte und meine Doktorarbeit lief wie von selbst.

Das Universum bescherte mir dazu eine Chefin, die mich sehr zwiespältig sah: Auf der einen Seite schätzte sie meine Arbeit sehr. Noch vor Ende meiner Doktorarbeit war ich ihre wichtigste Wissenschaftlerin geworden, die andere Doktoranden betreute und das Team und große Projekte zusammenhielt. Auf der anderen Seite fühlte sie sich von meiner Kompetenz bedroht und suchte immer wieder nach Gelegenheiten, mich zu kritisieren. Sie versuchte, mich klein zu halten und sabotierte mich manchmal ganz gezielt. Mir wurde immer klarer, dass das so nicht weitergehen konnte. Ich nahm die Situation zunächst als Herausforderung an, um daran zu wachsen und mich zu entwickeln. Aber nach rund fünf Jahren war ich ausgelaugt und beschloss, eine berufliche Auszeit zu nehmen, um wieder zu Kräften zu kommen und mir Gutes zu tun.

So machte ich meinen ersten großen Rucksackurlaub in Thailand, besuchte viele Freunde in und um Deutschland herum, die ich schon lange nicht mehr gesehen hatte, und verbrachte eine Woche ganz allein auf einer Hütte in Österreich. Viele meiner Träume haben sich in dieser Zeit wie von selbst erfüllt, wie ein Bad in einem Wasserfall oder allein in den Bergen zu sein. Mit all diesen Erfahrungen kam ich innerlich wieder zu Kräften und ich bekam wieder ein Gefühl von Lebensfreude.

Als ich fast schon wieder bereit war, mir einen neuen Job zu suchen, weckte eine Freundin in mir den Wunsch zu malen. Ich fühlte mich bei einem Besuch von ihren ganzen Pinseln, Farben und Leinwänden magisch angezogen. Sie sagte mir, dass sie beim Malen so viel verarbeite, und ich solle es doch einfach mal probieren. Erst verwarf ich den Gedanken wieder und dachte: „So was kann ich bestimmt nicht"; doch es ließ mich irgendwie nicht los. Nachdem ich dann mehrmals hintereinander vom Malen geträumt hatte, zog ich los und kaufte mir kurzerhand eine Palette hochwertiger Künstler-Acrylfarben und einige gute Leinwände – wenn schon, denn schon, dachte ich. Und wenn das alles „ein Schuss in den Ofen ist", dann habe ich es wenigstens probiert und schenke die Farben meiner Freundin.

Am nächsten Tag fing ich im stillen Kämmerlein an, etwas gelbe Farbe auf die Leinwand zu pinseln. Ich hatte keine Idee, was ich malen wollte, sollte oder konnte. Doch nach wenigen Minuten kamen so viele Emotionen, Schmerzen aus mir heraus, dass das Bild wie von alleine entstand. Von dem Gelb war schnell nichts mehr zu sehen und Schwarz und Rot dominierten das Bild. Jetzt wusste ich, was meine Freundin mit „Verarbeiten beim Malen" meinte.

In den folgenden Wochen und Monaten entstanden viele dunkle Bilder. Ich verschob meine Jobsuche noch um ein paar Monate und malte mir vieles von der Seele. Die Kunst war für mich ein Weg, vieles ins Außen zu bringen, ohne dass ich reden oder mich erklären musste. Eine Heilerin half mir zusätzlich, das alles dann auch wirklich loszulassen, und nach einigen Wochen wurden meine Bilder heller.

Ich hatte gelernt, loszulassen und etwas unabhängig von äußeren Vorgaben zu erschaffen. Ich malte nur für mich und lernte dabei wieder ausschließlich meinem Gefühl zu vertrauen. So entdeckte ich ein Talent in mir, Gefühle und Emotionen in einem Bild auszudrücken.

Nach einiger Zeit musste dann doch wieder ein Job her und ich bat meine ehemalige Chefin um ein Arbeitszeugnis. Sie schrieb mir ein sehr persönliches, fast dreiseitiges Arbeitszeugnis, das mich in den höchsten Tönen lobte und meine fachlichen, wissenschaftlichen und sozialen Kompetenzen beschrieb. Wir besprachen die Feinheiten bei einem Treffen und ich war ganz von den Socken. Selbst ihre Sekretärin sagte mir, dass sie in ihrer fast 20-jährigen Tätigkeit noch nie so ein gutes Zeugnis von ihr gesehen hätte.

Jetzt war ich bereit für einen neuen Job und die Heilerin meines Vertrauens empfahl mir, mich jetzt wirklich neu zu erfinden. Ich sollte mir Gedanken machen, was ich wollte und wie mein Leben aussehen sollte.

Ich lebte damals in Niedersachsen und mein Herz sagte mir, dass ich die fränkische Lebensqualität vermisste. Ich wollte in Richtung Süden, hatte aber nur vage Vorstellungen von dem, was ich konkret wollte. Doch ich setzte mich hin und schrieb drei Listen. Darin beschrieb ich, welche Qualitäten ich von meinem Job, meiner neuen Wohnung und der Stadt, in der ich gern leben wollte, erwartete.

Ungefähr drei Monate später hatte ich mein erstes Vorstellungsgespräch als wissenschaftliche Mitarbeiterin bei einem Unternehmen in Franken. Die Geschäftsführerin war begeistert von meinem Arbeitszeugnis und sehr interessiert, was ich in meiner Auszeit gemacht hatte. Sie sagte mir, ihr frisch promovierter Sohn nehme sich auch gerade eine Auszeit. Es war eine sehr entspannte Unterhaltung und ich bekam den Job noch während des Gesprächs zugesagt. Eine halbe Stunde danach fand ich den Arbeitsvertrag in meinem E-Mail-Postfach. Ich schaute mir die Stadt an, die umgeben von Weinbergen war, und kam zu dem Schluss, dass alles passte!

Der Wohnungsmarkt war – gelinde gesagt – angespannt, und ich rechnete damit, dass meine Traumwohnung teuer und nicht zentral gelegen sein würde. Doch dann bekam ich eine Einliegerwohnung im teuersten und begehrtesten Stadtteil angeboten, mit großer Terrasse und Garten. Ein Waldstück und die nahen Weinberge luden zum Spazierengehen und Joggen ein. Und der Preis für die drei Zimmer samt Garage in dieser attraktiven Lage war wirklich toll. Da hatte das Universum wirklich ganze Arbeit geleistet. Alle Besucher fragten mich, wie ich denn an diese Wohnung gekommen bin …

Mein neuer Job weckte anfangs nicht so viele gute Gefühle in mir. Ich sollte eine Kollegin um eine Stelle beerben, die sich dadurch „strafversetzt" fühlte. Meine neue Vorgesetzte schien intrigant und auf Konfrontationen aus. Ich sagte mir, lange bleibe ich hier nicht, aber die schöne Stadt passt schon mal. Doch nach drei Monaten ging unsere Abteilungsleiterin verfrüht in Mutterschutz und das Team blühte auf. Wir waren jetzt drei Wissenschaftler und sechs technische Angestellte und irgendwann kam noch ein sehr angenehmer, entspannter neuer Chef dazu. Er passte mit seiner Art genau zu uns. Es war wie mit Freunden auf der Arbeit, wir lachten viel, aßen oft Kuchen und hatten wenig zu tun. Es war ein tolles Team und wir machten unsere Arbeit mit einer unbeschreiblichen Leichtigkeit und mit sehr viel Humor. Alle Punkte auf meiner Wunschliste waren mehr als erfüllt worden und es war ein gelebtes „je entspannt, desto Erfolg". Jedem, dem ich von meinem Job erzählte, sagte: „So was gibt es doch heutzutage in der freien Wirtschaft gar nicht mehr …." Auch hier hat das Universum ganze Arbeit geleistet.

Meine Geschichte könnte ich hier fast beenden, doch es passierten noch ein paar ganz erstaunliche Dinge …

Zwischen meiner Vorgängerin im Job und mir entwickelte sich eine tiefe Freundschaft. Sie war Anfang 50, hatte schon reichlich Berufserfahrung und war erst seit knapp einem Jahr in der Firma. Ihr Job, den ich jetzt hatte, war für sie das Schlimmste, was sie je erlebt hatte. Für mich hatte sich in dieser Position dann ja alles verändert. Doch sie erlebte Ähnliches in der neuen Position wieder. Mit der Zeit fing sie an, an sich zu arbeiten. Ich half ihr aus ihrer Opferrolle heraus und sie begann, ihre Energie zu verändern. Irgendwann begann sie, sich nach einer anderen Stelle umzusehen.

Ich für meinen Teil hatte zwar den perfekten und völlig entspannten Job als Biologin. Mir wurde aber klar, dass das nicht war, was ich wirklich wollte.

Ich wollte frei sein, selbstständig und endlich meiner Berufung folgen. Seit zehn Jahren beschäftigte ich mich schon mit den Zusammenhängen zwischen Psyche und körperlichen Erkrankungen, und ich hatte bereits zwei Heilausbildungen in Energiearbeit. Ich erzielte damit schon die erstaunlichsten Heilerfolge im Freundes- und Bekanntenkreis. Und das war etwas, was mein Herz wirklich höherschlagen ließ. Zudem konnte ich mir langsam vorstellen, mich von einigen meiner Gemälde zu trennen, denn es stapelten sich schon über 100 Leinwände bei mir zu Hause.

Als erstes versuchte ich einige Kunstausstellungen. Doch das machte mir keinen Spaß und es war nicht die Art, wie ich meine Kunst präsentieren wollte. Außerdem wurde mir klar, dass sich das Neue nicht entwickeln kann, solange das Alte noch so viel Raum in meinem Leben einnimmt. So beschloss ich, meinen

„perfekten" Job als wissenschaftliche Mitarbeiterin zu kündigen und mich beruflich in eine ganz andere Richtung zu entwickeln.

Nach meinem Weggang aus der Firma hat sich meine ehemalige Vorgängerin auf meine Stelle (zurück)beworben. Sie bekam dann „meinen" oder besser gesagt „ihre" alte Stelle wieder. Jetzt hat auch sie den entspanntesten Job der Welt, genau an der Stelle, wo sie schon einmal war, nur ganz anders. Ist das nicht großartig?!

Kurz nach meiner Kündigung nahm ich am Practitioner in der fresh-academy teil und genoss meine neue Freiheit. Jetzt hatte ich genug Zeit, meinen neuen Vorhaben Raum zu geben, und meine Ziele wurden klarer und konkreter. Ich wusste, wie meine Heil- und Coaching-Tätigkeit aussehen sollte und welche Schwerpunkte ich setzen wollte.

Außerdem erstellte ich meine eigene Künstler-Homepage www.my-emotionalart.com, auf der ich jetzt meine Kunst auf meine Art präsentiere und verkaufen kann. Denn ich möchte nicht einfach nur ein Bild mit einem Titel verkaufen. Ich möchte die Emotionen und die Lebensphilosophie, die für mich in jedem Bild steckt, mit anderen Menschen teilen und sie mit meinen Bildern inspirieren, ihr Leben einmal aus einem anderen Blickwinkel zu betrachten, ihren Wünschen wieder mehr Raum zu geben und sie so auf ihrem Weg zu einem glücklicheren Leben unterstützen.

Du spinnst ja! –
Danke für das Kompliment

Von Andi Mittermaier

Heißes und grelles Sonnenlicht begrüßt mich am Münchner Flughafen, als sich die Türe meines Fliegers mit einem leisen Knacken öffnet und ich ins Freie trete. Ich räkle mich, sauge die warme Luft auf und bewundere die riesige Turbine neben mir. Unten wartet die Staffel der Zubringerbusse, um uns abzuholen. Ich schließe die Augen und aus den blauen Airport-Shuttles werden plötzlich schwarze Stretch-Limos. Ich winke meinem Fahrer zu und er nickt mir höflich entgegen. Mit breitem Grinsen schreite ich Stufe für Stufe

Schöpferkraft

hinunter und spüre ein wohliges leichtes Grummeln im Bauch. Es ist definitiv ein anderes Zurückkommen als es bisher immer war, und das genieße ich in diesem Moment in vollen Zügen.

„Was ist heute anders?", frage ich mich und mir wird bewusst, dass ich zum allerersten Mal von einer Reise zurückkomme und KEINE Wehmut verspüre. Kein: „Verdammt, jetzt bist du leider wieder zurück." Kein: „Wenigstens ein paar Tage länger wären schon toll gewesen." Kein: „Das wird jetzt erst mal ganz schön hart" oder: „Oje, wann ist nur der nächste Urlaub?"

Ich freue mich diesmal sehr, wieder zurück zu sein, und das liegt nicht daran, dass der Urlaub schlecht war. Es waren elf traumhafte Tage zusammen mit meiner Frau und unseren beiden Kindern. Jeder einzelne Tag war voll genialer Eindrücke. Wir hatten viel Sonne, ein erfrischendes Meer, feinen Sand, alte Städte mit verwinkelten Gassen, erhabene Burgen, eine riesige Tropfsteinhöhle, kunterbunte Märkte, witzige Menschen, stachlige Kakteenwälder, romantische Sonnenuntergänge, fette Brandung, leckeres Essen, abwechslungsreiche Landschaften und eine mystische Karfreitagsprozession. Ostern im Meer baden – sensationell!

Wir sind zum ersten Mal in den Süden geflogen. Für viele von uns ist Mallorca vermutlich Süden-Light und nichts Besonderes. Für uns war es Familien-Flug-Premiere und der absolute Hit.

Vielleicht liegt es daran, dass ich noch vor gut zwei Jahren meinem besten Freund sein Geburtstagsgeschenk an mich – einen Flug nach Kanada zum Heli-Skiing – ausgeschlagen habe, weil ich unter anderem das Fliegen für ökologisch unverantwortbar hielt. Diese Urlauber, die nur auf den kurzen Genuss aus waren, ohne Rücksicht auf Umwelt und die Ressourcen unseres Planeten, waren mir ein Dorn im Auge. Und dann nach Kanada fliegen und auch noch laut knatternd die weißen Schneeberge entzaubern … Nein, das ging in meiner Welt gar nicht und Geld hätte es auch noch einen Haufen gekostet, mit dem man andere Dinge – sinnvollere Dinge – hätte machen können.

Ein Mensch, der Freiheit in seiner Werteskala an erster Stelle stehen hat, der ständig neue Ideen hat und damit eine komplette Spinnerei eröffnen könnte, wird ein auf Mangel und Normalität basierendes Leben nur auf Kosten seiner Identität leben. Einige von euch kennen bestimmt die Zuckertütchen, auf denen das Sternzeichen mit guten und schlechten Eigenschaften aufgeführt ist. Bei Wassermann habe ich einmal „phantastisch" gelesen – auf der Negativ-Seite! Welch' „normaler" Mensch das wohl geschrieben hat? Zusammen mit der Aussage einer befreundeten Astrologin, dass es „doppelte" Wassermänner (Sternzeichen und Aszendent Wassermann) besonders schwer haben und vermutlich öfters innerlich platzen, habe ich mich darin geübt, meine Phantasien zu bremsen. So entstanden permanent unverwirklichte Reisen, Urlaube voller Kompromisse, halbherzige Bergfahrten und viele unvollendete Projekte.

Und wenn ich es dann doch mal wieder geschafft hatte und eine Idee umsetzen konnte, war ich danach enttäuscht. Darüber, dass es wieder vorbei war, dass ich wieder dem Alltag nachgehen musste, dass andere meine Ideen weiter verwirklichten. Ich entwickelte zunehmend Neid auf all die, die ihre Träume auslebten, und wurde immer unzufriedener mit meiner Situation. Der Montagmorgen war ein Graus und besonders schlimm, wenn es auch noch der erste Arbeitstag nach dem Urlaub war. Ich war unerträglich für alle und jeden um mich herum.

Es entstand Fernweh und in jedem Urlaub der Wunsch, dort bleiben zu wollen. Es lag vermutlich auch an dem, was mich zu Hause erwartete. Die mittlerweile langweilige Arbeit in einem IT-Unternehmen im Controlling, das pflichtbewusste Leben eines Familienvaters, Geld verdienen für die Miete, Versicherungen, für die Kinder, und am Ende des Monats bleibt nichts übrig. „Low-Budget-Urlaube" in Perfektion. Warum ich überhaupt immer wieder zurückkam? Weil mich zu Hause eine wunderbare Frau erwartet hat und zwei supercoole Kinder, die ich alle drei sehr liebe. Unser Liebesleben war toll, für die Kinder lief in der Schule alles glatt, wir hatten alle viel Zeit füreinander, und zudem eine große Wohnung mit riesigem Garten und netten Menschen drumherum. Dafür darf man gerne einen miserablen Job ertragen, oder? „Das Leben ist kein Zuckerschlecken und sei zufrieden mit dem was du hast." Verdammt, wer spricht hier mit mir?

So habe ich in meinem Job immer mehr Schlechtes für immer weniger Gutes ertragen. Alles Negative wurde permanent schöngeredet und hat stetig zur Verschlechterung meiner Gesamtstimmung beigetragen. Ich habe mich vom Gemaule und Gemotze meiner Kollegen anstecken lassen. Doch vor einem Absprung hatte ich Angst. Woher sollte ich dann das Geld nehmen? So einen Job finde ich so schnell nie wieder. Zu Hause wurde es dadurch nicht wirklich besser.

Am Höhepunkt – vermutlich treffender: am Tiefpunkt – stand dann die Aussage meiner Frau: „Mach was – egal, was – aber mach was!" Und meine Antwort: „Das, was ich machen will, geht ja nie!" Und bei uns beiden flossen Tränen der Verzweiflung.

Am nächsten Tag bewarb ich mich in der Schweiz als Hüttenwart für die kommende Sommersaison. Das war natürlich nicht der Bringer zu Hause und der Schock bei meiner Frau saß tief, in der Vorstellung, dass ich mal ein paar Wochen am Stück nicht zu Hause sein würde. Das Argument, dass SIE mich ja dazu

145

ermunterte, mir eine neue Arbeit zu suchen, half da wenig. Vermutlich hatte sie eine andere Vorstellung von meinem neuen Job gehabt.

Das Bewerbungsgespräch (mein erstes seit 11 Jahren) im Berner Oberland verlief sehr gut, und als sie mir ein paar Tage später mitteilten, dass sie sich für einen anderen Bewerber entschieden hatten, verflog die Enttäuschung schnell. Die Veränderung, die in dieser Zeit zu Hause stattgefunden hatte, war genial. Plötzlich schloss meine Frau einen Ortswechsel nicht mehr kategorisch aus. Wow! Das eröffnete ganz neue Möglichkeiten für einen Job. Und um Vakuum zu erzeugen, habe ich dann gleich drauf gekündigt.

Nach elf Jahren waren mir viele Kollegen und Kolleginnen doch schon sehr ans Herz gewachsen und wünschten mir viel Erfolg auf meinem neuen Weg und beglückwünschten mich zu meiner mutigen Entscheidung. Mutig war sie auch für mich und voller Ungewissheit. Meine Frau hörte zu dieser Zeit schon viele Hörbücher und Podcasts der fresh-academy und so machte sich bei uns gemeinsam ein Vertrauen breit. Ein Vertrauen, dass alles gut wird. Um finanziellen Spielraum zu erlangen, kündigten wir fast alle Versicherungen und kauften alle Altersvorsorgen und Rentenvereinbarungen zurück. Da wehte ordentlicher Gegenwind seitens des Versicherungsberaters, der Versicherungen und der Verwandtschaft, und das trug nicht gerade zu unserer Entspannung bei.

Die ersten großen Veränderungen spürte ich, als ich das Hörbuch „Erschaffen Sie das Leben Ihrer Träume" hörte (mein Erstkontakt mit der fresh-academy). Nachdem ich mich daran gewöhnt hatte, dass dieser Mensch keine vollständigen Sätze sprach und viele Menschen erwähnte und zitierte, die ich bis dato noch nicht kannte, hatte ich mehr und mehr seine Lebensfreude wahrgenommen. Diese Gelassenheit, die ruhige und angenehme Stimme und sein Witz fingen an, mir zu gefallen. Ich hörte das Buch ständig bei meinem täglichen Arbeitsweg, denn einige Wochen durfte ich noch in meiner zukünftigen Ex-Arbeit bleiben. Vieles von dem Gesagten habe ich nicht verstanden und vieles traf mich wie ein Blitz. Ideen wurden wach, mein Geist fing wieder an zu arbeiten und ich wurde spürbar entspannter im Umgang mit meinen Kollegen, mit meiner Familie und mit mir selber.

Jetzt war endlich die Zeit gekommen, mir intensiv Gedanken zu machen. Ich ging oft und lange spazieren, hörte die Stimmen von Marc, Wiebke, László und Andreas und erfühlte immer mehr meine Wünsche und Ziele. Die Hörbücher und Podcasts waren pure Energie für mich. Ich fing an zu schreiben, über meine Sehnsüchte, Spinnereien, und gepaart mit den vielen Nachfragen, wie es mir denn nun so geht, entstand mein Blog „Kurs auf Träume", wo ich wöchentlich von meinem Veränderungs-Abenteuer berichtete.

Ich startete endlich mein erstes Buchprojekt und war erstaunlicherweise binnen weniger Wochen so weit, dass ich es beim Verlag einreichen konnte. Jetzt spürte ich plötzlich enormen Zug im System.

Auf den Wunschzettel für meinen neuen Job schrieb ich: „Lustige, junge Kollegen, neue große Herausforderung, Ort egal und mit Menschen arbeiten". Einen Monat später rief mich der Geschäftsführer einer Personal- und Organisationsentwicklung an. Er suche einen Trainer und Leiter für seine neu aufzubauende Business Academy. Ein junges Team wäre vorhanden und ob ich Interesse hätte. Wie cool war das denn! Anfangs als Beobachter und später als Co-Trainer konnte ich voll in das Seminarleben reinspüren. Einer der Kunden war ein sehr modebewusster Verlag. Ich genoss es sehr, mich am Abend mit Redakteuren und Art-Direktoren über die Schein-Welt dieser Branche zu unterhalten. Was für ein Kontrast zur IT! Mein Büro war im Allgäu und so hatten wir plötzlich eine Wochenendbeziehung, die sich Woche für Woche mehr zu einer Herausforderung entwickelte.

Nach vier Monaten zog ich wieder zu Hause ein. Ich hatte während der Zeit im Allgäu meine Ausbildung zum NLP-Practitioner gemacht. Nach dem ersten Block war schon klar, dass das keine Zukunft haben wird, mit mir und meinem neuen Chef. Als ich nach dem zweiten Block zurückkam, sprach er mir die Kündigung aus und ich fand es erstmal saucool. Es hat mich sehr beeindruckt, wie schnell ich meine Schwingung verändert hatte.

Meine Frau war mittlerweile ebenfalls beim Practitioner gewesen und gemeinsam tauschten wir uns täglich aus, über unsere Erlebnisse mit der Mischwelt, den Erfahrungen mit der Anwendung von Sprachmustern und NLP-Techniken. Es war eine wahre Freude und absolut genial. Ich genoss jeden Tag und fing wieder an, intensiv Musik zu machen. Ich übte jeden Tag Akkordeon und brachte neue Ideen in unsere Rockband ein, wo ich als Keyboarder und Sänger aktiv war.

Einen mächtigen Schub erzeugte dann die Ausbildung zum NLP-Master im Frühjahr drauf. Die Zielearbeit führte mir deutlich vor Augen, wie viele Ideen und Sehnsüchte ich bislang verdrängt hatte. Musik machen, reisen, Sprachen lernen, mountainbiken, in fremde Kulturen eintauchen, handwerkern, schreiben, Leute unterhalten usw. All das hatte ich verdrängt. Und nun ist es so toll, dass ich meine Ideen spinnen kann, ohne das Gefühl dabei zu haben, dass ich sie eh nie realisieren kann. Für mich ist jetzt alles möglich und ich gehe gern in das Gefühl und das Bild einer Idee. Ich bade darin und wenn sie mir richtig gut gefällt, dann mache ich einfach und habe Spaß dabei.

Geholfen hat mir auch die Erkenntnis, wie ich Entscheidungen bislang traf beziehungsweise nicht traf und wie ich es jetzt richtig mache. Früher habe ich immer wieder versucht, weniger Alkohol zu trinken. Der Tag nach einem Absturz war der absolute Graus und ein Tiefpunkt bezüglich: „Ich nehme mir jetzt was vor und zieh es durch" und der Erkenntnis, es mal wieder nicht geschafft zu haben. Nach dem Master habe ich beschlossen, alkoholfrei zu leben. Fertig, aus und entschieden. Ich nehme mir nichts mehr vor, sondern wenn ich etwas für sinnvoll erachte, dann mache ich es. So höre ich jeden Tag eine Trance. Ich meditiere und „yoge" regelmäßig. Ich schaue kein Fernsehen, lese keine Zeitung und höre keine Nachrichten im Radio.

Seit Langem zieht es mich ans Meer. Ich liebe das leise Rauschen der Palmen im Wind, das leichte Brennen der Sonne auf meiner Haut, den Duft von Akazien und den kühlenden Sommerwind, der so ein bisschen salzig schmeckt. Gerne würde ich auf einer Insel im Süden leben. Diese Idee war für mich bis vor Kurzem noch eine unmögliche Spinnerei, die ich nie ausgesprochen hätte.

Nächstes Jahr bin ich im Mai auf Lanzarote und nehme am Ironman, einer ganztägigen Triathlon-Veranstaltung teil. Ein ebenfalls lange gehegter Traum, den ich mir nun erfülle. Sport und Inselfeeling. Ich finde es so cool! Einer Intuition folgen und eben einfach mal machen.

Jetzt waren wir zum ersten Mal im Urlaub auf Mallorca und haben das Gefühl aufgesogen und genossen. Jeder Tag war sensationell und eben auch der letzte Tag. Voll von Freude über das, was war, und zugleich Vorfreude auf zu Hause, auf das was kommt. Freude auf meine Arbeit und die vielen Dinge, die im Urlaub nicht vorhanden waren. Keine Wehmut und kein Abschiedsschmerz. Was für ein geiles Gefühl.

Ich genieße jeden Tag, bin dankbar auf dieser Welt zu sein, um das alles erleben zu dürfen. Besonders genieße ich die Zeit zusammen mit meiner Frau und bin ihr dankbar für die vielen Impulse und das Feedback, das ich täglich bekomme. Es macht so sehr Laune, sich mit ihr weiterzuentwickeln, und ich bin schon gespannt, was wir beide noch alles erleben. Ich habe die Freude am Schreiben wiederentdeckt und welche meiner Spinnereien ich in die Tat umsetze, kannst Du auf www.mittermaier-andi.de verfolgen.

Ich kann wieder freudig spinnen, in meinen Träumen baden und fest an sie glauben. Voller Vorfreude und ohne Wehmut, wenn es denn vielleicht noch ein wenig dauert.

Das ist das größte Geschenk, das mir Marc und Wiebke im letzten Jahr gemacht haben. Mit feuchten Augen ein ganz herzliches Danke für die Erfüllung dieses Traumes.

Federleicht – wie die Eltern, so die Kinder ...

Von Andrea Hecht

Nach dem NLP-Practitioner gab ich meinem Leben einen neuen Fahrplan. Bis dahin war mein Leben – seit der Geburt meines Sohnes acht Jahre zuvor – dominiert von Krankheiten, Operationen, diversen Therapien und unzählbar vielen Arztbesuchen. Mein Sohn hatte Ohrerkrankungen. Der Gleichgewichtssinn war beeinträchtigt, in den ersten Lebensjahren kamen motorische und sprachliche Defizite hinzu. Bevor ich zum Practitioner fuhr, hatten sich seine Hörwerte so verschlechtert, dass er ein Hörgerät bekommen sollte.

Vor vier Jahren kam meine Tochter auf die Welt. Bei ihr wiederholte sich die Geschichte und ich erfuhr von einer Krankheit nach der anderen – ihre Schwachstelle waren die Bronchien. Ich fühlte mich durch all die Krankheiten der Kinder fremdbestimmt. In dieser Lebenssituation konnte ich auch keine liebevolle Partnerschaft mehr zu meinem Mann führen. Dass er trotz dieser Herausforderungen immer zu mir gehalten hat, dafür bin ich ihm von Herzen dankbar. Heute weiß ich, dass ich es ihm oft nicht leicht gemacht habe und mir das alles selbst bestellt hatte. Meiner Verantwortung dafür bin ich mir heute bewusst.

Als mein Sohn und mein Mann mich nach dem Practitioner vom Bahnhof abholten, fragte mein Mann ihn, ob er sich auf mich freue. Der antwortete, dass er sich nicht auf das „Gemecker" freue, das nun wieder losginge. Aber es kam anders …

Jeder einzelne Tag im Practitioner öffnete mir die Augen weiter. Zuerst war die Selbsterkenntnis schmerzhaft, doch dank Wiebke und Marc ging es leichter und leichter und dafür bin ich zutiefst dankbar. Die Zeit im Practitioner war einfach großartig. So viel Spaß und Leichtigkeit hatte ich viele Jahre nicht mehr gefühlt. Seitdem steht für mich fest: Will ich was verändert haben, darf ich mich ändern! Und das tat ich: in der Beziehung zu meinem Sohn, zu meiner Tochter und zu meinem Mann. Das gelang mit ganz viel Spaß, Leichtigkeit, Freude, Vertrauen, positiven Visionen und der Pflege meiner Gedanken.

Ich tanzte „Hoppelhase Hans" mit meinem Sohn auf dem Bahnsteig als ich zurückkam. Seit dem Seminar gibt es keine „Sitzordnung" mehr bei uns zu Hause. Und auch den Spielplatz rocken wir seitdem zu Dritt oder zu Viert.

Meine Veränderung spürte mein Sohn recht schnell. Schon am Tag nach der Heimkehr sagte er: „Mama, was ist mit dir los? Du lachst so viel und bist so anders, so albern." Was für ein Kompliment! So wusste ich, ich bin auf einem guten Weg.

Zwei Wochen später hatte ich mit ihm einen Kontrolltermin mit Hörtest beim HNO-Arzt. Die Frage nach dem Hörgerät und eventuell einer OP sollte geklärt werden. Diesmal bin ich mit dem Gefühl dahin, dass alles gut ist und sah die Hörkurve förmlich vor mir im „normalen Bereich". Nach der Untersuchung kam die Ärztin mit dem Ergebnis zu mir und legte mir die Auswertung auf den Tisch. Mir schossen die Tränen in die Augen, wir hatten es geschafft, seine Hörwerte lagen wieder im normalen Bereich. Meine Ärztin war verwundert. Ich nicht! Das erste Mal seit Jahren verließen wir die Praxis ohne Folgetermin. Was für ein wunderbares Gefühl!

Vor der Tür freuten wir uns gemeinsam und mein Sohn sagte zu mir: „Mama, ich weiß, warum das so gekommen ist. Seit Du in Bayern an der Schule warst, sprichst du viel entspannter mit mir!" Ich weinte, vor Glück und hatte eine Gänsehaut. Das war so wundervoll.

Seitdem steht für mich mein ganz konkreter beruflicher Herzenswunsch fest: Ich möchte als Coach und Berater Eltern mit einem erkrankten Kind erreichen, um ihnen wieder ein Stück Leichtigkeit für ihr Leben mitzugeben. Und damit wird auch mein Traum von der Selbstständigkeit wahr. Mir ist schon seit ein paar Jahren bewusst, dass ich nicht mehr in meinem „alten Beruf" arbeiten möchte. Ich war viele Jahre als Einkäuferin (Industriekauffrau) in einem mittelständischen Unternehmen tätig. Während meiner Eltern- und Familienzeit wurde vor ein paar Jahren das Unternehmen liquidiert. Und statt mir eine neue Stelle zu suchen, wurde jetzt der Wunsch nach meiner Selbständigkeit immer größer.

Also fing ich an, meinen Weg zu gehen. Schon ein paar Monate vor dem Practitioner hatte ich mit einer Ausbildung zum Heilpraktiker für Psychotherapie begonnen. Die abschließende Prüfung vor dem Gesundheitsamt steht nun im Herbst an. Und durch den NLP-Practitioner hatte ich eine ganz klare Vorstellung von meiner Arbeit, so dass es mit meiner Selbstständigkeit viel schneller ging als erwartet: Ich informierte mich und Stück für Stück begann ich, meinen Traum Wirklichkeit werden zu lassen. Voller Zuversicht, dass ich auch das Finanzielle schaffen würde, meldete ich mich für den NLP-Master an – vor dem Practitioner hätte ich so etwas nie gewagt.

Und als ich Zahlen, Fakten und den Businessplan komplett hatte, stellte ich mein Konzept einer Bank vor. Die erste vertraute meinem Plan nicht. Bei der zweiten erhielt ich innerhalb von einer Woche schon das OK für meinen Grün-

Seelenbild !　　　　　　　　　　　　　　　　© Rosita Classen

derkredit – ich konnte loslegen! Der NLP-Master war möglich, ich konnte eine Webdesign-Firma mit der Erstellung meiner Homepage beauftragen, wir starteten mit Namensfindung und Logoerstellung. Traumhaft – wie auch die Raumsuche. Meine Homepage ist wundervoll geworden: www.federherz.de.

Ich habe gerade meinen – bezahlbaren – Coaching-Raum im sechsten Stock eines Firmengebäudes mit einem traumhaften Fern- und Weitblick gefunden. In meiner Vision wollte ich einen Raum haben, der über der Stadt liegt, so dass meine Klienten schon aufgrund der Lage das Gefühl haben, über den Dingen zu stehen.

Mein Traum wird wahr, jeden Tag ein kleines Stück! Und ich weiß, dass ich es schaffen werde, meinen Klienten trotz ihrer schweren Lebenssituationen wieder mehr Leichtigkeit zu geben. So dass sie wieder mehr Kraft für ihre Kinder haben werden.

Ich bin immer noch überwältigt, welche Wendung mein Leben genommen hat und mit wie viel Liebe ich meinem Mann und meinen Kindern begegne – alles ist möglich, wenn ich will :-)

Liebe Wiebke und lieber Marc, Euch beiden von Herzen ein dickes DANKE SCHÖN!!! Ihr seid einfach die BESTEN!!!! APPLAUS, APPLAUS für EURE Worte!

Die Elefanten-Mami

Von Katy Albrecht

Ich bin eine bekennende „Elefanten-Mami"! Was das ist? Zur Erklärung darf ich ein wenig ausholen: Vor fünf Jahren war meine Tochter Lena – ein hübscher kleiner Pfiffikus – zu einer Begabungsdiagnostik an einer Hochbegabtenschule eingeladen. Dabei wurde geprüft, wie schlau, emotional stabil, motiviert und lernfreudig sie ist. Nach einem Vormittag in den Fängen einer Schulpsychologin nahm ich Lena wieder in Empfang. Ich fragte natürlich neugierig, wie es war und was sie alles gemacht hatten. Aus ihren Erzählungen wurde mir schnell klar, dass es einen Intelligenztest gab, aber auch andere psychologische Spielereien. Unter anderem sollte Lena ihre Familie malen – als Tiere. Benedikt (der große Bruder) war in dem Bild ein Vogel, Jonas (kleiner Bruder) eine Libelle, Papa ein Frosch, sie selbst ein Pferd und ich: ein Elefant! Ich fragte sie entsetzt, warum ein Elefant? Sie entgegnete, ein Elefant sei doch schön. Mich ärgerte aber, dass Elefanten so dick sind. Das sah sie nicht so, und sie hätte mich als Elefant gar nicht dick gemalt. Und ich hätte schöne Wimpern bekommen.

Nun denn.

Aus diesem kleinen Ausschnitt aus meinem alten Leben lässt sich vielleicht erahnen, wie ich mich damals fühlte: Ich war voller Selbstzweifel, richtete den Fokus nur auf meine vermeintlichen Schwächen und meine Gedanken kreisten ständig um die Frage, was wohl die anderen über mich denken. Im Fall der Geschichte oben fragte ich mich, was sich wohl die grinsende Schulpsychologin denke, wenn die dickliche Elefanten-Mama ihre Tochter abholt …

In dieser Zeit war ich eine Frau voller Frustrationen ob ihrer chaotischen Haushaltsführung, ihres „Messi-Kellers" und ihrer überflüssigen Pfunde. Ich war auf der Suche. Als Hausfrau und Freiberuflerin wusste ich theoretisch zwar, wie ich meinen Haushalt, mein Leben, meinen Schreibtisch und meine Seele in Ordnung halten und wie ich das alles gegebenenfalls entrümpeln und erleichtern könnte. Aber ich tat all das nicht. Ich suchte. Zum Beispiel bei iTunes nach Hörbüchern rund um das Thema „Motivation" und „schlank werden" – und ich stieß auf den NLP-fresh-up Podcast.

Ich habe mir alle Folgen angehört. Mehrfach. Ich denke, ich kann Wiebke und Marc synchronisieren. Ich nenne die beiden beim Vornamen, weil die beiden sozusagen bei uns „mit am Tisch sitzen". Meinen Mann Georg habe ich nämlich mitversorgt. Georg war ein sehr angespannter Mensch, ein Perfektionist und entsprechend unzufrieden. Da er beruflich viel im Auto unterwegs ist, hört er dabei jetzt Wiebke und Marc. Oder Marc und László. Und mit dem, was sie uns so alles erzählen und erklären, hat sich unglaublich viel verändert.

Ich habe zwar noch keine perfekte, durchtrainierte Figur, auch kein aufgeräumtes Haus und entrümpelten Keller. Was diese Dinge angeht, bin ich auf einem guten Weg, aber eben noch auf dem Weg. Meine (und unsere) große Veränderung ist in mir, in uns.

Da ist zunächst diese Entspannung. Diese wachsende Gelassenheit. Das neue und wachsende Miteinander nach vielen Ehejahren. Und der Spaß! Gott, was haben wir Spaß! Ich kann all das nur mit kleinen Anekdoten beschreiben. Da ist zum Beispiel unsere Einfahrt, die auch 14 Jahre nach unserem Umzug in den (seinerzeitigen) Neubau immer noch nicht gepflastert ist. Vor drei Jahren hätten wir noch gesagt: „Wir müssen das jetzt machen, die Leute reden schon."

Heute wissen wir: Wir machen das wann und wie wir wollen. Die Leute, die lästern wollen, lästern so oder so. Es kann uns egal sein. „Wir müssen" – das sagen wir ohnehin nicht mehr. Georg bekommt mittlerweile leichte Aggressionen, wenn jemand „müssen" sagt. Das Wort kommt uns nur noch über die Lippen, wenn unsere Kinder darüber diskutieren wollen, ob man zur Schule „darf" oder „muss".

Etwas mehr Gelassenheit dürfte mein Mann bei dem Wort „Probleme" an den Tag legen. Egal, ob bei einem Kunden oder im Privatleben. Wenn jemand auf ihn zukommt und sagt: „Wir haben ein Problem" – dann MUSS mein Mann ihn sofort unterbrechen. Und selbst aus diesem Unmut gewissen Redewendungen gegenüber machen wir uns mittlerweile einen Spaß. Wenn er schlecht drauf ist, schaue ich ihn an und sage: „Du MUSST doch zugeben, dass das ein echtes PROBLEM ist, wenn ich KEINE AHNUNG habe, was mit dir los ist." Wenn ich so einen Satz raushaue, muss er zumindest breit grinsen. Unser ältester Sohn beobachtet uns genau bei dem, was wir da tun. Der stille Beobachter grinst mit. Und wenn er mit Papa unterwegs ist, im Stau steht, und der holt die rote Clown-Nase aus dem Handschuhfach, setzt sie auf und lacht die Leute in den nebenstehenden Autos an – dann kann der junge Mann es kaum aushalten vor Lachen. Mittlerweile finden uns unsere Kinder nicht mehr langweilig, sondern total „durchgeknallt". Was aus dem Munde von Teenagern ja ein großes Kompliment ist.

So pushen und coachen wir uns gegenseitig. Wenn ich mich über jemanden aufrege, sagt Georg heute gelassen: „Lass gut sein, sie können nicht anders. Sie haben nach ihrer besten Option gehandelt."

Wir packen uns nun pausenlos tolle Bilder in den Kopf. Und das macht Spaß: Ich kann zum Beispiel einsam und allein joggen gehen und laufe kichernd durch den Wald. Warum? Auf der Suche nach dem richtigen Tempo und dem dazu passenden Lied stieß ich auf „Somewhere over the rainbow" von diesem hawaiianischen Sänger. Nicht unbedingt das Tempo der Sieger. Aber mein Tempo, und ich lache mich schlapp darüber. Und ich lache mit denen, denen ich davon erzähle, erneut. Vor fünf Jahren hätte ich mich dafür geschämt und es keinem erzählt.

Mittlerweile betreue ich eine Laufgruppe. Ich erzähle meinen Laufanfängern, dass ich immer gerne hinten laufe, um auch die langsamsten Läufer zu motivieren. Wenn dann das Laufseminar zu Ende ist, bekenne ich, dass ich all die Wochen hinten gelaufen bin, weil ich einfach nicht schneller kann, als der groovige dicke Hawaiianer singt – und dann lachen wir gemeinsam.

Ein weiterer wichtiger Punkt, den ich durch Marc und Wiebke lernen durfte: Ich bin der Schöpfer meines Lebens. Diese Erkenntnis hat mich anfangs erschreckt, dabei wusste ich es eigentlich schon immer. Ich habe meinen Mann zum Beispiel mit 14 „entdeckt". Ich wusste damals: Der ist es. Vielmehr: Der wird es sein. Ich wusste das. Ich wusste, dass es noch dauern würde. Und wenn mit irgendeinem Kerl, dem ich mein Herz vorübergehend geliehen hatte, Schluss war, war ich schnell nicht mehr traurig. Das waren ja eh nur Trostpflaster auf dem Weg zu diesem Mann. Heute weiß ich freilich: Das hätte ich auch einfacher haben können. Aber so hatte ich es halt damals „geplant".

Heute plane ich Spaß und Freude. Und Georg plant mit. Dabei kommen mitunter höchst amüsante, gemeinsame Ergebnisse heraus. Georg hat zum Beispiel die Macke, alle ein bis zwei Jahre das Auto zu wechseln. Als wir kürzlich unterwegs waren, bemerkte ich, dass wir unser aktuelles Auto nun bereits über ein Jahr fahren. „Es langweilt mich langsam", sagte ich grinsend. „Ich hätte total gerne einen VW-Bus. Halt was Großes, etwas, wo man mehr Leute mitnehmen kann." Georg erwiderte: „Ja, und ich will einen Golf GTI. Schnuckelig, gepflegt, viel PS." Das war an einem Sonntag. Am darauffolgenden Montag rief er an: „Man hat mir gerade einen Touran angeboten." Man hatte ihm diesen Wagen angeboten. Er hatte nicht aktiv danach gesucht. Am Dienstag habe ich den Wagen abgeholt. Abends sagte Georg: „Sag mal, merkst du das eigentlich? Wir haben eine Mischung bekommen. Das ist die Mischung aus deinem Vielsitzer und meinem PS-Riesen."

Mit all diesem wiederentdeckten Wissen sage ich heute: Ja, ich bin die Elefanten-Mami. Ich weiß heute, ich hätte mich schon vor fünf Jahren freuen sollen. Meine Tochter sah in mir das große, starke Tier, das fest im Leben steht. Das war ich damals schon, nur eben von Selbstzweifeln vernebelt. Ich hätte mir eher Sorgen machen müssen, warum mein Mann nur ein Frosch ist und warum ihren Brüdern in dem Bild die Bodenhaftung fehlt. Egal wie, ich bin ein Elefant. Ich bin das übergroße Vorbild. Und heute freue ich mich, dass ich dieser Größe jeden Tag mehr gerecht werde. Was wäre ich für ein Elefant, hätte ich mich nicht verändert, würde ich mich nicht weiter verändern? Was würde ich vorleben, wäre ich diese merkwürdige Mischung aus großem, mächtigem Tier ohne jedes Selbstbewusstsein geblieben? Ich bin eine Elefanten-Mami! Und meinen Frosch habe ich mittlerweile auch geküsst.

Anna macht sich auf den Weg

Von Christiane Niederreither

*D*ie *Erfüllung* *meines Traumes aus einer ungewöhnlichen Sicht:*
„Schon lange saß ich oben auf der Wolke und wartete, bis meine
Mama endlich richtig beim Universum bestellte. 2004 wurde ich das
erste Mal aufmerksam auf meine Mama. Sie kaufte sich von Omas Geld einen
riesigen braunen Familien-Esstisch, mit Platz für viele Kinder. Diese Einladung
ans Universum gefiel mir! Auf diesem Tisch kann man bestimmt gut mit Essen
und Saft mantschen oder sich mit kleinen Kratzern verewigen. Obendrein ist
sogar noch Platz für fünf weitere Personen! Da die Bestellung meiner zukünftigen Familie noch etwas wage ausfiel, beobachtete ich Mama weiter von meiner Wolke aus. Es fehlte ja noch ein Papa und den wollte ich mir doch lieber
ganz genau ansehen.

Kurz darauf fasste Mama den Vorsatz, mit ihrem nächsten Partner Kinder zu
haben. Mama unten und ich oben auf meiner Wolke träumten von einem liebevollen Papa mit Gitarre, guter Stimme (meine Mama singt nämlich wie ein
schiefes Windspiel), viel Sinn für Spiele und Unfug und einen, der im besten
Fall Natur und Tiere liebt.

Kurz darauf kam die Bestellung an, es war an Karneval. Super, die Sache mit
Mama und Papa war nun perfekt.

Jetzt fehlte nur noch ihre offizielle Bestellung! Doch die ließ noch auf sich
warten. Erst musste umgezogen werden, vom Rheinland ins tiefste Bayern. Meine Mama hatte nämlich vergessen, einen Mann aus ihrer Nähe zu bestellen. Jetzt
war Mama erst Mal mit Umzug, arbeiten und Bayerischlernen beschäftigt. Da
war kein Platz für mich. Aber wie schon gesagt, ich hatte ja Zeit zu warten. Als
nächstes wurde geheiratet – auch gut! „Schon wieder einen Schritt weiter", dachte ich mir. Meine Mama liebt nämlich Sicherheit. Ein großes Thema für sie, wie
sie mit Wiebkes Hilfe einige Jahre später herausfand.

Nun saß ich weiter oben auf der Wolke und beobachtete, was sich da unten
abspielte. Eines Tages wurde es wieder mal richtig spannend: Meine Eltern kauften sich einen Hund! Jetzt konnte ich von meiner Wolke aus genau beobachten, wie sie das erste Mal das Mama-und-Papa-Sein lebten und die erste Zeit mit
wenig Schlaf auskamen. Sie betitelten sich sogar als Mama und Papa! Das mit
dem Hund klappte soweit gut, also würde ihnen das auch mit mir Spaß machen.

Silvester 2010 schrieb meine Mama in ihre Wunschliste für 2011: „Anna Aurelia". „Komisch, wer soll denn das sein?", dachte ich mir noch, denn ich brachte diesen Namen nicht mit mir in Verbindung. Ich wartete ein weiteres Jahr, in dem meine Mama ihre vielen Arbeitsaufträge genoss. Dann, Silvester 2011, kam endlich die richtige Bestellung für mich: „Anna Aurelia macht sich auf den Weg zu uns!" Ohhh, und sogar ein Bild von einem kleinen Mädchen mit rosa Vichykaro-Kopftuch wurde dazu an die Pinnwand gehängt! So würde ich also aussehen und ich würde Anna Aurelia heißen. Mama hat etwas ungeschickt bestellt, denn es hieß eben „Anna macht sich auf den Weg zu uns." und nicht „Anna wird 2012 geboren". So musste ich noch ein weiteres Jahr warten, um endlich das Licht der Welt zu erblicken.

Jetzt war die Bestellung offiziell! Ich beobachtete, wie Mama 2012 unruhig wurde und sich fragte, warum ich noch nicht bei ihr sei. Dabei müsste sie doch wissen, dass es bei Stress mit dem Kinderkriegen gar nicht gut funktioniert! Außerdem genoss sie es, jeden Tag zu arbeiten. „Wo soll denn da bitte sehr Platz für ein Kind sein, Mama?", dachte ich mir. Zudem blockierte der Glaubenssatz „Arbeiten und Kind, das geht nicht zusammen!" meinen Ausflug zur irdischen Welt. Jetzt musste ich aktiv werden, wenn ich zeitnah auf die Erde wollte!

Ich schickte meine Mama unter dem Vorwand „Ich will in der Kommunikation stärker werden" 2012 zum Practitioner bei Wiebke und Marc und schaute zu, was sich tat: Sie lernte, flexibler zu denken, und Wiebke enttarnte und löschte einen blockierenden Glaubenssatz. Mama war jetzt viel entspannter und flexibler. Das fand ich toll! „Denn, wenn ich erst mal auf der Welt bin, dann werde ich der Flexibilitätscoach schlechthin sein", das hatte ich mir fest vorgenommen. So stärkte Mama ihr Selbstbewusstsein und das Gefühl, dass alles möglich ist.

Jetzt endlich war der Weg frei: Richtige Bestellung, alter Glaubenssatz gelöscht. Ich machte mich also auf den Weg zur Erde.

Heute sind wir eine kleine Familie! Die Welt mit Mama und Papa jeden Tag neu zu entdecken, das macht riesigen Spaß. Und wir genießen jeden Tag die fröhliche Zeit miteinander.

Ich hoffe, ich konnte Euch mit dieser Geschichte ermuntern, neue Wege zu gehen und Euch selbst zu entdecken, um Wünsche zu erreichen. Ganz herzlichen Dank auch an Wiebke und Marc, die mir gezeigt haben, dass in jedem Moment alles möglich ist und ich in jedem Moment frei wählen kann.

Lachend zur Heilpraktikerin

Von Gerda Deubzer

Der Wunsch nach Veränderung bestimmte schon immer meinen Lebensweg. Nach der Ausbildung zur Bürokauffrau sattelte ich, gegen alle häuslichen Widerstände, eine weitere Ausbildung zur Krankengymnastin drauf – so hieß die Ausbildung damals. Die rein „manuelle" Arbeit schien mir schon bald zu eingeschränkt, und ich entwickelte meinen physiotherapeutischen Spürsinn über die Cranio-Sakrale-Therapie zur Body-Talk-Therapeutin weiter: „Body" und „Talk", also die Kommunikation aus dem Körperlichen heraus, intuitiv und ohne Sprache.

Und meine Neugierde trieb mich zu weiteren Bereichen der menschlichen Kommunikation. Es begann mit dem NLP-fresh-up Podcast. Die fresh-academy war mir damals noch vollkommen unbekannt. Aber ich war ja schon immer offen für neue Erfahrungen. Das viele Lachen der beiden Moderatoren löste, offen gestanden, nicht direkt ein „will mehr" bei mir aus. Ab und zu mal lustig sein, O. K., aber gleich so viel davon? Das war nicht auf Anhieb mein Ding.

Immerhin war meine Neugier geweckt und ich buchte direkt ein Trance-Wochenende und schon den Oster-Practitioner. Die Wirksamkeit des Practitioner hatte ich zu diesem Zeitpunkt schon an meinem Ehemann erfahren. Das wollte ich auch ausprobieren und war durch die Podcasts und die häuslichen Erlebnisse schon auf die erste Live-Begegnung mit den beiden Podcastern, Wiebke und Marc, vorbereitet, als ich an einem Märzwochenende 2011 die Seminarräume in Feldafing zum ersten Mal betrat – zum „Trance-Wochenende". Als „Werkzeugsammlerin" versprach ich mir davon viele neue Werkzeuge für die Patienten meiner Physiotherapiepraxis. Die Erwartung erfüllte sich, denn ich nahm von diesem tollen Seminar viele großartige Techniken mit.

Und dann kam dieser Lachanfall eines Teilnehmers am Ende des Seminars, auf den Marc auch noch einging, was zu noch mehr Lachen führte und noch mehr Lachen … Meine Reaktion: Jetzt ist aber auch mal gut … Und ich spürte, da darf ich hinterfragen, woher mein Widerstand dagegen kommt, „einfach so" zu lachen. Also ging es weiter. Und wie – mit dem Oster-Practitioner. Mit mancher Tiefe, eher mehr Stress und immer wieder dem gnadenlos-liebevollen Nachhaken von Marc. Aber: Meine Veränderung war, dessen war ich mir bewusst, im Gange.

Seelenbild 2   © Rosita Classen

Schon im Frühjahr 2012 besuchte ich den NLP-Master. Und jetzt wurde es richtig „mein" Seminar. Es ging um ein Masterziel. Dieses Ziel war eine Praxis-Webseite – was sich bald als zu einfach herausstellte, ein größeres Ziel musste her. Das begegnete mir in Form der Frage: „Wie viel bin ich (mir) eigentlich wert?" und da war der Schritt zum Nachdenken über meinen damaligen Stundenlohn nicht weit. Glaubenssätze traten zu Tage. Für „Physio" zahlt kein Mensch viel Geld. Ich war mir aber mehr wert, also durfte ich mein Spektrum erweitern und mehr Heilung erzielen.

Und weiter ging die Reise: Auf den Master folgte der Sommer-NLP-Coach. Ich fühlte mich immer lustiger und lustiger, freier und freier, merkte, wie meine alten Fesseln und Glaubenssätze sich mehr und mehr auflösten und ich bemerkte, wie ich schon damit begann, meine Patienten zu coachen. Etwas, das mir besonders viel Spaß machte und sehr bereichernd für mich und mein Selbstvertrauen war. Dabei wurde ich begleitet und liebevoll-nachdrücklich unterstützt durch „meine" Trainer Wiebke und Marc.

Mein Ziel „Website online" war bald erfüllt und gefiel meinen Patienten und mir sehr gut. Doch nun konnten mich auch vollkommen „fremde" Menschen finden. Menschen, die nicht nur Physiotherapie, sondern auch Heilung suchten. Das machte mir erst Mal gehörig Angst, war ich es doch gewöhnt, auf Rezept zu arbeiten, der Arzt war mein „Türsteher". Den Grundstein für die Lösung aus diesem Dilemma legte Wiebke, indem sie sagte: „Mach doch einfach den Heilpraktiker". Gute Idee, aber: „Einfach"? Mindestens zwei Jahre Lernen ... hohe Durchfallquote ... Egal! Mein Ziel war klar: Heilpraktikerin in einem Jahr. Vor dem Practitioner hätte ich ein solches Ziel als unrealistisch verworfen. Doch nun war ich mir sicher: Das bekomme ich hin!

Danke, Wiebke und Marc, für die großartige Veränderung, die ich mit eurer Unterstützung erlebt habe! Unterstützung, von der mir auch bewusst geworden ist, dass ich sie mir selbst erschaffen kann. Ich begann, konsequent Prioritäten zu setzen, strich mir Urlaub und freie Wochenenden und begann; zunächst mit Fernunterricht, dann, dank eines tollen Tipps, mit Unterricht bei einer tollen Ärztin, die Menschen auf die Heilpraktiker-Prüfung vorbereitet.

Noch mehr Fokussierung, Dranbleiben und in der Tat eine Menge Lernen folgten. Und zum ersten Mal in meinem (Schul-)Leben bekam ich Bestätigung für meinen Einsatz. Ich war der „Crack" im Unterricht und wurde dafür auch noch gelobt. Das war großartig und es hätte die Lehrer aus meiner Jugend bestimmt überrascht. Meine Motivation wuchs und wuchs, wie die Motivation und Anzahl meiner Unterstützer – allen voran Ehemann und Tochter.

Dann, nach zwölf Monaten, kam die schriftliche Prüfung: Ein riesengroßer

Saal in einem Münchner „Bierkeller" (flexibel genug bin ich ja). Und bingo: voll bestanden und schon vier Wochen später die mündliche Prüfung. Dazwischen wieder all' die Unterstützung meines „Home-Teams" sowie von Wiebke und Marc, allen freshies und – natürlich – von Marcs Trancen. Ich verbrachte keinen Tag ohne die Trance „Entspannt erfolgreich werden". Und so war ich immer mehr im Ergebnis, wie toll die Prüfung und wie großartig auch das Prüfungsteam sein wird. Dazu passte auch die Trance der Lehr-Ärztin, die ich mir manifestiert hatte. Die ging so: Du bist vollkommen entspannt in der Prüfung, der Amtsarzt fragt dich, du antwortest richtig. Und: Der Amtsarzt freut sich und sagt dir: „Sie haben bestanden!".

Genau so war's dann auch. Und wie der Amtsarzt sich gefreut hat – und ich noch mehr! Das war die beste Prüfung meines bisherigen Lebens, erfüllt mit Freude, Spaß und Leichtigkeit – so großartig. Ich hatte bestanden und in mir war ein gigantisches Gefühl, voller Stolz und Selbstvertrauen mit Lachen, Freude und Begeisterung – alles zusammen, Glück pur, ein erreichter Traum!

Und ich weiß, die Träume gehen weiter und neue kommen hinzu. So ist es ein neuer Traum, Seminare anzubieten und auf der Bühne zu stehen. Ich möchte dieses wunderbare Gefühl auskosten, das ich jetzt beim Kommunikationstrainer erlebt habe. Ich bin dabei, dieses Seminarangebot auszuarbeiten. Und ich habe schon so klar, wie lustig und begeisternd es wird. Ich freue mich schon darauf.

Und dabei bin ich immer begleitet von den NLP-fresh-up Podcasts, die mich von Anfang an unterstützt haben. Ich stelle übrigens fest, dass diese Podcasts einige meiner Patienten ebenfalls unterstützen und manch einer meldet sich bei der fresh-academy an.

Vor dieser Entwicklung war mein Glaubenssatz: Ich kann nicht reden, ich kann mich nicht ausdrücken und ich finde die richtigen Worte nicht. Heute weiß ich, das kann ich sehr wohl. Liebe Wiebke und lieber Marc, das ist ein großer Verdienst eurer Arbeit, denn mit eurer Unterstützung kann ich auch diesen Kanal nutzen und in meine Arbeit, mein Leben, einbringen. Dafür bin ich unendlich dankbar, denn das bringt so viel Spaß! Und noch etwas ist ein großes Geschenk bis heute: meine unbändige Lust am Lachen, meine Freiheit, lachen zu dürfen, zu können, wo ich früher nie gelacht habe. Das bringt so viel mehr an Lebensfreude und Leichtigkeit. Und genau das ist es, was ich liebe, lebe und bin.

Heilung und Berufung finden

Von Sabina und Bert Berghuis

Wir leben unsere Berufung in einem kleinen Ort namens Abadiânia in Zentralbrasilien. Die Geschichte, wie es dazu kam, erzählen wir gern aus unseren beiden Perspektiven:

Eigentlich waren wir in Deutschland ganz zufrieden. Ein Haus im Grünen, unsere Pferde direkt am Haus und unsere Hündin Sally hatte einen großen Garten. Sabinas Praxis für klassische Homöopathie lag auch direkt am Haus, und Bert pendelte täglich zu seiner sehr gut bezahlten Arbeit im Management eines Großkonzerns in München. Eigentlich hätte alles so weitergehen können, wenn da nicht eine unterschwellige Unzufriedenheit gewesen wäre. Denn: Gemeinsame Zeit gab es sehr wenig, da Berts Arbeitsstelle über 100 Kilometer entfernt war und er oft zehn Stunden und mehr am Tag arbeitete. Kam er abends heim, hatte Sabina oft noch Patienten.

Dann fiel Sabina ein Buch über NLP in die Hände. Das Thema faszinierte uns beide, wir wollten mehr darüber wissen. Durch eine Internetsuche kamen wir auf die Seite der fresh-academy von Wiebke und Marc. Von allen Angeboten gefielen sie uns am besten und wir meldeten uns kurz entschlossen zum Practitioner an – dem NLP-Grundkurs.

Von diesem Tag an änderte sich unser Leben grundlegend. Wir fingen an, anders zu denken und stellten vieles, was wir bisher geglaubt hatten, infrage. Außerdem lernten wir, vermehrt auf unsere Sprache zu achten. Uns wurde klar, dass alles, was wir sagen, wir nicht nur den anderen, sondern auch und in erster Linie uns selbst mitteilen. Beflügelt durch all diese Erkenntnisse, eröffneten sich uns ganz neue Wege. Wir trauten uns immer mehr, diese auch zu gehen. Es hat die ganze Zeit über so viel Spaß gemacht, auch wenn wir uns anfänglich – zugegebenermaßen – etwas sträubten, unsere alten, eingefahrenen Wege zu verlassen.

Nach dem Practitioner ging Bert wie gewohnt wieder zur Arbeit. Dort fiel nicht nur den Kollegen, sondern auch seinem Chef auf, wie stark er sich verändert hatte. Sein Chef bemerkte, dass Berts Anwesenheit nun einen sehr positiven Einfluss auf das Arbeitsklima der Abteilung und sogar auf die gesamte Firma hatte. Außerdem war die Effektivität und Qualität seiner Arbeitsleistung enorm gestiegen. Als Bert ihm den Grund seiner positiven Veränderung nannte, bot er sofort an, dafür zu sorgen, dass die Firma ihm den nächsten NLP-Kurs bezahlte.

So meldeten wir uns kurz darauf zum Folgekurs, dem Master, an. Im Masterseminar hörten wir dann das erste Mal von dem brasilianischen Heiler João de Deus. Als Heilpraktikerin faszinierten Sabina Marcs Erzählungen über diesen Wunderheiler sehr, der als Medium bereits Millionen von Menschen behandelt hat, und auch heute noch seinen Körper für Heilungen zur Verfügung stellt. Außerdem weckten sie ihre Abenteuerlust. Nach dem Seminar recherchierte Sabina „nur mal aus Spaß" im Internet über João de Deus und es entstand in ihr das Bedürfnis, irgendwann einmal nach Abadiânia zu reisen. Abends erzählte sie Bert von diesem Wunsch. Seine Reaktion war spontan: „Wann fliegst Du?"

Sabinas Reise:
Ungefähr zwei Wochen später saß ich im Flieger nach Abadiânia! Schon die Anreise war sehr aufregend, mit einigen Verspätungen. Mitten in der Nacht kam ich dann endlich in Abadiânia an und wurde vom Pensionsbesitzer ganz herzlich empfangen. Dann ging ich in mein Zimmer, das sehr einfach war und das ich nur kurz wahrnahm, und setzte mich auf das Bett. In diesem Augenblick empfand ich etwas so unglaublich und unbeschreiblich Schönes, das mir im Außen nicht erklärlich war. Es war, als ob die Liebe der ganzen Welt in meinem Herzen angekommen war. In diesem Moment hatte ich das Gefühl, zu Hause zu sein. So etwas Schönes hatte ich noch nie erlebt. Dieses Gefühl hielt eine Zeit lang an und kam danach immer wieder.

In dieser Nacht schlief ich wie ein Baby. Nach einem ausgiebigen und sehr reichhaltigen Frühstück traf ich meine Reiseleiterin. Es war eine junge Frau mit den schönsten Augen, die ich jemals gesehen hatte. Sie waren groß, klar und hellblau. Ihr Blick war liebevoll auf mich gerichtet. Zu diesem Zeitpunkt wusste ich noch nicht, dass ich auch einmal solche Augen haben würde. Das ist eines der wundervollen Geschenke, die ich aus Abadiânia mitgenommen habe. Am Abend reisten dann die anderen Mitglieder der Reisegruppe an. Es waren sehr interessante Menschen, von denen ich viel gelernt habe. In der Gruppe war auch Monika, die an Krücken ging. Nach ein paar Tagen traf ich sie am Frühstückstisch ohne Krücken. Als ich sie fragte, wo sie diese gelassen hatte, strahlte sie mich an und sagte, sie habe sie heute vergessen. Von diesem Zeitpunkt ging sie nie mehr mit dieser Gehhilfe – dazu darf man wissen, dass Monika 16 Jahre nur an Krücken gehen konnte.

Es war sehr schön zu sehen, wie sich jeder aus unserer Gruppe entwickelte und sein ganz persönliches Wunder erlebte. Viele von ihnen habe ich später hier in Abadiânia wiedergetroffen. Auch heute ist es noch so, dass viele Menschen wiederkommen, obwohl sie schon längst geheilt sind. Ich glaube, das liegt daran, dass sie sich in dieser Energie zu Hause fühlen. Das höre ich immer wieder. Es liegt ein Zauber über diesem Ort, den manche schon spüren, wenn sie ihre Reise planen. Ich habe es erst gemerkt, als ich hier war, dafür sehr intensiv. Und ich stellte fest, dass die meisten Menschen vor ihrer körperlichen Heilung eine Heilung der Seele erfahren. Sie fangen an zu strahlen und werden schöner. Das ist bei den meisten Besuchern der Casa schon nach ein paar Tagen zu sehen. Ich selbst genoss die Zeit in Abadiânia in vollen Zügen. Ich entspannte mich immer mehr, meditierte und ging mit dem einen oder anderen Anliegen zum Heiler. Unsere Reiseleiterin half unserer Gruppe, sich zurechtzufinden, und begleitete jeden von uns auf seiner ganz persönlichen Reise, wofür ich ihr heute noch sehr dankbar bin. Sie sagte einmal zu uns: „Jeder bekommt hier das, weshalb er hergekommen ist, und noch viel mehr." Heute weiß ich, was sie damit gemeint hat, und denke, das stimmt. Nach drei wundervollen Wochen in Abadiânia war die Zeit der Heimreise gekommen und ich freute mich schon darauf, Bert und unsere Tiere wiederzusehen.

Berts Reise:
Ich hatte früher Feierabend gemacht, um Sabina vom Flughafen abzuholen. Ich war schon sehr aufgeregt und freute mich total darauf, sie wieder in den Arm zu nehmen. Als ich Sabina endlich wiedersah, war ich stark beeindruckt von ihren Augen, ihrer Ausstrahlung und Gelassenheit.

Schon vor Sabinas Brasilienreise hatten wir für meinen Vater, der sehr krank war, ein Bild per E-Mail in die Casa de Dom Inácio, der Heilungsstätte von Medium João, gesendet. Ich bat für ihn um Heilung oder Begleitung auf dem Weg, den er gehen darf, und wir hatten mit niemandem darüber gesprochen. In der Nacht darauf träumte mein Vater von der Casa de Dom Inácio und erfuhr wenige Zeit später eine Heilung vom Krebs, der bereits stark Metastasen gebildet hatte. Dieses Wunder und Sabinas Erfahrungen brachten mich dazu, drei Monate später selbst nach Abadiânia zu fliegen.

Als Mathematiker und Physiker war ich dort Zeuge von Heilungen, die ich mir nicht erklären konnte. 50 Menschen gaben mir ihr Bild oder das Bild eines geliebten Menschen für eine Fernheilung mit. Dieses Vertrauen beeindruckte mich stark. Nach meiner Ankunft in Abadiânia war mir sehr schnell klar, warum Sabina sich so toll entwickelt hatte. Die Energie, die Menschen, die Casa de Dom Inácio, zusammen mit eigenen, sehr persönlichen Erfahrungen der Heilung, machten mir das Wunder von Abadiânia schnell klar. Die späteren Rückmeldungen der Menschen auf den 50 Bildern waren außerdem unglaublich beeindruckend und schön.

Wie es für uns weiterging:
Als wir wieder in Deutschland unser Alltagsleben führten, wurde uns beiden sehr schnell klar, dass es nicht mehr das gleiche war wie vorher. Wir meditierten täglich, und es entstand in uns beiden der Wunsch, unser Leben von Grund auf zu ändern. Ein paar Wochen nach Berts Rückkehr aus Abadiânia beschlossen wir, nach Brasilien auszuwandern. Wir wollten Menschen in Abadiânia und in der Casa begleiten und weiterhin Zeugen dieser wundervollen Heilungen sein.

Mittlerweile sind wir offizielle Reiseleiter der Casa de Dom Inácio. Außerdem haben wir sehr beeindruckende Erzählungen von Besuchern der Casa gefilmt, für die wir sehr dankbar sind und die wir demnächst auf unserer Internetseite zur Verfügung stellen.

Dank Wiebke und Marc wussten wir, dass nichts unmöglich ist. Nachdem wir uns entschlossen hatten, unserem Herzen zu folgen, wurde plötzlich alles ganz einfach. Bert kündigte bei seinem Arbeitgeber, bei dem er seit 14 Jahren beschäftigt war. Unser Haus konnten wir zu einem guten Preis verkaufen und Bert bekam einen Bonus dafür, dass er sich bereit erklärte, zwei Monate länger bei der Firma zu arbeiten. So hatten wir das Startkapital für unsere Auswanderung zusammen.

Sabina schloss ihre Praxis zum Jahresende. Eine alte Bekannte und ihre Freundin übernahmen unsere beiden Pferde. Sie haben ein sehr schönes neues Zuhause bekommen und stehen zusammen auf einer Koppel. Sechs Monate nach Berts Rückkehr aus Abadiânia waren wir mit unserer Hündin Sally in Brasilien. Im Mai 2014 feierten wir schon unser zweijähriges Jubiläum. Wir haben unsere permanente Aufenthaltsgenehmigung für Brasilien und unsere eigene brasilianische Firma für Tourismus.

Wir begleiten Menschen hier in Abadiânia, in der Casa, zum Heiler João de Deus und nehmen per E-Mail Fernheilungen mit Bild entgegen. Diese Aufgaben und die wundervollen Rückmeldungen von Heilungen erfüllen uns täglich mit großer Freude. Unser Leben hat eine ganz neue Qualität bekommen und die Freude und Dankbarkeit, hier leben und arbeiten zu dürfen, ließ uns auch so manche kulturelle und bürokratische Hürde meistern.

Das, was wir in den NLP-Kursen bei Marc und Wiebke gelernt haben, leben wir auch hier. In unseren Gruppen wird viel gelacht. Dies freut nicht nur unsere Gruppenteilnehmer, sondern alle, die es beobachten dürfen, wie zum Beispiel andere Hotelgäste und das Personal. Wir leben unseren Traum und sind unendlich dankbar für alles.

Mein Traum: Ein Leben auf Mallorca

Von Manuela Rieso

Der größte Traum, den ich immer hatte, war, dass ich gerne im Süden leben wollte. Seit dem Seminar bei der fresh-academy habe ich mir überlegt, wie ich diesen Traum endlich in mein Leben integrieren kann. Denn dort habe ich gelernt, dass ich zu 100 Prozent selbst für mein Leben verantwortlich bin und niemand anders! Und ich habe gelernt, dass ich alles erreichen kann, was ich wahr machen möchte in meinen Leben. So habe ich angefangen, große Ziele für mich zu kreieren und sie auch umzusetzen, natürlich Schritt für Schritt.

Früher hatte ich diesen einschränkenden Glaubenssatz: Das geht doch gar nicht, im Süden leben, so mit Ehemann und einer Naturheilpraxis. Ehrlich gesagt fühlte ich mich damit, also vor allem von der Naturheilpraxis, eingeengt, doch inzwischen weiß ich: Alles ist möglich, egal, was Du willst!

Die Frage, die ich mir gestellt habe, war: Was will ich wirklich? Welche Grenzen gibt es für mich? Allerdings habe ich durch NLP gelernt, dass Grenzen nur im Kopf vorhanden sind. Inzwischen weiß ich, dass alles möglich ist, egal, was Menschen machen möchten, und wie ich Grenzen, die ich mir selbst setze, umwandeln und überschreiten kann. Meinen Traum habe ich verwirklicht und zwar innerhalb von neun Monaten, er wurde sozusagen geboren.

Inzwischen lebe ich diesen Traum und zwar zehn Tage im Monat direkt in der Hauptstadt von Palma de Mallorca. Für mich persönlich ist es gut, diesen Wechsel zwischen Spanien und Deutschland zu haben. Ich liebe es! Für mich heißt das, Bewegung zu leben :-), nicht nur beim Sport!

Als ich genau wusste, was ich wollte, bin ich zu Fuß durch Palma gelaufen und habe mir nur eine Wohnung angeschaut und sie sofort gemietet, denn alles passte: die Größe (zwei Schlafzimmer), der Mietpreis und die Lage der Wohnung. Zu Fuß bin ich in der Altstadt in zwei Minuten, genauso weit ist es zum Strand. Von meiner Wohnung aus schaue ich auf einen Park und auf das Meer, was mich jedes Mal sehr begeistert, besonders, wenn ich am Morgen aufstehe, denke ich jedes Mal: Wow, wie toll ist das denn! Allerdings denke ich das auch sehr oft tagsüber :-). Meine Freundin wohnt eine Minute zu Fuß entfernt. Es ist einfach toll!

Klar, als erstes habe ich angefangen, meine Praxis auf das Wesentliche zu konzentrieren, also keinen Bauchladen mehr zu haben (zu schwer, in meiner Welt) und mich auf das zu konzentrieren, was mir am meisten Spaß macht. Denn ehrlich gesagt: Warum sollte ich Dinge tun, die mir nicht mehr gefallen? Ich habe zwei neue Assistentinnen eingestellt und somit läuft alles optimal.

Das Beste für mich ist, dass ich alles selbst erreicht habe und ich nicht Geld von irgendjemandem bekommen habe, sondern ich habe mir überlegt, wie ich das schaffen kann, ohne im Lotto zu gewinnen und ohne noch länger zu warten.

Mein Mann findet es gut, was ich mache, und er hat mich nun fast zwei Jahre dabei beobachtet, wie ich alles gemanagt habe. Im Moment lebt er noch im „Hamsterrad". Allerdings sagte er vor drei Wochen zu mir, dass er nächstes Jahr aufhöre zu arbeiten. Er möchte sich ein Segelboot kaufen und Touren im Mittelmeer anbieten. Auch er hat inzwischen ein Seminar der fresh-academy besucht und ich denke nur: Wow, weiter so! Lebe Deinen Traum, jetzt!

Dies ist ein schönes Beispiel dafür, wie sich mein Umfeld verändert hat, weil ich mich verändert habe. Denn dadurch, dass Dich andere Menschen beobachten bei dem, was Du tust, änderst Du auch das Leben der anderen zu mehr Glück und mehr Freiheit. Auch meine – leider ehemalige – Putzfrau hat durch mich ihr Leben radikal verändert: Sie hat inzwischen 17 laufende Zumba-Kurse und verdient mehr Geld als ihr Mann, zum Putzen hat sie nun gar keine Zeit mehr.

Es gibt so viele Möglichkeiten, Dinge zu machen! Bleib nicht stehen, sondern geh und mach etwas in Deinem Leben, etwas, was dir Spaß macht! Ich bin sicher, dass ein Seminar bei der fresh-academy auch Dir sehr helfen wird, Dinge endlich anzufangen. Wir sind hier auf dieser Erde, um zu leben und das Beste aus allen zu machen und nicht dafür, um das Leben der anderen zu beobachten. Fang auch Du an!

Tu es nicht zu schnell. Lass Dir Zeit mit so einer Entscheidung, denn Dein Leben könnte sich von jetzt auf gleich dramatisch verändern. Nein, ernsthaft, Dein Leben wird um so vieles reicher und fröhlicher. Sieh zu, dass Du den nächsten Termin bekommst und mach es! Das ist meine Botschaft für diejenigen, die diese Geschichte lesen.

Südafrika

Von Uwe B.

*I*ch möchte heute, nach nunmehr drei Jahren NLP-fresh-up Podcasts (rund vier bis fünf Stunden jede Woche während meines Trainings) und Trancen hören, von ganzem Herzen danke sagen! Danke, für alles was ihr – ohne mich überhaupt zu kennen – für mich getan habt und für die schönen Erlebnisse und Veränderungen, die mir widerfahren sind, seitdem ich regelmäßig die Podcasts und Trancen höre und mich mit NLP befasse.

Im Oktober 2011 hatte ich durch eine Freundin von Podcast erfahren und angefangen, ihn regelmäßig zu hören. Ich malte damals ein Bild von dem, was ich mir wünschte, und hängte in meinem Büro in Deutschland ganz große Bilder von Orten in Südafrika auf, die ich während meiner Aufenthalte dort besucht hatte. Ich war schon ein Jahr zuvor im Begriff gewesen, dort eine Firma als Tochterunternehmen der deutschen Zentrale aufzubauen, war aber unsicher, ob ich meinen Lebensmittelpunkt wirklich nach Südafrika verlegen sollte – ein Vorhaben, das ich Jahre zuvor schon mal nach ein paar Monaten aufgegeben hatte.

Mit den NLP-Techniken, die ich nun aus dem Podcast kannte, gelang es mir, diese Bedenken einfach „schrumpfen" zu lassen. Und groß gemacht habe ich das Gefühl, in Südafrika zu leben, in einem fantastischen Land mit unglaublichem Ursprung, voller Natur und bezaubernder Schönheit.

2012 habe ich dann angefangen, Fakten zu schaffen. Der erste Punkt wird Marc sicher gefallen: Ich kaufte mir in Südafrika ein Auto (4,8 Liter, 400 PS, Achtzylinder – ich weiß, das hört sich ganz schlimm an, aber unabhängig von den Podcasts, war es schon vorher mein Wunsch, einmal so ein Auto zu fahren oder gar es zu besitzen). Dieses Auto ist nach wie vor ein Traum und ich erfreue mich jedes Mal daran, wenn ich es anlasse. Dieses Auto ist mir einfach im Gespräch mit einem Bekannten hier angeboten worden und ich wusste noch nicht mal, dass es genau das ist, was ich mir gewünscht hatte.

Drei Monate später schaute ich mich nach einem Haus um, das ich erst einmal anmieten wollte. Ich hatte zu diesem Zeitpunkt auch schon mein Bild gemalt: ein Haus mit Pool, in Meeresnähe. An dem Bild habe ich zwei bis drei Monate gemalt und immer etwas hinzugefügt, bis ich dann alles mit Acrylfarben übermalt habe (mein Secret). Ich habe im Internet dann immer wieder mal nach Häusern geschaut. Ein Haus war lange mein Favorit und ich habe es mir bestimmt zwanzig Mal angeschaut.

Seelenbild 6

Zu diesem Zeitpunkt reiste ich alle zwei bis drei Monate nach Südafrika, baute langsam das Geschäft auf und wohnte in einem Gästehaus. Als ich so weit war und einen Besichtigungstermin für mein Traumhaus vereinbaren wollte, war es aber plötzlich aus dem Internet verschwunden. Unfassbar! Doch kurze Zeit später tauchte das Haus wieder auf. Ich griff sofort zum Hörer und erfuhr, dass jemand von der Anmietung zurückgetreten sei …

Inzwischen gehört mir das Haus. Vom Arbeitszimmer kann ich das Meer sehen (winzig, aber ich sehe es ☺), von der Terrasse aus sehe ich die Berge, tja, und ein Pool ist auch dabei, ich habe einen wunderschönen Garten und in der Garage steht mein Traumauto.

Nun weg vom Materialismus, hin zum Gefühl: Ich habe Ende 2012 meine Position in Deutschland zur Verfügung gestellt, um permanent in Südafrika zu leben und mich ganz der Tochtergesellschaft in Südafrika zu widmen. Das Feedback, das ich erhielt, bewegte sich in einer Spanne totalem Unverständnis über Neid bis hin zu Faszination, Respekt und Traurigkeit. Doch meine Entscheidung stand fest. Und das Unverständnis wich immer mehr der Faszination, dass ich meinen Lebensmittelpunkt wirklich 10.000 km entfernt verlege. Mein Schritt hat auch dazu geführt, dass Menschen in meinem Umfeld über ihr eigenes Leben nachgedacht haben. Ich war immer sicherer, das Richtige zu tun – eben nicht nur meinen Traum zu verwirklichen, sondern auch andere Menschen „träumen" zu lassen.

Ich habe mir eine südafrikanische Partnerin (Afrikaans) gewünscht, um besser in Kontakt mit der Kultur hier zu bekommen und auch bekommen. Ich habe von „meiner Tess" Sachen gelernt, die faszinierend nahe am NLP-Thema sind. Zum Beispiel geht sie am liebsten Sachen an, vor denen sie am meisten Angst hat, und stellt sich genau diesen Herausforderungen, um sich selbst zu beweisen, dass es keinen Grund gibt, Angst zu haben. Sie studiert seit 20 Jahren und ist parallel als Managerin des Notfallzentrums in einem Krankenhauses einem enormen emotionalen Druck ausgeliefert. Sie ist ein toller, liebevoller Mensch, der mitten im Leben steht und es genießt. Wir haben inzwischen eine gemeinsame Zielplanung und arbeiten zusammen an der Definition unsere Träume. Für Marcs Trancen schreibe ich ihr ein englisches Script, damit sie sie auf Deutsch anhören kann – das funktioniert!

Vor einiger Zeit meldete sich dann meine Tochter Laura, die kurz vor ihrem Abitur stand und mir ihren Unmut darüber kundtat, dass wir uns kaum sehen und nur zu Geburtstagen und an Weihnachten Kontakt haben … Sie lebt inzwischen schon über ein Jahr bei mir, hat selbst eine eigene Wohnung in meiner Nähe und beginnt nächstes Jahr zu studieren. Und das habe ich nicht mal bestellt. Es war aber anscheinend im Paket mit enthalten:).

Und noch viel mehr Gutes ist passiert: Mitte 2013 habe ich begonnen zu laufen und seitdem zwei Halbmarathons und zwei Vollmarathons absolviert und einen Ultramarathon (89 km) zumindest bis Kilometer 60 „durchgehalten". Ich habe meinen Motorrad-Führerschein gemacht, koche plötzlich für mein Leben gerne, male auch weiterhin Bilder und bin jeden Tag dankbar für die Veränderung in meinem Leben. Jede Kleinigkeit ist so speziell und wertvoll geworden. Ich habe Familie und Freunden NLP und die fresh-academy nahegebracht und teilweise hat sich auch deren Leben verändert. Alle Beziehungen zu Menschen haben sich – trotz der Entfernung – größtenteils verbessert und die Besucher, die sich hier anmelden, müssen mittlerweile koordiniert werden:). Ich besitze keinen Fernseher im Wohnbereich und war seit drei Jahren keinen Tag krank.

Und jetzt ist es endlich mal Zeit, Danke zu sagen!

In die Schweiz, in die Welt, ins Glück

Von Ipek Uzpeder

Während meiner Studienzeit in Istanbul waren meine größten Wünsche ein Job, mit dem ich die Welt bereisen kann, persönliche Freiheit und Unabhängigkeit und einen Mini Cooper zu fahren. Nun höre ich seit langem den NLP-fresh-up Podcast und kann daher berichten, wie meine Träume wahr wurden:

Als Tochter einer türkischen Familie bin ich sehr behütet aufgewachsen und meine Familie entschied viele Dinge für mich. Dann erkrankte ich in jungen Jahren schon an Krebs und mir wurde darüber klar, dass ich mein ganzes Leben ändern will. Ich stand damals ein Jahr vor dem Studienabschluss und meine Familie unterstütze mich wunderbar während einer Operation und den Behandlungen und Untersuchungen danach.

Nach dem Studium ging ich für Vorstellungsgespräche nach Deutschland – zum ersten Mal in meinem Leben. Einige Zeit später durfte ich für zehn Monate eine Stelle in Nürnberg antreten und in dieser Zeit mehrere Abteilungen durchwandern, bevor es zurück nach Istanbul gehen sollte.

Nachdem ich ein halbes Jahr absolviert hatte, fragte mich die Personalabteilung, ob ich bereit wäre, nach Bern zu gehen. Ich kannte zu dem Zeitpunkt weder Land noch Abteilung und in Deutschland und im Team gefiel es mir recht gut. Doch nach einem Gespräch in der Schweiz war ich von dem Angebot begeistert und sagte zu. Mit 27 bekam ich nun die Möglichkeit, die Welt zu bereisen, für ein Unternehmen, das in 40 Ländern vertreten ist.

Der Start war nicht ganz einfach, aber nach einem weiteren halben Jahr in der Schweiz war ich dort angekommen – und in der Welt, die ich nun geschäftlich bereisen durfte – mein erster Traum war wahr geworden!

Ein weiterer Traum, der Mini Cooper, wurde in der Schweiz ebenfalls wahr. Ich habe viele Autos ausprobiert, doch der Mini Cooper passte perfekt zu mir, da ich relativ zierlich bin, und mich sofort wohlfühlte in diesem Auto, das ich bis heute fahre.

Und auch mein dritter Traum wurde wahr, indem ich den Mann fürs Leben fand: Eines Tages kam Stefan aus Bremen in mein Büro in Bern. Als er mir die Hand schüttelte, wusste ich sofort, dass er der Richtige für mich ist – und ich behielt Recht! Die ersten zwei Jahre wussten unsere Eltern nichts von unserer Liebe, danach folgte eine Phase der Überzeugungsarbeit auf Familienseite, ein beruflicher Wechsel nach Zürich und schließlich unser „Happy End" mit unserer Hochzeit in einem Schloss in der Schweiz. Und es wurde immer besser: Unsere Familien fanden bei dieser Hochzeit zueinander. Meine jüngste Krebskontrolle zeigte, dass ich geheilt bin und so empfinde ich eine Bestätigung für meinen Weg bis hierhin und freue mich auf alles was kommt, denn ich habe das Gefühl, ich bin jetzt schon im Paradies angekommen!

Reise durchs Paradies

Von Veronika Faust

Mein Leben in Deutschland hatte sich sehr eingependelt. Es passierte nicht viel Neues und alles plätscherte so dahin. Ich war schrecklich gelangweilt und wusste, dass eine neue Herausforderung nötig war. Der Besuch des Practitioner an der fresh-academy und die dabei wiederkehrende Frage, was ich mit meinem Leben anfangen möchte, brachte meine Gedanken immer wieder auf Neuseeland. Schon nach dem ersten Teil des Practitioners entschied ich, nach Neuseeland zu gehen. Dank Wiebke und Marc habe ich gelernt, meine innere positive Stimme laut und klar klingen zu lassen und Entscheidungen selbst zu treffen. Und ich kann Dinge visualisieren, meine Ziele richtig beschreiben und sie möglich machen.

Nach dem Seminar beantragte ich ein Jahr Urlaub. Auszeiten von einem halben Jahr maximal waren bei meinem Arbeitgeber eigentlich das Höchstmaß, doch dann stimmte er zu und ich löste in Deutschland alles auf, was ich nicht mehr benötigte. Und ich machte den Führerschein, der nun, mit den neuen mentalen Techniken, viel leichter wurde. Früher hatte ich mir gesagt, bei den vielen anderen Autofahrern sei es schwer, schnell genug zu reagieren und vieles mehr. Doch nun visualisierte ich positive Ereignisse vor jeder Fahrstunde und vor beiden Prüfungen – der Theorie und der Praxis. Alles lief wunderbar und fehlerfrei und ich merkte: Ich liebe das Autofahren.

Nachdem alle Vorbereitungen erledigt waren, erzählte ich meiner Familie von meinem Vorhaben. Alle waren begeistert und unterstützen mich wunderbar. Einen besseren Start hätte ich mir nicht wünschen können.

So zog ich los nach Neuseeland. Die Reise war atemberaubend, wunderbar und ereignisreich. Vor Ort habe ich dann mein erstes Auto gekauft. Alleine und ohne viel Erfahrung in Sachen Auto. Es war ein 1997 Subaru Legacy silber/blau. Er lief einwandfrei und war ein sehr guter und zuverlässiger Reisebegleiter und ab und an sogar mein „Zelt".

Ich wurde ein Fan von Bergstraßen. Je gewundener und steiler, desto besser. Insgesamt habe ich 16.000 Kilometer mit diesem Auto zurückgelegt.

Ich fuhr entlang an Küstenstraßen und hielt andauernd, weil sich die Umgebung so toll wandelte, dass ich sie einfach bewundern musste. Ich bin unzählige Stunden durch Regenwälder gewandert, die bei Regen einfach noch magischer wirkten. Ich bin an Stränden entlanggeschlendert, die mit Treibholz und Muscheln übersät waren und erlebte Wellen, die mit großem Gedonner an die angrenzenden Klippen krachten. Ich habe Berge bis zur Schneegrenze erklommen und einen wunderbaren Blick über das Land genossen. Geysire waren auf meiner Reise mit dabei, Snowboarden lernen und mit einem Board die Sanddünen hinunterbrettern. Ich bin mit wilden Delfinen geschwommen und habe auf dem Skytower gestanden, von dessen Plattform aus Wolkenkratzer wie normale Häuser wirkten und Autos die Größe von Insekten hatten. Reitausflüge gehörten zu meiner Lieblingsbeschäftigung. Ich habe Menschen aus der ganzen Welt getroffen, die alle ihre eigene Geschichte zu erzählen hatten.

Ich fragte einige Neuseeländer, wie sie ihr Land beschreiben würden. Die häufigste Antwort, die ich erhielt, war, dass es ein Paradies ist. Dem kann ich nur zustimmen. Es ist ein absolut fantastisches Land.

Jedem, der eine Reise in ein anderes Land machen möchte, kann ich nur raten: Mach es! Für mich war es eines der besten Erlebnisse und ich bin sehr dankbar dafür.

Loslassen können

Von Silke Timmermann

*W*enn ich auf die vergangenen Jahre zurückblicke, dann frage ich mich, wie ich nur so blind sein konnte. Immer wieder schickte mir das Universum Impulse und Anregungen, die ich übersah. Mein großes Glück ist, dass das Universum nicht aufgegeben hat und ich am Ende bereit war, das großartige Angebot anzunehmen.

Nach meinem Studium lernte ich vor einigen Jahren meinen Mann kennen. Wir verliebten uns, heirateten und schenkten zwei wunderbaren Kindern das Leben. Unsere Beziehung zueinander war schon immer einzigartig, wir verstanden uns ohne viele Worte. Irgendwann stieß mein Mann auf Neale Donald Walsch, einen Autor religiös-spiritueller Bücher, und verschlang dessen Bücher regelrecht. Wir begannen, darüber zu diskutieren, und ich spürte, wie die gemeinsamen Gespräche uns beide inspirierten und noch näher zusammenbrachten. Der Alltag mit zwei kleinen Kindern hielt mich aber davon ab, selbst die Bücher zu lesen.

Ein paar Jahre später war es wieder mein Mann, der den NLP-fresh-up Podcast entdeckte und gehörte damit zu den Hörern der ersten Stunde. Er hörte ihn regelmäßig auf dem Weg zur Arbeit, erzählte mir begeistert davon, setzte vieles davon ganz selbstverständlich um, und auch darüber haben wir uns angeregt ausgetauscht. Ich selbst hatte gerade wieder angefangen zu arbeiten und war viel zu sehr damit beschäftigt, mein Leben unter Kontrolle zu halten und die Anforderungen im Beruf mit meinen Ansprüchen an ein perfektes Familienleben in Einklang zu bringen. Ich hörte den Podcast sporadisch und mir wurde sehr schnell klar, dass ich nicht das Leben meiner Träume lebte, sondern ganz im Gegenteil dabei war, mich in meinen eigenen Ansprüchen zu verlieren. Schließlich hatte ich schon genug damit zu tun, in meinem Beruf ein Projekt zu managen und den Alltag der Kinder zu kontrollieren, da fehlte mir gerade noch, dass ich auch mich selbst und meine Gefühle noch unter Kontrolle halten sollte. Viel einfacher war es doch, schlechte Laune auf hormonelle Schwankungen zu schieben, auf unfähige Kollegen oder auf das Wetter.

Mit der Zeit lernte ich immer mehr darüber, wie Veränderung im Leben funktionierte. Ich las, ließ mich von einer lieben Freundin zu Vorträgen zu diesem Thema mitnehmen. Mir war klar, dass ich unzufrieden war, hatte die Lösung – wie ich dachte – aber parat: Ich wollte beruflich erfolgreich sein und dann würde sich die Zufriedenheit in meinem Leben schon einstellen. Diese Reihenfolge war für mich unumstößlich, das hatte mich das Leben, meine Eltern, meine Lehrer gelehrt. „Erst die Arbeit, dann das Vergnügen" war zu meiner zweiten Natur geworden. Erst mussten die Bedingungen um mich herum stimmen, dann würde ich mich um meine persönliche Zufriedenheit kümmern. Von Glück konnte sowieso keine Rede sein.

Vorletztes Jahr schenkte mein Mann uns dann zu Weihnachten Karten für ein Tagesseminar mit Marc in Bonn. Es war ein toller und inspirierender Tag, aus dem besonders zwei Punkte in meine Sicht der Welt passten: Ich brauche Ziele und ich steuere mit Begeisterung darauf zu. Damit war für mich klar: Ich setze mir das Ziel, einen unbefristeten Vertrag an der Uni zu bekommen, und dann wird sich mein Leben schon zum Guten wenden.

In den darauffolgenden Monaten habe ich dann auch fleißig mein Ziel im Auge behalten, bis dann am Ende des Sommers klar wurde, dass dies das letzte Semester für mich gewesen war. Trotz meiner Leistungen konnte ich mich nicht auf eine unbefristete Stelle bewerben. Der Plan, den ich seit Jahren verfolgt hatte, um endlich berufliche Sicherheit in meinem Leben zu haben, existierte plötzlich nicht mehr.

Es entstand ein Vakuum, und ich war unfähig, überhaupt einen neuen Plan ins Auge zu fassen oder gar ein neues Ziel zu formulieren. Aus meiner Verzweiflung heraus habe ich mich ans Universum gewandt und darum gefleht, endlich Gewissheit zu bekommen, in welche Richtung es beruflich für mich weitergehen sollte – schließlich stand der berufliche Erfolg immer noch vor der Zufriedenheit. Die Antwort kam umgehend, auch wenn ich das erst im Nachhinein begriffen habe.

Bei einem Bankbesuch fiel mir die Zeitschrift „Kommunikation und Seminar" in die Hände. Ich blätterte neugierig darin. Mit Kommunikation kannte ich mich aus, warum das nicht zum Beruf machen? Kommunikationstrainer oder Coach? Aber wie vorgehen? So klickte ich mich eines Morgens auf die Seiten der fresh-academy und mein Blick fiel auf das Seminar für den Kommunikationstrainer. Mir war sofort klar, dass das mein Ziel war und dass ich das machen wollte. Voller Begeisterung schrieb ich eine E-Mail, um Bestätigung darüber zu erhalten, dass mich dies tatsächlich meinen beruflichen Zielen näherbringen würde. Eine kurze Nachfrage und eine liebevolle Antwort von Wiebke später war mir klar, dass ich das berufliche Ziel gefunden hatte, für das ich brennen konnte.

Bei mir gingen alle Systeme auf „Go" und ich war bereit, mich intensiv mit den Erfahrungen auseinanderzusetzen, die Wiebke und Marc jede Woche in ihrem Podcast mit uns teilten. Wie ein Schwamm saugte ich alles auf und erkannte, dass ich in all den Jahren schon viel Wissen über NLP angesammelt hatte, dass ich mir aber für die Umsetzung des Gehörten keine Zeit genommen hatte. Als ich das erkannte war es, als ob ein Staudamm brechen würde, ich hatte das wundervolle Gefühl, dass auf einmal alles zusammenpasste. Alles drängte in mir nach Umsetzung: Ich fing an, meine Sprache bewusst zu verwenden, und lächelte jedes Mal wissend, wenn ich wieder einmal „Ich muss noch …" gesagt habe. Das Genörgel anderer Menschen animierte mich jedes Mal dazu, dem etwas Positives entgegenzusetzen. Mein gesamter Fokus verschob sich radikal auf die positiven und guten Dinge in meinem Leben.

Mein Mann und ich begannen, The Secret zu lesen und zu leben, wodurch die Dankbarkeit sofort ganz groß in unserem Leben wurde. Als wir den Film mit unseren Kindern geschaut haben, war ich überrascht, wie leicht es einem 15-Jährigen fallen kann, Visionen für sein Leben zu entwickeln. Was mich selbst dazu brachte, die Dinge noch einmal mit einer ganz neuen Leichtigkeit zu betrachten. Was jahrelang als pures Wissen in mir geschlummert hatte, konnte sich endlich als mein Leben entfalten. Jeden Tag entdecke ich seitdem neue und wunderbare Seiten und spüre, wie wirkliches, pures Glück in mein Leben strömt und tatsächlich alle Bereiche meines Lebens durchdringt.

Eine gute Freundin von mir ist Theologin und als ich mich mit ihr über mein neu gefundenes Leben unterhalten habe, hat sie mir ein Bild gegeben, das mich seitdem begleitet. Im Judentum ist das Herz der Mittelpunkt zwischen Bauch und Kopf und damit zwischen Gefühl und Verstand und das Ziel ist es, Gefühl und Verstand in Balance zu bringen. Als sie mir dies erzählte, empfand ich sofort, dass das genau dem entsprach, was mein Leben jetzt ausmacht: Mein Kopf hat jetzt endlich ein Gegengewicht gefunden, ich bin ausgeglichen und das ist der Zustand wahren Glücks.

Dass die Veränderungen in meinem Leben nicht ohne Auswirkungen auf meine Beziehung bleiben würden, versteht sich von selbst. Ich habe angefangen, meinen Mann mit ganz neuen Augen zu sehen. Jahrelang habe ich fast misstrauisch beäugt, wenn er konsequent mit kleinen Schritten daran gearbeitet hat, sein Leben zu leben. Ich war eher ungehalten, wenn er sich wie selbstverständlich Zeit zur Meditation genommen hat, während die Spülmaschine hätte ausgeräumt werden können, oder wenn ich mir, anders als er, wieder einmal keine Zeit genommen habe, Sport zu treiben. In tiefempfundener Demut und Dankbarkeit betrachte ich heute meinen Mann und erlebe jeden Tag aufs Neue, wie unglaublich bereichernd unsere gemeinsame Zeit für uns ist. Nach all den Jahren, in denen wir unsere Beziehung bereits als sehr schön empfunden haben, entdecken wir, was da noch alles möglich ist. Ich habe einfach das ganz große Glück gehabt, dass ich vor 18 Jahren – ohne es zu wissen – meinen Seelenpartner geheiratet habe.

Die Frage nach dem Warum ist eine, mit der ich sehr viel Zeit in meinem Leben vertan habe. Immer habe ich verstehen wollen und nach den Gründen gefragt. Warum ist dies jetzt ein Problem? Warum ist das jetzt passiert? Ich habe durch Marc und Wiebke lernen dürfen, dass diese Frage vollkommen irrelevant ist. Ich habe sie mir in den vergangenen Wochen auch nicht mehr bohrend und drängend gestellt, sondern nur noch ungläubig staunend: Warum konnte ich mich jetzt verändern und so umfassend und nicht schon viel früher? Nun, die Antwort ist vielleicht ganz naheliegend: Ich konnte endlich loslassen und mir Raum geben für Veränderung. Jahrelang bin ich mit aller Kraft einem Ziel nachgejagt und wenn ich das tat, wurde ich zum Terrier und verbiss mich mit allem, was ich hatte. Dass das Ziel mir nicht dienlich war, habe ich nicht erkannt, daher waren radikale Einschnitte notwendig, um mir neue Wahlmöglichkeiten aufzuzeigen und meinen Blick auf ein neues Ziel zu richten.

Soviel hatte sich schon verändert, seit ich mich bereiterklärt hatte, Verantwortung für mein Leben zu übernehmen, und es fühlt sich an, als ob dieser entscheidende Moment schon Jahre zurückliegt. Dabei ist es erst wenige Wochen her, seit mein Leben 2.0 seinen Anfang genommen hat, umso mehr wundert mich, wie tief und umfassend die Veränderungen schon sind, was mir durch eine kleine Zufallsbegegnung vor ein paar Tagen noch einmal sehr deutlich geworden ist, die mich tief berührt hat und für die ich sehr dankbar bin:

Als ich an jenem Morgen tief versunken zu Hause an meinem Schreibtisch bei der Arbeit saß, klingelte es. Ein älterer Herrn mit großer Sporttasche stand vor der Tür, stellte sich als Dieter vor und fing gleich an, mir sein gesamtes Warensortiment anzubieten: Microfasertücher, Pflaster, Bürsten, alles für nur 2 Euro das Stück. Microfasertücher hatte ich genug, bei Pflastern habe ich nun einmal eine Lieblingsmarke, Bürsten brauchte ich auch nicht und doch hörte ich mich sagen, dass ich die Microfasertücher nehmen würde. Schon im Weggehen begriffen, drehte sich Dieter noch einmal um und wünschte mir viel Glück für dieses Jahr, was Ende Januar schon nicht mehr zum üblichen Jahresanfangsritual gehört und mich seltsam berührte. Ich war wirklich dankbar für die guten Wünsche.

Dieter zögerte, dann sagte er, dass ich so ein glücklicher Mensch sei und dass ich heute die Erste gewesen sei, die ihm etwas abgekauft habe. Bald sei er Rentner, wir würden uns also wahrscheinlich nicht mehr sehen, aber ich sei ja so ein positiver Mensch und die anderen, die würden ihn immer gleich in eine Schublade stecken, aber ich hätte ihm ja etwas abgekauft. Dieter hat mich mit einem tiefen Gefühl der Dankbarkeit zurückgelassen. Der alte Mann verkaufte zwar Microfasertücher, Pflaster und Bürsten, in Wirklichkeit hat er mir aber einen Spiegel geschenkt, der mir gezeigt hat, welche Veränderung in meinem Leben schon stattgefunden hat. Ich bin unendlich dankbar, dass dieser Spiegel mich als einen ganz offensichtlich glücklichen Menschen gezeigt hat. Ich habe Dieter im Laufe des Tages ganz viele Dankesgrüße hinterhergeschickt.

Mein ganz größter, herzlicher und tiefempfundener Dank geht vor allem an Wiebke und Marc, die mir mit ihrem Podcast und ihren Hörbüchern gezeigt haben, wie ich mein Leben großartig gestalten kann. Auf die Seminare bei Euch freue ich mich schon und bin wirklich gespannt, was in meinem Leben noch so alles geht.

Mein Leben wird bunt

Von Jörg Lehmann

*I*ch steckte im Stau. Wortwörtlich und täglich – garantiert zwei Mal. Ich lebte damals mit meiner Familie außerhalb von Moskau, in der Gürtelzone, in der die Millionen-Metropole aufhört und man meint, im 19. Jahrhundert anzukommen. Ich hatte eigentlich einen tollen Job als Verlagsmanager bei einem der führenden Zeitschriftenverlage Russlands. Aber zwischen mir und dem Job lag der Stau. Und der Stau, das durfte ich später erkennen, war schon in mir. Ich war der Stau.

Es war genau dieses „Eigentlich-passt-alles-schon-ganz-gut-Gefühl" gepaart mit der Angst, einen gutbezahlten Job zu verlieren, was dazu führte, dass ich einfach in dem verharrte, was war. Das einzige, was sich allmählich veränderte, war mein Gefühl: Es wurde schlechter. Und ohne, dass es mir groß bewusst war, wuchs in mir der Wunsch nach einem anderen Leben. Je größer die Stau-Schmerzen wurden, desto größer wurde die Frage: Ist das mein Leben?

Und dann passierten die wunderbaren Dinge, die ich, so würde ich es heute sagen, „angezogen" habe: Ich wurde häufig krank, bestellte mir Bücher zum Thema „Auszeit" und – verlor meinen Job! Es war der Sommer, in dem mir plötzlich klar war, dass jetzt etwas Neues beginnt. Was genau, wusste ich zwar noch nicht, aber ich wollte tun, was mir gut tut. Ich begann, anders zu schwingen und die Welt um mich herum wurde größer.

In dieser Phase entdeckte ich den NLP-fresh-up Podcast. Moskaus Straßen, die ich entlangfuhr, begannen zu lachen. Ich hörte alle Folgen rauf und runter – und wieder rauf und runter. Sätze wie „Go for it!" und „Da geht noch was!" von Wiebke und Marc poppten unterwegs in mein Bewusstsein. Bald kam der Punkt, an dem ich mich jedes Mal, wenn die Schranken am Bahnübergang unseres Moskauer Vorortes für eine halbe Stunde den Verkehr lahmlegten, schon darauf freute – wieder mehr Zeit, Podcast zu hören! Ich stand im Stau und fühlte mich in Bewegung. Ich kam in Bewegung. Ich bewegte meine Gesichtsmuskeln, mein Zwerchfell, meine Gedanken. Ich machte Yoga. Und dann plante ich unseren Umzug nach Deutschland. Ich übernahm mehr und mehr das Steuer meines Lebens. Der Stau spielte praktisch keine Rolle mehr.

Die Fahrt, die ich jetzt begann, wurde immer schneller. März: Zwei Wochen auf Immobiliensuche in Deutschland. Meine Frau bekommt sofort ein Jobangebot. April: Das Traumgrundstück, auf das die ganze Stadt scharf ist, wird auf wundersame Weise ausgerechnet für uns frei. Juni: Wir ziehen mit unseren drei Kindern nach neun Jahren in Russland nach Deutschland um. Ab jetzt arbeite ich nur noch halbtags online für den Moskauer Verlag. Juli: Erster Practitioner-Block an der fresh-academy. Wow! Ich entdecke mein Lachen neu. Mitte August: An diesem Abend kann ich nicht einschlafen, weil da plötzlich eine Idee in mir lacht, die mich total begeistert: Ich male Bilder, die lachen. Lachbilder. Ich erinnere mich an all die Bilder, die ich schon in meinem Leben gemalt habe, spüre das Gefühl, wenn sich Farben zu einem unerwarteten Bild fügen. Ich habe meinen kleinen Sohn vor Augen, der jedes Smiley-Gesicht anlacht, ich sehe und höre die Lach-Stofftiere in der fresh-academy, die sich vor den Teilnehmern kugeln – und ich sehe, höre und spüre all das vereint in bunten, lebensfrohen Bildern kombiniert mit MP3-Player und Lautsprecher, die an ganz vielen Stellen hängen, wo sie Menschen gut tun: in Wartezimmern, in Büroräumen, in Krankenhäusern, in Korridoren, in Eingangsbereichen, Kinder- und Schlafzimmern. In Hotels und Reha-Einrichtungen. In Seminarräumen. Gute-Gefühle-Anker.

Ende August: Ich habe das erste Lachbild gemalt, habe im zweiten Practitioner-Block Glaubenssätze über brotlose Kunst und langsamen Erfolg aufgelöst, habe einen Löffel verbogen – und ich habe mich entschieden, die Lachbilder zu meinem Beruf zu machen.

Was? Ja, ich „in unwitzig", also vor drei Jahren, hätte mich für komplett wahnsinnig gehalten! Und jetzt ist es so einfach. Plötzlich fügt sich alles: Ich finde zum Beispiel den erfahrenen Künstler, der mir zeigt, dass es für Kunst nicht viel mehr braucht als gute Farben, gute Leinwände und eine Pressspanplatte auf zwei Rammböcken. Ich beginne zu malen, noch ohne eine technische Lösung für meine Sound-Idee zu haben. Ich stehe morgens mit den Gedanken an die lachenden Bilder auf und schlafe abends damit ein. Ich tue es einfach. Komme jeden Tag ein paar Schritte damit voran, was verblüffend leicht ist. Einen Monat später sind schon die ersten 15 Bilder fertig und einige davon dürfen in der fresh-academy hängen! Und was so richtig toll ist – ich verkaufe die ersten Bilder, nicht einmal zwei Monate nach dem ersten Gedanken daran!

Und kaum einen weiteren Monat später folgt die erste Ausstellung auf dem Zieletag. Und ich fühle mich wie auf einer Welle, die mich weiterträgt, jeden Tag näher zu der Vision, die ich an diesem Tag auch male: Ich schaue auf diesen Planeten, und überall sind da diese Häuser, große und kleine, in denen Menschen sich in Gegenwart der Bilder wohlfühlen. Wie zum Beispiel die Kinder, denen die Bilder einen Witz nach dem anderen erzählen. Und gleichzeitig wächst in mir täglich das Vertrauen, dass das, was ich jetzt tue, gut ist.

Ich bin gerade mitten drin in dem Traum, den ich jetzt selbst gestalten und wahrmachen darf. Ich bekomme E-Mails und Anrufe von Kunden, die begeistert sind. Meine Bilder helfen im Alltag – zum Beispiel der Kundin, die erzählt, dass sie jeden Tag die Pose der Figur auf ihrem Bild einnimmt und dazu eine Affirmation spricht; oder der Geschäftsführerin, der das extra für sie angefertigte Bild in ihrem Büro dabei hilft, erfolgreich zu sein. Oder dem Geschäftsmann, der vor jedem schwierigen Telefonat erst einmal das Bild lachen lässt und dann ganz anders in das Gespräch geht. Ein Wachtraum!

Und wir werden in das Haus ziehen, das wir uns gerade bauen, wir beleben unsere Partnerschaft neu. Wir leben unser Leben bunter und bunter. Und ich bin wieder in Bewegung. Staulos glücklich.

Dafür bin ich sehr dankbar. Herzlichen Dank, liebe Wiebke, lieber Marc, dass Ihr mir so tolle Impulse gebt und mich in der Veränderung, die ich durchleben darf, so grandios unterstützt! Danke!

Seelenbild 7

© Rosita Classen

Traumwohnung
bestellt und bekommen

Von Galina Bankova

An dem Tag, an dem ich meine Diplomarbeit abgegeben hatte, war mir klar: Der Studienabschluss bedeutet Job- und vor allem Wohnungssuche. „Der Ernst des Lebens" stand vor der Tür.

An sich wäre ein solcher Neubeginn ja kein Problem – München ist eine große Stadt mit vielen Wohnungen. Aber ich dachte zu der Zeit, ich brächte ein paar „Haken" mit, die die Wohnungssuche erschweren würden: Ich hatte keine Ersparnisse, um die üblichen Kautionen und eine Maklerprovision bezahlen zu können. Einen sicheren Job hatte ich zu diesem Zeitpunkt auch noch nicht. Und ohne deutsche Staatsbürgerschaft stellte ich mir die Wohnungssuche auch nicht ganz einfach vor. Wie sollte es da bloß mit der Traumwohnung klappen?

Bei der Themenlage hatten meine Freunde fast schon Mitleid mit mir. Manche boten mir sogar an, vorübergehend bei ihnen einzuziehen. Das fand ich sehr nett, es war allerdings nicht das, was ich wollte. Ich träumte damals von MEINER schönen, hellen, gemütlichen Wohnung mitten in München. Die Größe war mir egal. Zentrale Lage und die Umgebung waren mir wichtiger. Ich habe es schon immer geliebt, flexibel und frei zu sein, wenn es um spontane Treffen mit Freunden, Einkäufe und Café-Besuche geht. Dies alles geht am besten, wenn man mittendrin wohnt. Also begann ich, meine Traumwohnung zu planen.

Glücklicherweise hatte ich zu dieser Zeit schon den NLP-fresh-up Podcast für mich entdeckt und schon rund ein Jahr lang gehört. So lernte ich viel über mich und das Leben. Schon nach wenigen Monaten spürte ich Veränderungen in meinem Denken und Verhalten, die wirklich toll waren. Und auch in der vermeintlichen „Sackgasse" meiner „Wohnungs-Finde-Situation" hat mir der Podcast extrem geholfen.

Früher hätte ich den Traum von der schnuckeligen eigenen Wohnung sicherlich schnell aufgegeben. Ich hätte gedacht: „Schuster, bleib bei deinen Leisten." Doch so erinnerte ich mich an die Beispiele und Geschichten von Wiebke und Marc. „Das, was du heute hast, ist das Ergebnis von deinen Gedanken und Wünschen von gestern. Wenn du in Zukunft etwas anderes haben möchtest, fang jetzt an, dir all das auszumalen, daran zu denken und es dir zu wünschen!"

Kluge Worte, die für mich wirklich schon zu einer Lebenseinstellung geworden waren. Und ich traute mich! Ich begann mir auszumalen, wie es sein würde, abends in diese schöne Wohnung zurückzukommen, morgens dort aufzuwachen, tolle Stunden mit meinen Freunden auf dem Balkon zu verbringen. Träumen macht Spaß! Die logische Konsequenz war, alle im Freundes- und Bekanntenkreis wissen zu lassen, was ich suche. Also postete ich auf Facebook: „Suche ab sofort Wohnung in Schwabing, mit Balkon, ab dem fünften Stock aufwärts, hell und gemütlich, 600". Das war ein Spaß – vor allem für viele Freunde, die darauf geantwortet haben: „Genau, für das Geld bekommst du ein Kellerabteil in Schwabing." Oder: „Galina, du hast die Eins davor vergessen … 1.600."

Ich zeige es euch, dachte ich mir und entschied mich, ein Gesuch im Internet aufzugeben. Drei Tage später rief mich ein sympathisch klingender Mann an, der eine Wohnung zu vergeben hatte. In einer Woche sollte der Besichtigungstermin sein. Ich gab mir Mühe, nicht allzu viel Hoffnung zu hegen, um nicht enttäuscht zu werden. Und ging dann zwischen meinen zwei Studentenjobs in der Mittagspause hin. Der Vermieter öffnete die Wohnungstür und schon wurde mein Gesicht von vielen warmen Sonnenstrahlen geküsst. Als ich eintrat, fühlte ich mich von der Helligkeit und Freundlichkeit der Wohnung umarmt und mir wurde warm ums Herz. Liebe auf den ersten Blick war das! Ich wusste, das war meine Wohnung.

Keine zehn Minuten später hatten wir das Wichtigste besprochen und griffen zum Kugelschreiber. Der Vertrag wurde unterschrieben und ich war einfach nur sprachlos vor Glück.

Und weil ich so fassungslos darüber war, dass alles so schnell und unkompliziert lief, fragte ich den Vermieter: „Sind Sie sicher, dass Sie keine Papiere von mir brauchen? Ausweiskopie, Arbeitsvertrag (nicht, dass ich einen hatte!), irgendeine Garantie?" Er antwortete, er bräuchte nichts, denn er habe schon einiges erlebt und könne das Gute in Menschen schnell erkennen. Und dann händigte er mir den Wohnungsschlüssel in zweifacher Anfertigung aus.

Als ich schon gehen wollte, fiel ihm ein, dass er mir noch etwas zeigen wollte, bevor wir gingen. So stiegen wir in den Aufzug und fuhren in den zehnten Stock. Als die Aufzugtür aufging, traute ich meinen Augen nicht: Wir befanden uns auf einer der schönsten Dachterrassen, die ich je gesehen habe. Es war ein kalter, aber sonniger Tag mit klarem Himmel. Das machte die Aussicht über die Dächer Münchens noch schöner: die Allianz Arena, der Englische Garten, die Frauenkirche, der Olympiaturm, unzählige Kirchenkuppeln – alles zum Greifen nah. Und die verschneiten Berge im Hintergrund verzauberten das Bild zusätzlich.

Ich war einfach nur unendlich dankbar und glücklich und strahlte bestimmt bis über beide Ohren. Willkommen im neuen Zuhause!

Auslöser zum Erfolg

Von Michael Jordan

*H*ör Dir das mal an", sagte mein Sohn (21), „die lachen viel, das ist schon etwas seltsam, doch wenn Du Dich dran gewöhnt hast, ist es richtig gut." So fing ich an, den Podcast zu hören. Nicht regelmäßig. Immer mal wieder. Also eher mal nicht und dann nach einer längeren Pause die nächste Folge.

Es war das zweite Jahr meiner freiwillig gewählten Selbständigkeit. Nach über 23 Jahren als unkündbarer angestellter Fotograf im öffentlichen Dienst hatte ich mich selbstständig gemacht.

„Mit Mitte 40 verlässt doch keiner eine so sichere Stelle", proklamierten meine ehemaligen Kollegen. Ich schon! Nun war ich selbstständig als Fotograf. Hatte mir das ausgewählt, was mein Herz mit Freude erfüllt. Konnte endlich den ganzen Tag tun, was mir Spaß macht. Sowohl als Fotograf als auch als Fachautor. „Das wird so schön", dachte ich vorher. Doch jetzt gelang es mir nicht, mich täglich zu freuen und den Arbeitsalltag permanent prima zu finden. Maximal an einem Tag in zwei Wochen war die Freude ansatzweise da. Das war nicht unbedingt das, was ich angestrebt hatte. Vor allem war mir das für den Rest meines Arbeitslebens eindeutig zu wenig.

So kam langsam, schleichend, doch stetig und sehr viel deutlicher als mir das lieb war, die unangenehme Erkenntnis, dass dieser unglückselige Zustand ausschließlich mit mir zu tun haben muss. Oder sehr viel rustikaler ausgedrückt, dass ich dafür verantwortlich war. Denn Kollegen oder gar einen Chef, die mir diese Suppe eingebrockt hätten, gab es ja nicht mehr. Eine gewisse Ratlosigkeit machte sich in mir breit. Was sollte ich tun? War die Entscheidung zur Selbstständigkeit falsch? So, wie es war, konnte es nicht weitergehen.

Ein weiteres Telefongespräch mit meinem Sohn brachte unverhofft die Lösung. „Heute hab ich meine Diplomarbeit abgegeben", verkündete er stolz und vergnügt. Drei Wochen vor (!) dem Termin. „Wie hast Du das gemacht?", fragte ich ihn mit einer Mischung aus väterlichem Stolz und ungläubigem Erstaunen. War doch das Thema Diplomarbeit für mich bis dahin mit der Abgabe auf den letzten Drücker und vielen schlaflosen, dafür arbeitsreichen Nächten verbunden. „Es war eigentlich ganz einfach: Ich habe geschlafen, gegessen, an der Arbeit geschrieben, Sport gemacht, mich gefreut an dem, was ich tue, und den Podcast gehört."

Das war der Tag, an dem ich mich zum Practitioner angemeldet habe. „Warum bist Du hier?", war eine der Fragen, die bei der Vorstellungsrunde im Practitioner beantwortet werden sollten. Die Option „Weil ich mich angemeldet habe.", lag mir zwar auf der Zunge, schien mir jedoch der Veranstaltung nicht angemessen zu sein. Da ich nicht der Erste in der Reihe war, hatte ich ein klein wenig Zeit, die wahren Gründe ausfindig zu machen: „Weil ich glücklich sein möchte in jeder Sekunde meines Lebens!" Das Seminar hat mein Leben verändert. Endlich fühlt es sich „richtig" und gut an.

Jetzt – zwei Jahre nach dem Practitioner und dem Master vor anderthalb Jahren – sitze ich gut gelaunt an meinem Schreibtisch. Ich höre die Vögel im Garten und freue mich an dem, was ich tue. Viele tolle und inspirierende Menschen habe ich kennengelernt und bin mit einigen von ihnen sogar befreundet. Mein Ziel hab ich noch nicht ganz für jede einzelne Sekunde erreicht, doch es sind unendlich viel mehr fröhliche als gleichgültige Sekunden, die ich nun erleben darf und es werden immer mehr.

Ich freue mich, jetzt meinen Traum zu leben. DANKE! :-)

Designerin in spezieller Mission

Von Ursula Vogt

Vor einiger Zeit riet mir jemand, den NLP-fresh-up Podcast zu hören. Ich war erst skeptisch, fing dann aber bei Podcast Nummer eins an – und hörte nicht mehr auf. Ich hörte ihn beim Spazierengehen, in der S-Bahn, in der Badewanne, beim Kochen, nachts oder einfach nur still sitzend. Ich machte Pausen zum Nachdenken, für Notizen und Collagen. Ich fing an, anders zuzuhören und genau zu beobachten, was ich sagte und wie ich es sagte. Und ich begann, mit anderen darüber zu reden. Es ging ganz schnell, dass ich jemandem anmerkte, ob er die ersten zehn Podcasts schon gehört hatte. Und die, die sie auch gehört hatten, fingen an, mich auch mal auf dieses und jenes hinzuweisen („Du hast ‚aber' gesagt!"). Ich war begeistert! Und bin es noch.

Ich bin nun 60 geworden und habe beruflich schon alles Mögliche und Unmögliche gemacht. Mein Traum war immer, mit etwas Geld zu verdienen, das mir absolut liegt. Jahrzehntelang habe ich einfach für den Lebensunterhalt geackert und nicht wahrgenommen, wer ich bin. Ich fühlte mich damals oft nutzlos und wurde ziemlich krank. Es gab also einiges zu ändern.

Ein wichtiges Mosaikstück dieser Veränderung war, dass ich mir einen Hund zulegte. Mein Mann gab zu bedenken, dass damit eine große Verantwortung einhergeht. Doch ich hatte mir schon wegen meines bewegten Lebens ausgeredet, Kinder zu bekommen. Hier blieb ich unnachgiebig und machte mich auf die Suche. Ich war bereit, jeden Hund abgöttisch zu lieben, der mir nun ins Haus tapsen sollte – und es kam „Huginn". Ein perfekter Hund! Und eine zweite Hündin, Polly, kam hinzu. Beide Hunde haben kein Unterfell, so dass sie schnell frieren. Also machte ich mich auf die Suche nach Hundebekleidung. Und ich war entsetzt. Da gab es die absurdesten Verkleidungen und weder Materialien noch Schnitte überzeugten mich – und auch wenn der Rücken trocken blieb, Bauch und Unterleib wurden nass.

Also fing ich an, die ersten Teile selbst zu nähen. Huginn hat die ewigen Anproben geduldig über sich ergehen lassen und ist auch bei den Fotos sehr kooperativ. Und Polly, seine Freundin, findet das sowieso chic, sie ist eben ein Mädchen.

So ging ich den nächsten Schritt, nämlich Hundebekleidung nach Maß anzubieten. Stephanie Fuchs von „Beutefuchs", einer speziellen Metzgerei für Hunde und Katzen, bestärkte mich darin.

Einen weiteren Hinweis, den ich aufnahm, bekam ich von einer Tierärztin, die mir riet, einen besonderen OP-Body zu entwickeln, der für den Arzt praktisch im Handling und für das Tier in verschiedener Hinsicht Erleichterung bietet. Das habe ich gemacht. Und als Huginn vor einem Jahr gebissen wurde, hat der OP-Body den Praxistest bestanden. Inzwischen habe ich mit Unterstützung eines wunderbaren Patentanwalts meine Entwicklungen für einen warmen, trockenen Hundebauch und den OP-Body schützen lassen.

Kamen mir Zweifel? Unbedingt. Auch heute noch. Was kann man da machen? Rausnehmen, umdrehen und wieder reintun! Was für ein Erlebnis, immer wieder!

Heute habe ich einen Online-Shop (pollypulli.de) mit Modellen. Der Shop ist gestaltet wie ein Konfigurator. Jede Rückenlänge und jeder Brustumfang ist individuell zusammenstellbar. Kommt ein Auftrag herein, bricht bei mir Begeisterung aus! Ich habe gern Fotos von den Hunden, weiß gern, für wen ich arbeite. Und am liebsten bekomme ich dann auch Fotos mit dem neuen Outfit. Ein paar habe ich schon, und die wird es auch bald online zu sehen geben.

Im letzten Winter haben wir ein Verkaufszelt besorgt und standen auf dem Hunde-Weihnachtsmarkt in Stephanskirchen. Das war eine wundervolle Erfahrung, die wir wiederholen werden.

Ohne die Podcasts, mit deren Hilfe ich mich fast konstant in einem guten Gefühlszustand befinde und mich auf jeden Fall schnell wieder dort hinbringen kann, hätten Bedenken, Verzweiflung und Resignation mich schon längst ausgebremst.

Was für ein Geschenk! Und was für ein Fundus mittlerweile! Ich weiß das zu schätzen und bin sehr dankbar!

Vom Hobby zum Beruf

Von Mark Maslow

Es ist einer dieser Montage. Ich quäle mich durch den Berufsverkehr. Der Scheibenwischer kämpft gegen den Regen an, ein penetrant gut gelaunter Radiomoderator macht Witze über den Büroalltag. In Gedanken bin ich noch im Wochenende. Das ist deutlich besser als die Vorstellung an den Arbeitstag, der vor mir liegt.

Dabei kann ich mich wirklich nicht beschweren. Ich habe doch alles erreicht: einen sicheren Job bei einem namhaften Konzern, um den andere mich beneiden. Und Headhunter bieten mir gut dotierte Aufstiegsmöglichkeiten an.

Ich habe den „Jackpot". Doch es fühlt sich nicht nach Hauptgewinn an, sondern eher nach Anstrengung und gegen den Strom schwimmen.

Ich denke an gestern und lächle. War das ein Wochenende! Es tat verdammt gut, meinen Körper beim Training an seine Belastungsgrenze zu bringen. Andere fragen mich, warum ich mir das antue, aber Fitness, und alles was damit zu tun hat, begeistert mich. Wenn ich diese Leidenschaft doch auch für meinen Beruf aufbringen könnte …

Ein paar Tage später hält mir mein Kumpel Kai ein Buch unter die Nase und grinst mich an: „Das musst Du lesen! Dieser Typ hat ein Business aufgebaut, das ihm das Leben seiner Träume ermöglicht. Er arbeitet jetzt wann und von wo er will. Er reist um die Welt und braucht nicht mehr als vier Stunden pro Woche, um sein Unternehmen am Laufen zu halten." Mit hochgezogener Augenbraue lese ich den aberwitzigen Titel: „Die 4-Stunden-Woche – Mehr Zeit, mehr Geld, mehr Leben" von Timothy Ferriss. „Das klingt nach einer dieser amerikanischen Marketing-Maschen", sage ich. „Aber was soll's, gib her!" Und zu meinem Staunen verschlinge ich das Buch geradezu. Es ist, als öffne sich mit jedem neuen Kapitel die Tür in eine bunte neue Welt. So trenne ich mich von der Idee, einem „ordentlichen" Job nachzugehen, nur, um mir irgendwann etwas Tolles davon leisten zu können. Es geht mir jetzt um Lifestyle-Design: Erschaffe Dir ein Leben, in dem Du die richtige Balance zwischen Arbeit und Spaß findest. Die spannenden Fragen lauten jetzt: Wie wäre es, wenn die Arbeit mir so viel Spaß machte, dass sie mir Energie gäbe, statt sie mir zu nehmen? Wenn mein Business mir die Freiheit gibt, mein Leben so zu leben, wie ich es mir wünsche?

Zu diesem Zeitpunkt beginne ich, zum allerersten Mal überhaupt, Ziele aufzuschreiben. Tim Ferriss nennt das Dreamlining: Wovon träumst Du? Was würde das wirklich kosten? In seinem Buch gibt er den Weg in die Freiheit Schritt für Schritt vor. Ich bin überrascht, wie erreichbar meine Ziele mir plötzlich erscheinen. Andere sind den Weg bereits gegangen – mit Erfolg.

Kündigen und ein eigenes Business aufbauen – warum sollte mir das nicht auch gelingen? Alles, was ich dazu bräuchte, wäre eine funktionierende Geschäftsidee, die mich begeistert …

Die zündende Idee habe ich recht schnell: Mein Herz schlägt fürs Krafttraining, fürs Laufen und dafür, andere zu motivieren, zu begeistern und mitzureißen. Warum nicht all das verbinden und daraus ein Internetbusiness machen, denke ich. An diesem Tag kaufe ich die Internetadresse „MarathonFitness.de". Der erste Schritt ist getan, der Neuanfang scheint zum Greifen nah. Doch es folgen zwei Jahre voller Zweifel. Viele versuchen, mich davon abzubringen, ich solle meinen gut bezahlten Job nicht aufs Spiel setzen und so einfach sei das alles nicht.

Dann erzählt mir eine Freundin vom NLP-fresh-up Podcast. So lerne ich Wiebke und Marc kennen, die mich in dem Glauben an meine Idee und die Fähigkeit, mein Leben neu zu gestalten, bestärken. Zunächst nur über ihren Podcast, den ich zu der Zeit täglich höre, später auch persönlich.

In den zwei Jahren, seit ich „Die Vier-Stunden-Woche" gelesen habe, „inhalierte" ich alles an Literatur und Kursen, was ich zum Aufbau eines Online-Unternehmens in die Finger bekam. Ich fühlte mich wie ein wandelnder Online-Unternehmensberater. Ein Berater, der zwar von der Praxis keine Ahnung hat, aber in jeder Situation einen schlauen Spruch auf den Lippen. Als diese Situation für mich unerträglich wird, kündige ich meinen bisherigen Job und nehme das Angebot meines Chefs an, in Teilzeit weiterzuarbeiten.

Ab jetzt teilt sich meine Welt in „alt" und „neu". Während ich Menschen nachmittags in meinem eigenen Unternehmen helfe, „nackt gut auszusehen", lebe ich vormittags meinen alten Arbeitsalltag weiter.

Bald stellen sich die ersten Erfolge meiner Selbstständigkeit ein. Einige Kollegen sehen das, sind begeistert und fördern mich auf meinem Weg. Einige folgen meinem Beispiel sogar, gehen auch in Teilzeit und wagen den Schritt in die Selbstständigkeit.

Ein Vorgesetzter sieht, wie ich mich verändere, und drängt mich aus seinem Team. Ein Glücksfall. Denn in meinem neuen Chef, der mich das letzte Jahr im Unternehmen begleitet, finde ich einen wichtigen Förderer und Mentor.

In meinem jungen Unternehmen warten viele Bewährungsproben, zum Beispiel die allerersten Klienten im Fitness Coaching oder auch Konkurrenten, die kein Interesse an meinem Erfolg haben. Es ist eine neue Welt, deren Regeln ich erst erlernen darf …

Ein Teil meines ersten Erfolgs beruht auf dem Schreiben in meinem Blog: MarathonFitness entwickelt sich zum größten deutschen Fitness-Blog mit damals 150.000 Lesern im Monat. Immer mehr Leser buchen mich auch als Online-Fitnesscoach. Ein Traum wurde Wirklichkeit in kürzester Zeit.

Irgendwann ist die Zeit reif, mich von meinem alten Beruf zu trennen, ich stehe am „Point of no Return". Also kündige ich. Dieses Mal endgültig.

Ich fühle mich befreit und denke, jetzt beginnt die Reise zu mir selbst.

Rückblickend habe ich die „einfachen" zwei Drittel des Weges hinter mir. Nun kommt das „anspruchsvolle" Drittel: Jetzt geht es darum, das mein Geschäft wirtschaftlich arbeitet, um mir das Leben meiner Träume zu ermöglichen.

Es gibt viele Momente, in denen ich staune: Zum Beispiel, als ich gefragt werde, ob ich ein Buch für einen renommierten Verlag schreiben möchte. Oder als meine Seite zum ersten Mal mehr als eine halbe Millionen Aufrufe im Monat hat. In solchen Momenten wächst das Selbstvertrauen.

Heute arbeitet mein Unternehmen wirtschaftlich. Ein großer Teil meines Traums ist Wirklichkeit geworden. Die Freiheit, die zeitlebens einen hohen Stellenwert für mich hatte, lebe ich heute jeden Tag und jede Minute. Und ich vergesse die Zeit, wenn ich mich mit dem beschäftige, was mich begeistert.

Einen Montagmorgen beginne ich heute voller Tatendrang und nicht mit dem Gedanken ans letzte oder nächste Wochenende. Tatsächlich haben Wochentage ihre alte Bedeutung verloren. Denn jeder Tag fühlt sich richtig gut an. Dafür danke ich allen, die mich auf meinem Weg unterstützt haben.

Zurück zu Spaß und Lebensfreude

Von Stephanie und Marco Bogendörfer

*M*arco: Als ich im Februar 2013 an den Starnberger See zur fresh-academy gefahren bin, hatte ich in vielerlei Hinsicht eine ganz andere Einstellung, Sichtweise und vor allem andere Glaubenssätze als heute. Ich war durch meine Zeit als Offizier sehr überzeugt davon, dass ich durch harte Arbeit, Fleiß und ein gewisses Maß an Leidensfähigkeit mein Leben meistern würde. Immer wieder hatte ich mir die Frage gestellt, warum ich Erfolge nicht wirklich genießen konnte und schöne Ereignisse zwar als erreicht, aber nicht als dauerhaft glücklich und zufrieden machend registriert habe. Und dabei gab es zahlreiche schöne Ereignisse, Momente und Geschenke in meinem und unserem Leben. Nur lag der Fokus meist woanders.

Während des Practitioners wurden einige Dinge und viele meiner Ansichten ziemlich auf den Kopf gestellt. Zunächst einmal habe ich angefangen, andere Fragen zu stellen, das „warum" hat deutlich an Bedeutung verloren. Vielmehr lernte ich, mir die Frage zu stellen, wie ich es mache, dass ich mich gut und immer besser fühle, glücklich werde und bleibe oder – was damals eher im Fokus lag – wie hatte ich es bisher gemacht, dass ich mich weniger gut fühlte. Weiter wurde mir klar, dass ich mich am Anfang eines Weges befand, bei dem es immer neue Möglichkeiten, Erklärungsmodelle und vor allem positive Glaubenssätze zu entdecken gab.

Und zu guter Letzt war mir deutlich klar, dass ich diesen Weg gemeinsam mit meiner geliebten Frau Stephanie, mit der ich zu diesem Zeitpunkt seit zehn Jahren verheiratet war, gehen wollte. Deshalb habe ich sie gleich auch angemeldet (was ich (Stephanie) natürlich gleich einmal abgelehnt habe).

Im Seminar habe ich sehr viele unglaublich tolle, nette, liebenswerte Menschen kennengelernt, zu denen ich heute noch Kontakt habe und die mir sehr ans Herz gewachsen sind (die sogenannten freshies)!

Deutlich durcheinander gewürfelt im Glaubenssystem, mit großem Appetit auf mehr und der Lust, mein Leben zu verändern, um immer öfter dieses Gefühl von Freiheit , Leichtigkeit und sehr, sehr viel Spaß im Leben zu haben, kam ich nach Hause.

Stephanie: Da kam er jetzt nach Hause, mein Mann, der auf einmal wieder lachte, Witze erzählte und mir esoterische Dinge vom Gesetz der Anziehung erklärte und einen Podcast vorspielte, in dem drei Menschen unglaublich viel lachten und irgendwelches Zeug über Wahrnehmung erzählten. Irgendwie erinnerte ich mich wieder an die Zeit zurück, in der wir uns kennengelernt hatten. Vor der Bundeswehr, vor drei Kindern und vor dem Erwachsenwerden. Zehn Jahre lang hatte ich versucht, mich wie eine Erwachsene zu verhalten und nicht mehr ganz so naiv über alle Dinge zu denken und zu sprechen und den Satz, den ich am häufigsten gehört hatte von vielen Seiten, war „Stephanie, du denkst Dir immer alles so einfach". Und jetzt kam er mit völlig neuen Gedanken und Worten nach Hause. Und er ärgerte sich nicht mehr über Dinge, die vorher kleine Dramen waren, da alles perfekt sein musste. Vielleicht sollte ich doch dahin und mir das mal ansehen, was ihn da so sehr verändert hatte?

Also fuhr auch ich nach Starnberg und überließ die drei Kinder meinem Mann, ohne schlechtes Gewissen. Was ich dort erfuhr, war für mich wie ein Nach-Hause-Kommen zu meinen alten Werten und Gedanken und immer wieder die Worte, dass alles in Ordnung ist, dass ich in Ordnung bin und dass ich mir alles erschaffen kann, was ich mir wünsche. Und das alles mit so viel Lachen und so wunderbaren Bildern und Lachern von so tollen Menschen, die ich in meinem Herzen mit nach Hause nehmen durfte.

Marco: Für mich war klar, ich wollte Veränderung, Veränderung in meinem Leben. Angereichert durch neue Ideen und Geschichten und auch neue Bücher, die ich gelesen habe, die von schönen Dingen und Leichtigkeit berichteten.

Und aufgrund meiner naturgemäßen Ungeduld und obwohl ich viel gelernt und gehört habe, suchte ich die Veränderung eher im Außen (Gut, das neue Auto war auf jeden Fall die richtige Entscheidung ;-)). Dies führte jedoch auch dazu, dass ich viele Entscheidungen, die ich bereits getroffen hatte, in Frage gestellt habe, wie zum Beispiel meine Berufswahl oder meine Rolle als Vater und Ehemann.

Neben einem kurzfristigen Gefühlsdurcheinander und einer kleinen Ehekrise entstanden daraus viele sehr intensive und wunderschöne Gespräche mit meiner Frau, die zu diesem Zeitpunkt auch schon den Practitioner gemacht hatte. Die dadurch gewonnene gemeinsame Sprache verband uns noch mehr. Meistens verbrachten wir die Abende mit langen Spaziergängen und Gesprächen über unsere tolle Zukunft und wir nutzten die Zeit, die wir gewonnen hatten, damit, dass wir den Fernseher in den Keller trugen. Nicht zuletzt lachten wir endlich wieder viel über uns und miteinander! Auch in Situationen, in denen wir früher nicht gelacht hätten. Die Kinder sind hocherfreut über unsere neuen Verhaltensweisen und finden uns mitunter „oberpeinlich".

Stephanie: Durch diese vielen Gespräche und neuen Denkweisen traute auch ich mich wieder mehr, meinen Fokus von unseren Kindern weg hin zu meinem Beruf als Sängerin zu verlegen und ich kam endlich wieder ins Handeln, was mich viel zufriedener machte. Und das ganz ohne schlechtes Gewissen, denn den Kindern geht es besser, wenn ich ausgeglichener bin. So knüpfte ich neue Verbindungen und ging mit Lust, Leichtigkeit und einem klaren Bild an meinem Vision Board an diese neue Zukunft und bekam dadurch auch endlich die Konzerte und die Schüler, die ich mir gewünscht hatte.

Der NLP-Master rundete für uns viele neue Erkenntnisse ab und verankerte noch einmal neue Glaubenssätze tief in unserem Glaubenssystem. Danach wurde für uns vieles ruhiger. Wir sahen alles noch entspannter, formulierten unsere Ziele und verstanden, dass die Veränderung in uns viel größer und viel bedeutender war als eine erzwungene Veränderung im Außen. Wir beschäftigten uns noch mehr mit Trancen, Entspannung und alternativen Heilmethoden, was früher niemals ein Thema gewesen wäre. Diese daraus entstandene Energie eröffnete für uns wieder ganz andere Wege.

Marco wurde ein neuer, besserer Job angeboten. Er wechselte die Arbeitsstelle und wir auch den Wohnort als fünfköpfige Familie. Der große Unterschied bei dieser Entscheidung war, dass wir sie aus dem Gefühl heraus getroffen haben und mit der Vorstellung, dass alles gut und noch besser wird. Was unser Umfeld nicht verstehen konnte, denn wir wohnten gerade erst seit einem Jahr in unserem von uns selbst gebauten Haus, waren erst vor zwei Jahren an den Bodensee gezogen, hatten uns also gerade erst eingelebt und unser großer Sohn stand kurz vor dem Übertritt ins Gymnasium.

Doch wir sprachen ausschließlich positiv mit den Kindern über den Umzug und schrieben alles auf, was wir uns für die Kinder wünschten. Dies machten wir auch im Bezug auf das Haus, das wir mieten wollten. Und ich muss sagen, dass wir genau das bekommen haben, was wir uns aufgeschrieben haben. Ich schrieb „Holzboden" und jetzt haben wir einen Holzboden im Wohnzimmer und im Esszimmer, jedoch nicht in den Kinderzimmern. ;-) Also es funktionierte alles, wir dürfen halt noch besser und genauer bestellen. Das Schöne ist, darüber zu lachen und dies mit einem Schmunzeln erzählen zu können.

Auch unseren Kindern hat die Veränderung unglaublich gut getan. Unser großer Sohn hat sofort sehr liebe Freunde gefunden, hat viel mehr Spaß in der Schule und schaffte den Übertritt mit Leichtigkeit. Auch unsere beiden jüngeren Söhne wurden liebevoll im Kindergarten aufgenommen.

Mein Wunsch, schnell wieder Arbeit an unserem neuen Wohnort München zu bekommen, ging schneller in Erfüllung, als ich es mir vorstellen konnte. Ich

Universum   © Rosita Classen

bin unglaublich stolz darauf, inzwischen selbst ein Teil des Podcast-Teams sein zu dürfen und mit den beiden wunderbaren Menschen Wiebke und Marc gemeinsam etwas so Tolles produzieren zu dürfen. Ein winzig kleiner Gedanke fiel mich einmal im Seminar von rechts hinten an ;-): „Es wäre so schön, so viel Spaß im Beruf haben zu können wie Wiebke und Marc" und jetzt komme ich schon ins Studio und habe ein Grinsen im Gesicht.

Heute, ein gutes halbes Jahr nach dem Umzug nach München, sind weitere Wünsche in Erfüllung gegangen. Marco besuchte den Kommunikationstrainer und ist seitdem neben seinem Beruf als erfolgreicher Trainer für Projektmanagement unterwegs. Über diese Trainings erzählt er mir am liebsten, dass er es so schön und witzig findet, für so viel Spaß und mit so viel Leichtigkeit Geld zu bekommen.

Und ganz bald wird mein neues Auto da sein, das ich nach dem Practitioner an mein Vision Board gehängt habe. Damals sah ich keine Möglichkeit, wie es in mein Leben kommen sollte. Doch ich sah mich immer wieder darin sitzen und jetzt wird auch dieser Traum schon bald Wirklichkeit.

Wir bedanken uns von Herzen bei allen Menschen und neuen Freunden (insbesondere bei K. und H., 33!) und ganz besonders bei Wiebke und Marc, die uns auf unserem Weg so sehr unterstützen.

Mein Traumjob

Von Gerald Kaufmann

Ich erinnere mich noch ganz genau, denn es war DIE Frage meines Lebens. Mein Vater wollte von mir wissen: „Gerald, womit möchtest Du eigentlich im Leben dein Geld verdienen?" Mein Vater machte sich wohl Gedanken um entsprechende Maßnahmen, damit ich mein Berufsziel erreichen kann. Ich war da 14 oder 15 Jahre alt und in der Realschule mehr schlecht als recht unterwegs. Ich antwortete: „Mechanische Technik wäre gut."

Ich reparierte damals mein Fahrrad gern selbst und hatte das Gefühl, dass mechanische Technik etwas sehr Unterhaltsames und Interessantes sei, das ich im Ansatz verstand und mir nach und nach Komplexeres ausdenken könnte; ähnlich wie Jahre zuvor mit Lego. Damals hatte ich oft und mit viel Freude mit Lego-Technik gespielt und damit stundenlang gebaut.

Das war aber nur ein Teil dessen, was mich beruflich reizte. Denn ich antwortete auch: „Und mich vor eine Gruppe stellen und etwas erklären oder erzählen." Ich war damals mit viel Freude im Judo-Verein und unser Trainer hatte mich einmal gefragt, ob ich ein Training für ihn übernehmen könnte. Das machte mir sehr viel Spaß und hat sich – na ja, ab dem zweiten Mal – gut angefühlt. „Oder die Kombination von beidem", sagte ich damals noch zu meinem Vater …

„Dann sind wir beim Berufsschullehrer", erinnere ich mich noch an seine Antwort. Und: „Da bist du kein Typ für", ergänzte er. Ich denke, da hatte er Recht. Wir kamen überein, dass ich vielleicht Maschinenbau studieren könnte. Dazu stand erst die Fachhochschulreife an, dann eine Ausbildung und schließlich das Maschinenbaustudium. So kam es dann auch – mit der tollen Unterstützung meiner Eltern. Insgesamt habe ich zehn Jahre in den einen Teil meines Berufswunsches investiert. Mit Erklären und Erzählen hatte das alles noch gar nichts zu tun. Den Spaß daran lebte ich weiter im Sportverein aus, wenn ich Trainings gab.

In meinem ersten Job nach dem Studium stand eines Tages für meine Kollegen und mich ein CAD-Training für eine neue Software an. Was ich da gelernt habe, hat mich begeistert. Ansichten in 3D entwickeln; alles war plötzlich in Farbe und klappte auf Knopfdruck. Phantastisch und extrem lehrreich. Ich war inzwischen 29 Jahre alt, also etwa doppelt so alt wie damals, als mein Vater mich nach meinem Berufswunsch fragte.

Und wie es aussah, kam eine neue Wendung mit einer neuen Frage in mein Leben: Ich hatte meine bisherige Stelle bereits gekündigt, weil ich mich weiterentwickeln wollte. Da rief einer der CAD-Trainer an, der uns geschult hatte, und stellte mir die Frage, ob ich sein Nachfolger werden möchte. Da musste ich nicht lange überlegen: Alles klar. Ich bewerbe mich! Na klar!

So konnte ich den Beruf meines Lebens starten: Vornestehen, wo ich immer hingewollt hatte. Und ich durfte über mechanische Technik sprechen, denn die Trainees, zu denen ich spreche, sind Konstrukteure und Entwickler für mechanische Bauteile. Ich erkläre ihnen das Werkzeug, mit dem sie im Anschluss arbeiten. So kann ich ihnen helfen, in ihrer eigenen Arbeit gut und besser zu werden. Das macht so viel Spaß.

Mit dieser Tätigkeit bin ich nun schon seit über zehn Jahren sogar selbstständig tätig. Das ist total spannend und abwechslungsreich. Ich habe dadurch große Freiheiten, bin viel, aber nicht zu viel unterwegs und wirtschafte dabei in die eigene Tasche.

Ich habe inzwischen seit 15 Jahren das gute Gefühl, den richtigen Beruf mit den richtigen Menschen in der richtigen Arbeitsatmosphäre zu haben. Und dieses Gefühl empfinde ich als enormen Reichtum in meinem Leben.

… und ich weiß schon ganz genau, welche Frage ich in rund acht Jahren dann meinem Sohn stellen werde.

Eine Schule, die das Gesetz der Anziehung lehrt

Von Silvia Primas

Mir wurde das Wissen von „The Secret", also vom Gesetz der Anziehung, in die Wiege gelegt. Ich habe danach gelebt. So war das Leben einfach und fließend. Ich habe immer gemacht, was mir Spaß machte. So habe ich mich aus dem Milieu – Vater Alkoholiker und alles, was dazu gehörte – entfernt, war aber stolz auf meine Herkunft: Schließlich hatte ich alles, was ich zum Leben brauchte, dort gelernt. Ich habe mir viele Träume erfüllt – beruflich, ich habe die Welt gesehen, fuhr meine Traumautos und habe in exklusiven Geschäften eingekauft. Doch dann veränderte eine schwere Krankheit plötzlich alles. Ich bekam Angst, alles zu verlieren, und verlor alles: Mein Sohn, und später meine Familie, wendeten sich von mir ab, und ich verlor meine Firma, den Wohlstand und vieles mehr. Ich war am Boden, das Leben erschien sinnlos.

Bis mir klar wurde, dass ich wieder nach dem Gesetz der Anziehung die Dinge zum Positiven wenden konnte. So fing ich wieder an, danach zu leben. Und es folgte eine wunderbare Entdeckung durch eine Reise mit einer Freundin: Wir fuhren nach Ägypten. Ich stieg in Hurghada aus dem Flugzeug und fühlte mich zu Hause. So, als wäre ich heimgekehrt. Das verwirrte mich erst, denn ich hatte mir das nicht herbeigewünscht. Und nur einen Tag später sollte ich auch noch meinen jetzigen Mann kennenlernen.

Ich hatte das Gefühl, dass hier „The Secret" schon gelebt wird. Die Menschen hier sind liebenswürdig, hilfsbereit und voller positiver Energie. Die Ägypter haben ein unglaubliches Leuchten in den Augen und sind voller Optimismus für die Zukunft. Ich habe mir vorgestellt, wie es sein könnte, wenn man die positiven Seiten Deutschlands mit den positiven Seiten Ägyptens verbinden würde. Wow – das wäre ein Land!

Durch die große Gastfreundschaft und den Impuls, stets alles zu teilen, was man hat, fühlte ich mich sehr warmherzig aufgenommen. Mich faszinierte auch der Familienzusammenhalt, der hier absolute Priorität hat. Hier wird niemand alleingelassen.

Deshalb wusste ich schon nach drei Wochen, dass ich in Ägypten ein neues Leben beginne: verliebt und als Secret-Botschafterin. Dazu hatte ich bestimmt tausendmal den Film „The Secret" geschaut und das Hörbuch gehört und lebte das Gesetz der Anziehung.

Die Antidepressiva, die mir der Arzt gegeben hatte mit der Information, ich müsse sie den Rest meines Lebens nehmen, setzte ich nach wenigen Wochen ab. Ich verlor meine Ängste und mein Leben war wieder positiv. Ich habe sehr viel gefeiert und Spaß gehabt. Und erschaffen: unter anderem Buchläden und einen Rocksender im Fernsehen.

Auch mein Körper blühte auf. Ich verlor 25 Kilogramm, meine Gewichtsprobleme gehörten der Vergangenheit an! Ich fühlte mich wie auf einer Engelswolke.

Gott hat mir die Erkenntnis gegeben, dass die Dankbarkeit das Verbindungsstück zwischen Judentum, Christentum und Islam ist. Darüber diskutiere ich täglich mit meinen ägyptischen Schülern. Denn es ist wichtig, dass wir gemeinsam den Dialog finden. Dass wir die Wunden endlich heilen.

Ich habe unendlich viel Energie zur Verfügung. Ich habe Menschen mit meinen Händen geheilt. Engel sind ständig um mich herum. Ich sende anderen Menschen Engel. Und hier gibt es Menschen, die das spüren, wenn sie einen Engel gesendet bekommen. Ägypten ist ein mystischer Ort.

Doch ich habe auch die Zeit der Revolutionen in Ägypten erlebt, den Sturz Mubaraks, die Herrschaft seiner Söhne, dann kam Mursi. Einmal musste ich miterleben, wie mein Mann verhaftet wurde. Die Ägypter verloren alles. Es herrschte das Chaos.

Doch „The Secret" geht um die Welt und kommt auch in Ägypten an. Und noch nie war Entwicklungshilfe so einfach und hat so viel Spaß gemacht: Wir dürfen einfach nur hier Urlaub machen und shoppen gehen. Schickt den Ägyptern ganz viel Liebe, Aufmerksamkeit und Wertschätzung.

Das Gesetz der Anziehung – die Menschen hier erinnern sich wieder daran. Ich habe das Gefühl und die Vision, dass es hier weitergehen kann. Ägypten war schon immer ein besonderes Land. Die Menschen hier dürfen wieder lernen, eine Vision zu haben, um ihr Land in eine bessere Zukunft zu führen.

Mein Wunsch ist es, hier eine Secret-Schule aufzubauen, für Kinder und Erwachsene. Es gibt 60 bis 80 Prozent Analphabeten in diesem Land. Und ich möchte den Menschen hier beibringen, ihre eigenen Wunschbücher zu schreiben. Die Berechtigung für diese Schule habe ich kürzlich von der ägyptischen Regierung erhalten. Ich möchte faire Arbeitsplätze speziell für Frauen schaffen. Damit sie sich ein Leben ohne Abhängigkeit aufbauen können.

Es ist an der Zeit, dass sich „The Secret" global manifestiert. Es ist an der Zeit, dass wir unser Wissen weitergeben. Es ist an der Zeit, dass wir die Welt erschaffen, die widerspiegelt, was wir sein wollen.

Smileys auf Reisen: Reisekoffer mit dem ganz besonderen Aufkleber

Von Stefania Rundshagen

Als ich letztes Jahr im November den Practitioner in der fresh-academy absolvierte, nahm ich mir eine Auswahl von den Aufklebern mit, die Wiebke und Marc uns freundlicherweise kostenlos zur Verfügung stellten.

Da ich immer wieder an die tolle Zeit und das Erlernte erinnert werden wollte (echt gute Gefühle!), versah ich alles, was ich täglich nutzte, wie Rechner, Schreibtischunterlage und natürlich alle meine Reisekoffer (Außendienst!), mit diesen Aufklebern.

Auf meinen kleinen Reisekoffer, der immer als Handgepäck dient, klebte ich den Smiley-Aufkleber mit der Frage: „Wie ist dein Leben in richtig?"

Zunächst sprachen mich meine Kollegen in der Firma an und fragten mich, was es mit dem Aufkleber auf sich hätte. Da ich zu dem Zeitpunkt nach zwölf Jahren meine Arbeitsstelle gekündigt und mich „für mein Leben in richtig" entschieden hatte, lag die Antwort auf der Hand.

Dann begannen mich die Mitarbeiter bei den Security-Kontrollen an deutschen Flughäfen auf diesen Aufkleber beziehungsweise auf die Frage anzusprechen. Sie fragten mich zum Beispiel, ob mein Leben schon „in richtig" sei, was ich mit einem breiten Lächeln bejahte. Das führte zu Nachfragen, wie das gelingen kann, und da ja immer nur kurz Zeit war, gab ich ganz kurze Empfehlungen, wie: „Malen Sie Ihr Leben doch in richtig oder schreiben Sie eine Geschichte über Ihr Leben in richtig. Erschaffen Sie eine Collage mit Ihrer ganzen Familie, das macht echt Spaß, und dann hängen Sie diese für alle gut sichtbar zu Hause auf."

Es wurden immer mehr auf all meinen Wegen im Taxi, Bus und in der Bahn, und manche fragten mich gar nach meiner Telefonnummer oder E-Mail-Adresse, um mir später zu berichten, ob es klappte.

Und kürzlich sprach mich am Athener Flughafen ein Herr von der Security an, ob dies mein Koffer sei. Nachdem ich bejaht hatte, fragte er neugierig, was der Aufkleber bedeuten würde. Daher übersetzte ich und erklärte kurz, was eine angeregte Konversation aller Mitarbeiter der Security auslöste, die begannen, sich gegenseitig „ihr Leben in richtig" zu schildern und dabei herzhaft lachten.

Dieser kleine Aufkleber auf meinem kleinen Koffer hat mir und anderen Menschen schon viele gute Gefühle beschert! Das ist einfach wunderbar. Und noch wunderbarer fände ich es, wenn möglichst viele Teilnehmer an Seminaren in der fresh-academy diese Aufkleber und die damit verbundenen Botschaften zu jeder Gelegenheit in die Welt tragen würden, und so dem einen oder anderen positive Denkanstöße gäben!

Bezaubern um 5 Uhr morgens

Von Per Vindeby

2009 begann eine wunderschöne Veränderung in meinem Leben: Während meines Practitioner-Seminars bei der fresh-academy wurde mir zum ersten Mal klar, dass mein Leben zufriedenstellend war, aber bis dahin wie auf Schienen verlief – mehr als 20 Jahre der gleiche Arbeitgeber und gefühlt die gleiche Beziehung. So bekam ich Lust, den Schienenzug durch ein Flugzeug zu ersetzen, das auch mal abheben kann, um schneller und leichter neue Ziele zu erreichen. Mit diesem Gefühl der neuen Freiheit habe ich die Selbstständigkeit entdeckt. Für viele heißt das ja „selbst und ständig arbeiten". Für mich bedeutet es „ständig ich selbst sein". Als freiheitsliebender Mensch ist das für mich nicht nur das Sahnehäubchen, sondern der ganze Kuchen.

Den nötigen Antrieb habe ich von meinem Arbeitgeber bekommen, als ich unerwarteterweise nach genau 25 Jahren Betriebszugehörigkeit einen Aufhebungsvertrag angeboten bekam. Ich nahm das Angebot an und wenige Monate später wusste ich, mit welcher Geschäftsidee ich mich selbstständig mache. Wenn ich heute auf die Ereignisse seit dem Practitioner zurückblicke, wird mir erst richtig klar, wie viel Marc und Wiebke dazu beigetragen haben.

Die Idee kam mir, als ich beim Einschlafen die Kreativitäts-Trance von Marc hörte. Kurz vor dem Ende der Trance wäre ich wunderbar eingeschlafen, hätte Marc mich nicht mit dem Aufwachteil der Meditation wieder ins Hier und Jetzt zurückgeholt. Für das Hören am Nachmittag eine wundervolle Sache, jedoch zum Einschlafen für mich nicht optimal. Ich fragte mich also, wie ich diesen Aufwachabschnitt genau dann abspielen könnte, wenn ich aufwachen wollte, also in der Früh. Zack, da war das kleine Pflänzchen der Geschäftsidee, und dann ging alles rasend schnell. Dass diese neue Idee sich am besten mit einer App realisieren ließe, war klar, also machte ich mich mit voller Energie daran herauszubekommen, wie Apps überhaupt entwickelt werden. Ich hatte seit 20 Jahren keine Software entwickelt, doch knapp zwei Monate später war der erste Prototyp der App fertig. Endlich kam ich in den vollen Genuss, die Meditationen so zu hören, wie es für mich am besten war: Ich konnte nun ganz einfach mit schönen Suggestionen entspannt einschlafen und ließ mich in der Früh mit positiven Affirmationen sanft wecken – ideal, um einen wunderbaren neuen Tag zu beginnen.

Ich war selbst von meiner App so begeistert, dass ich sie bald anderen Menschen zeigte. Auch die vielen wundervollen Freunde, die ich über die fresh-academy kennenlernen durfte, waren begeistert von meiner Idee. Diese gegenseitige positive Unterstützung in diesem Netzwerk ist für mich einmalig und ich bin dafür unendlich dankbar. Und als ich Marc bei einem seiner Seminare die App zeigen konnte, hat mir seine Begeisterung von der App gefühlt Flügel verliehen. Von da ab war ich im Flow und ich wusste mit absoluter Sicherheit, dass ich die App auf den Markt bringen werde, auch wenn klar war, dass dafür viel Zeit und auch Geld nötig sein würde.

Dank des Gesetzes der Anziehung ging dann alles ganz einfach und ich kann es selber fast noch nicht fassen. Innerhalb kürzester Zeit hatte ich den idealen Kompagnon gefunden, der ebenfalls Zeit und Geld einbringen konnte. Außerdem konnte ich das Bayrische Wirtschaftsministerium von der Innovationskraft der Idee überzeugen, so dass wir einen Innovationsgutschein bekamen. Das war schon mal ein sensationeller Anfang.

Ich dachte, jetzt fehlt uns nur noch ein Investor für das große Glück. Heute bin ich froh, dass keiner angebissen hat, denn das wäre wahrscheinlich auch das Ende der Selbstbestimmtheit gewesen. Also war jetzt Kreativität gefordert, um mit den vorhandenen Mitteln die komplette Lösung mit allem drum und dran zu realisieren. Und es ist ein tolles Gefühl, dies nach rund 15 Monaten erreicht zuhaben.

Hierbei hat für vor allem eines, was ich bei der fresh-academy gelernt habe, besonders geholfen: Das Ziel ganz groß machen! Ich tue das jeden Tag und das Ergebnis überrascht mich immer wieder.

So habe ich beispielsweise meinen Firmennamen erhalten. Als ich abends mit meiner App eine Meditation angehört hatte, bin ich um 5 Uhr in der Früh plötzlich aufwacht und habe meine Frau aufgeregt geweckt und sagte nur „iwile!" Meine Frau fragte mich im Halbschlaf, was das bedeuten soll. „Weiß ich auch nicht, aber so heißt meine Firma!", antwortete ich. Eine längere Recherche hat später ergeben, dass „to wile" ein altes englisches Wort für „bezaubern" ist. Und als großes I-Tüpfelchen war noch dazu die Internetadresse frei, so als ob sie auf mich gewartet hatte.

Genau so kam auch die Idee mit den iWile-Kissen. Im Bett mit Kopfhörern die Meditationen zu hören hatte mich schon länger gestört. Und wieder in der Früh um 5 Uhr kam mir die Idee, die Lautsprecher des Kopfhörers im Kissen zu integrieren. Diese Kissen haben wir extra produzieren lasse, und seitdem kann ich mit dem iWile Stereo Kopfkissen ganz bequem ohne lästige Kopfhörer die Meditationen im Bett hören – und unsere Kunden ebenfalls.

Ich habe einen Traum verwirklicht, den ich vor der fresh-academy nicht zu träumen gewagt hatte. Endlich habe ich mein eigenes Business, kann völlig frei entscheiden und meine Arbeit, die sich eher wie ein Hobby anfühlt, macht mit ihrer Vielseitigkeit wahnsinnig viel Spaß. Und ich habe Kontakt zu sehr vielen interessanten und spannenden Menschen aus den verschiedensten Branchen.

Meine Partnerschaft mit meiner liebevollen Frau Petra ist durch diese Veränderung in meinem Leben noch besser geworden. Als Selbstständige können wir jetzt noch mehr tolle Stunden miteinander verbringen, zum Beispiel gemeinsam auf der Terrasse frühstücken oder unter der Woche einfach das schöne Wetter am See genießen. Und da meine Frau eine tolle Emotions-Trainerin ist, haben wir auch beruflich viele gemeinsame und spannende Themen zu besprechen.

Ich bin immer noch erstaunt, wie aus der ursprünglich kleinen Idee der App ein neuartiges, umfangreiches Geschäft entstanden ist. Und jetzt, wo ich schon viele wichtige Ziele erreicht habe, gibt es eine Menge neue Ziele mit iWile. Diese

Ziele machen richtig Spaß und es ist zugleich ein gutes Gefühl zu wissen, dass wir, dank unserer Trainer, vielen Menschen etwas Gutes tun.

Damit kann ich jeden Tag in vollen Zügen genießen. So ist mein Leben in richtig!

Wenn Vision Boards wahr werden

Von Tanja Kohl

*M*ein erstes Seminar bei der fresh-academy, der Practitioner, erfüllt mich mit Dankbarkeit für die dort gemachten Erfahrungen und die Veränderungen in meinem Leben. Ich weiß jetzt wieder, wie sich mein Leben anfühlt, wenn es richtig toll ist und ich glücklich bin. Meine Gefühle sind mein Kompass durch mein Leben und dieser Kompass ist jetzt wieder voll im Einsatz.

Inzwischen habe ich ein zweites Seminar bei der fresh-academy besucht und mein Leben hat sich unglaublich positiv verändert. Ich habe endlich wieder gelernt, meine Träume zu verwirklichen und möchte das an einem Beispiel erzählen: Nach dem Master-Kurs fertigte ich zum ersten Mal in meinem Leben ein Vision Board an. Ich nahm eine Leinwand, malte sie in den buntesten Farben an und klebte meine Wünsche in Form von Zeitungsausschnitten auf oder zeichnete manchen Wunsch mit Filzstiften auf. Die Wünsche reichten von immateriellen Dingen, wie einem Partner, mit dem ich eine sehr liebevolle Beziehung führen werde, bis zu materiellen Wünschen, wie meinem absoluten Traumwagen (einem roten Audi TT Cabrio) und einem Traumhaus direkt am See mit einem eigenen Bootssteg. Der allergrößte Wunsch auf meinem Vision Bord war, einen Bestseller zu schreiben und ganz viele Menschen damit zu begeistern!

Als ich mein Vision Bord fertig gestellt hatte, stellte ich es so auf, dass ich es tagsüber immer im Blick hatte. Wenn ich abends ins Bett ging, schaute ich es mir noch einmal in Ruhe an und stellte mir vor, wie ich jeden einzelnen Wunsch bereits erreichte hatte. Ich schloss meine Augen und hatte sofort meinen roten Audi TT Cabrio vor mir. Ich betrachtete ihn eine ganze Weile und erfreute mich an jeder Einzelheit dieses wunderschönen Wagens. Ich betrachtete jede Rundung und öffnete dann die Tür und stieg ein. Ich fühlte den Ledersitz unter mir und das Lenkrad in meiner Hand. Dann startete ich den Motor und hörte diesen wunderbaren Klang des kraftvollen Motors und als ich dann aufs Gaspedal trat, spürte ich die Kraft und wurde leicht in den Sitz gedrückt. Unterdessen wurde bei dieser Vorstellung mein Grinsen immer breiter. Nun öffnete ich im Fahren noch das Verdeck und spürte den Wind in meinen Haaren und die Sonne in meinem Gesicht. So fuhr ich eine zeitlang und genoss es, diesen wunderschönen Wagen mit all meinen Sinnen zu spüren.

Dann war ich an meinem Ziel angekommen: Ich stand vor einem unglaublich schönen Haus, das direkt an einem bezaubernden See lag. Alleine der Anblick dieses Hauses führte dazu, dass ich von Glücksgefühlen durchflutet wurde und noch mehr strahlte als zuvor. Ich holte meinen Hausschlüssel raus an dem sich ein Anhänger befand, den ich schon lange besaß: Ich hatte mir nach dem Anfertigen meines Vision Boards einen Anhänger für mein neues Auto und für mein Haus gekauft und wusste, dass irgendwann die passenden Schlüssel dranhängen würden. Und nun war es geschehen und ich ging zur Haustür und öffnete sie. Ich betrat den Flur und hatte sofort den freien Blick auf die Fensterfront, die den gesamten Seeblick freigab.

Ich war überwältigt von diesem wunderschönen Ausblick und hielt einen Moment inne und genoss dieses Glücksgefühl. Ich stand wirklich in meinem absoluten Traumhaus und war immer wieder überwältigt von seiner Ausstrahlung. Ich ging weiter und schaute mir nun in Ruhe alle Räume meines Hauses an und verinnerlichte jedes Detail. Ich spürte das Wohlbehagen und die Ruhe, die mich durchströmte, wenn ich durch die einzelnen Räume schritt. Es erfüllte mich mit tiefer Zufriedenheit und Freude, dass ich in so einem schönen Haus wohnen darf und das jeden Tag zu schätzen weiß.

Als ich die vielen Details meines Hauses in mich aufgenommen hatte, betrat ich die Terrasse, um einen ungehinderten Blick auf den See zu haben. Ich roch die Seeluft und fühlte eine leichte Brise, die mir durchs Haar wehte. Ich genoss jede Sekunde! Dann verließ ich das Haus und kehrte zu meinem Traumwagen zurück, um mit diesem noch eine Runde um den See zu drehen. Diese Spritztour rundete den Besuch in meinem neuen Haus krönend ab. Als ich die Augen wieder aufmachte, hatte ich immer noch ein breites Lächeln auf den Lippen und ein starkes Glücksgefühl in mir.

Mein Vision Bord begleitete mich die nächsten Monate und in dieser Zeit genoss ich fast täglich meinen abendlichen Ausflug mit meinem Traumauto zu meinem Traumhaus. Nun sind seit der Erstellung meines Vision Bords dreizehn Monate vergangen und bis auf einen sind alle meine Wünsche von meinem

Vision Bord bereits erfüllt. Ich fahre nun meinen wunderschönen Sportwagen und habe vor zwei Wochen mein Traumhaus am See gekauft, in das ich mit meinem Traummann einziehen werde. Ich muss mich zwischendurch immer mal selbst zwicken, um zu glauben, dass nun alles Realität ist, was ich mir erträumt oder gewünscht habe.

Ich bin so dankbar dafür, dass ich endlich wieder verstanden habe, warum ich auf der Erde bin. Ich bin hier, um Spaß zu haben, um glücklich zu sein und um die Welt ein bisschen besser zu hinterlassen, als ich sie vorgefunden habe. Und wie kann ich dazu betragen? Indem ich meine Talente fördere, Spaß an meiner Arbeit habe und mein Leben mit Begeisterung lebe. Mein Umfeld habe ich mit meiner Begeisterung schon angesteckt und ich lache jeden Tag aus vollem Herzen. Das Leben ist wunderbar und ich bin sehr dankbar für meine Erfahrungen und für die Seminare, die mein Startpunkt zum Leben meiner Träume waren!

Mit Vollgas ins Glück

Von Saskia Winkler-Schöpf

Am ersten Tag meines Practitioners stand ich eine Stunde vor Kursbeginn im Stau. Zunächst war ich gut durchgekommen, doch Richtung München wurde der Verkehr immer dichter. Irgendwann ging nichts mehr. Resigniert blickte ich auf die Zeiger der Uhr, die unaufhaltsam vorrückten. Da saß ich auf der Autobahn, vor mir eine Woche Seminar, die eine Auszeit aus meinem Leben sein sollte. Ich hoffte auf ein paar gute Tipps, vielleicht ein bisschen Aufmunterung – und ich würde zu spät kommen.

Mein Aufbruch an diesem Morgen – in aller Eile, hin- und hergerissen zwischen Ungeduld und schlechtem Gewissen – war in pures Chaos gemündet. Schließlich hatte ich hektisch die Reisetasche ins Auto geworfen und war losgerauscht. Beim Einfädeln auf die Autobahn stieß ich einen Seufzer der Erleichterung aus.

Ich war damals getrennt, aber nicht geschieden. Die letzten sechs Jahre unserer Beziehung war mein Mann depressiv erkrankt und nicht gewillt, sich therapieren oder anders helfen zu lassen. Wir haben eine gemeinsame Tochter, hat-

Das große Universum   © Rosita Classen

ten ein wunderschön gelegenes Haus mit Seeblick und großem Garten, das ich auf alle Fälle halten wollte, Trennung hin oder her, damit meine Tochter ihr Zuhause behalten konnte.

Die emotionale Leistung, mich von einem kranken Menschen zu trennen, war größer als erwartet und ich fand keinen Weg, aus unseren finanziellen Verstrickungen herauszukommen. Während meiner Ehe war ich in einer Art Rollentausch zur Hauptverdienerin geworden. Ich bürgte für die Firma meines Mannes und auf das Haus, das ich allein abbezahlte, war eine Grundschuld eingetragen. Ich finanzierte seinen kompletten Lebensunterhalt, da zur damaligen Zeit seine Firma nicht genügend Geld für ein Gehalt abwarf. Ich selbst hatte zuvor seinen Plan unterstützt, überhaupt eine Firma zu gründen, in der Hoffnung, dass er mit dieser Aufgabe zufrieden mit sich selbst werden konnte.

Doch der Druck seiner Krankheit, die er einfach nicht therapieren ließ, lastete auf mir und wuchs. Ich merkte, wie meine körperlichen Kräfte nachließen. Selbst hatte ich ja bereits einen ausfüllenden Job, denn ich übernahm ein Familienunternehmen, und natürlich gab es auch noch unsere Tochter. Darüber hinaus musste ich irgendwie die Krankheit meines Exmannes abfedern. Ich spürte, wie seine Ängste immer mehr auch zu meinen wurden. Unsere Tochter bekam das natürlich alles mit. Als sie mir eines Tages unter Tränen verriet, dass sie ihr Ohr immer auf den Parkettboden legte, um zu lauschen, warum Mama und Papa wieder so stritten, beschloss ich, sofort die Trennung einzuleiten. Obwohl wir 18 Jahre zusammen gewesen waren, sah ich keinen Ausweg mehr. Ich erreichte, dass er auszog und ich mit unserer Tochter im Haus bleiben konnte. Er erhielt monatlich Geld von mir zum Lebensunterhalt. Das schlechte Gewissen, jemanden in dieser Lage zu verlassen, hielt mich fest im Griff und es plagte mich, wieso „ich es einfach nicht hinbekommen hatte". Ich warf mir vor, unsere kleine Familie zerstört zu haben – und die Tränen meiner Tochter über unser zerbrochenes Glück verschlimmerten dies.

Nun suchte ich einen Ausweg, denn mein Drang, endlich die Verantwortung abzugeben, stieg ins Unermessliche. Ich wollte einfach nichts mehr für ihn bezahlen müssen, und vor allem wollte ich endlich ein neues Leben haben und frei von Schuld und Streit sein. Ich wollte geschieden sein und das möglichst schuldenfrei. Mir fehlte es an Antworten auf unzählige Fragen und genau in dieser Situation erreichte mich eine Empfehlung zur fresh-academy.

Mein Leben bestand zu diesem Zeitpunkt aus einer Aneinanderreihung von Baustellen, genau wie die Autobahn, auf der ich mit Ziel Feldafing in einer Blechlawine feststeckte. Alles in meinem Leben war unruhig, aber es ging nichts voran. Das spiegelte sich auch in einer Persönlichkeit – und so jemand kommt eben zu spät am ersten Tag des Practitioners. Abgehetzt und genervt kam ich schließlich an und schaffte es gerade noch, an der Vorstellungsrunde teilzunehmen. Wir sollten als Verknüpfung zum Namenmerken unser Lieblingsauto nennen. Ich kenne mich nicht sonderlich gut mit Autos aus, meinen Wagen fuhr ich wegen seiner Zuverlässigkeit. So richtig gut gefallen hatte mir eigentlich immer nur ein Auto: der Porsche, am besten offen. Ich nahm mir also fest vor zu sagen: „Mein Name ist Saskia und mein Lieblingsauto ist ein Porsche 911 Cabrio". Die Regel lautete, dass jedes Auto nur einmal genannt werden durfte. Ich dachte noch, hoffentlich nimmt niemand dieses Auto! Und zack … weg war's! Jemand anders hatte seinen Namen mit meinem Porsche verknüpft. Nach kurzem Ärgern nannte ich eben gelangweilt einen Land Rover. Das fing ja gut an.

Die ersten Tage im Practitioner waren neu, ungewohnt und anstrengend – und gleichzeitig sog ich jede noch so kleine Information auf wie ein Schwamm. Ich kam an vielen Stellen zur Selbsterkenntnis und ich durfte viel über mich lernen, denn mir wurde mein Verhalten bei jeder sich bietenden Gelegenheit gespiegelt. Häufig legten sogar beide, Marc und Wiebke, den Finger gemeinsam in meine Wunde. Ich verstand das zunächst überhaupt nicht und reagierte auf meine altbekannten Art: Ich kämpfte, wie ich es mein Leben lang gewohnt war, doch beide Trainer verstanden es, gewissermaßen „liebevoll mit mir zu kämpfen".

Ich begann zu begreifen, was sie mir spiegelten. Auch verstand ich mehr und mehr, dass ich gegen die beiden gar nicht kämpfen musste. Ich hatte sie mir ja ausgesucht, damit sie mir helfen! Und das taten sie. Sie halfen mir wie noch niemand vor ihnen. Irgendwann während dieser ersten zehn Tage schenkte mir Wiebke die Lösung, für die ich ihr ewig dankbar sein werde: Sie schlug vor, das Haus zu verkaufen, das ich eigentlich für meine Tochter halten wollte. Sie rechnete mir vor, dass ich das Haus für einen Betrag verkaufen könne, mit dem ich alle Schulden meines Exmannes begleichen könnte. Ich erkannte, wie unsinnig meine finanziellen Ängste waren, und wagte einen Neuanfang.

Innerhalb weniger Wochen nach dem Besuch des Practitioners wurde mein sehnlichster Wunsch erfüllt: der nach einer friedvollen und schuldenfreien Scheidung. Ich wohne mit meiner Tochter in einer schönen Wohnung mit Garten und sie hat den Verkauf des ehemaligen Heims bedauert, aber schließlich gut aufgenommen.

Als die Scheidung vollzogen war, atmete ich erst einmal auf. Schnell fing ich an, mich in meinem neuen Leben zurechtzufinden. Was für ein Befreiungsschlag! Ich tat endlich die Dinge, die mir Spaß machten – und so ging ich schnurstracks in ein Porschezentrum, um mir nur für einen Tag mein Traumauto zu mieten. Ich hatte ja gelernt: „Fake it, until you make it!" Ich probierte also aus, ob der 911 Carrera auch wirklich die richtige Bestellung für mich ist. Es hätte ja sein können, dass ich mit meiner Größe von 1,83 Meter nicht hineinpasse! Es passte – einfach alles. In dem Moment, als ich das erste Mal Gas gab, versuchte meine Tochter einen Schluck aus ihrer Wasserflasche zu trinken und leerte das Wasser über ihren Pulli. Sie schaute mich begeistert an und sagte: „Geil, Mama, den nehmen wir!"

Ich erklärte ihr, dass wir uns das Auto zurzeit nicht leisten könnten und ich nur herausfinden wollte, ob meine Bestellung beim Universum auch das Richtige sei. Ich rechnete damit, mich vielleicht mit Mitte oder Ende 40 finanziell wieder soweit erholt zu haben, dass dieses Auto „drin" sein könnte.

Es verging kein Tag, an dem sich mein Leben nicht ein Stück änderte. So ließ ich auch die Beziehung los, in die ich mich kurz nach meiner Ehe gestürzt hatte. Sie brachte mir mehr Ärger als Harmonie und ich spürte, wie mein damaliger Partner versuchte, meine Weiterentwicklung aufzuhalten. Getrennte Wege ging ich auch mit einer Freundin, die mit meinem Fortkommen nicht zurechtkam.

Noch während dieses Beziehungswirrwarrs rief mich meine Bank an und verkündete, dass nun mein Geld freigeworden sei. Ich war total perplex: Meine Großeltern hatten vor knapp 30 Jahren einen Bausparvertrag für mich abgeschlossen, den ich total vergessen hatte. Auf einmal war wieder Geld da!

Das ist auch die Essenz meines wahr gewordenen Traums: Alles kommt zurück! Ich hatte in den letzten Jahren alles gegeben, auch in finanzieller Hinsicht. Neben der Rückzahlung aller Schulden meines Exmannes hatte ich sogar die Notar- und Anwaltskosten getragen. Selbst meinen Anteil am Geld aus dem Hausverkauf hatte ich meinem Exmann überlassen. Ich hatte mich entschlossen, gerne zu geben – gewissermaßen beglaubigt durch den Stempel des Notars. Es fühlte sich richtig an. Und nun, nachdem ich so lange nur gegeben hatte, kam finanzieller Segen zurück zu mir. Damit habe ich den Satz „Wer gibt, gewinnt" endgültig verstanden.

Seit jenem Tag, der mit Hektik und Stress begann und doch der Anfang eines Neustarts wurde, hat sich mein Leben auf atemberaubende Weise verändert. Durch die gütliche Einigung mit meinem Exmann konnte ich jede Verantwortung für ihn und für das Ende der Beziehung abgeben. Ich habe so viele neue Freunde durch die fresh-academy gewonnen und vor allem die Beziehung zu einer Person intensiviert, die mich seit über 22 Jahren begleitet: Meine beste Freundin ist heute die wichtigste Begleiterin im Leben.

Und das Universum meint es auch in anderer Hinsicht gut mit mir. Erfolg macht so viel Spaß – und kann ganz leicht gehen! Auch das ist eine Erkenntnis, von der ich immer wieder aufs Neue fasziniert bin. Inzwischen gebe ich meine

Begeisterung als Business-Coach und in meinem Blog weiter. Die Reaktionen bereichern mich und geben mir das, was ich gebe, tausendfach zurück.

Ich bin total gesund, selbst meine früher chronische Mandelentzündung ist ausgeheilt. Ich habe gelernt zu verzeihen – und ich weiß, was richtige Liebe ist. Ich stehe jeden Tag gerne auf und freue mich auf das, was kommt. Ich genieße mein Leben in jeder Minute und bin unendlich dankbar für alle Menschen, die mich auf diesen Weg gebracht haben und weiter begleiten. Ich habe Vertrauen in mich selbst und weiß, dass ich stets zum richtigen Zeitpunkt am richtigen Ort bin – wie 2012 im Practitioner der fresh-academy. Und inzwischen fahre ich sogar mein Traumauto, auch wenn es in der Vorstellungsrunde – eine erste Lektion in Flexibilität und Dranbleiben –, „schon weg" war. Dieses Auto, das ich mir doch eigentlich niemals hätte leisten können, ist wie ein Symbol für all den Reichtum in meinem Leben, den mir das Universum geschickt hat. Seitdem bin ich mit Vollgas zu meinen Zielen unterwegs. Ich weiß, dass ich ankomme, wenn ich es nur will: mit Vertrauen, Dankbarkeit und jeder Menge Spaß dabei!

Planet erkunden im Sabbatjahr

Von „Der-sein-Leben-Lebende"

Seit der Schulzeit bestand mein Leben weitgehend aus Pflichterfüllung. Ich plante vernünftig mit der Frage „Was ist der nächste, wichtige und richtige Schritt?". So kämpfte ich mich durch meine Schulzeit bis zum Abitur, absolvierte eine Lehre zum Bankkaufmann und schloss mein Studium zum Diplom-Kaufmann mit gutem Erfolg ab. Danach startete ich mein Berufsleben bei einer internationalen, großen Bank.

Kurz gesagt, ich hatte mir immer neue Ziele gesetzt und sie mit akribischer Strenge bis zum Ende verfolgt – und dabei das Wichtigste vernachlässigt: Spaß, Freude, professionelle Gelassenheit, Ruhe, Selbstvertrauen, Gesundheit, Zufriedenheit und vieles mehr. Und ich bemerkte nicht, wie mein Körper immer größere Erholungspausen benötigte, um die von mir gesetzten Ziele zu erreichen. Mit dem Start ins Berufsleben zeigte mir mein Körper deutlich, dass diese Art zu leben nicht passt, und in den folgenden vier Jahren fiel alles wie ein Kartenhaus zusammen.

In dieser Phase bekam ich den Tipp, mal mit Wiebke Kontakt aufzunehmen. So machte ich mich auf der Internetseite der fresh-academy etwas schlau, hörte in die Podcasts rein und rief sie an. Im Auto erhielt ich ihren Rückruf und wir hatten – in meiner damaligen Welt – ein Telefonat der anderen Art. Nachdem ich ihr kurz meine gesamte Situation geschildert hatte, stellte sie viele konstruktive Fragen. Zum Beispiel fragte sie, was denn in meinem Leben toll sei, was ich mit dem verdienten Geld denn anfangen wollte und was ich bereit wäre zu tun, um meine Situation zu ändern. Ich hatte so viel Kontrast erlebt, dass ich sofort antwortete: Alles! Daraufhin schlug sie mir eine Menge Dinge vor, die ich angehen sollte. Zum Beispiel, mit dem Jammern aufhören und ihr jeden Tag eine Mail schreiben, was an dem Tag schön war.

Nach diesem Telefonat war ich fasziniert und verwirrt. In den nächsten Monaten setzte ich ihre Vorschläge nach und nach um. Ich hörte mehrfach alle vorhandenen Podcasts und schrieb jeden Abend fleißig „Happy Mails".

Die Podcasts begeisterten mich. Mir gefiel die Kombination aus Alltagsthemen und Spaß. Den teils schnellen Wechsel zwischen fachlichem Inhalt und purer Lebensfreude fand ich bemerkenswert. In vielen Inhalten habe ich mich ganz persönlich wiedergefunden und fühlte mich immer wieder ermuntert, Situationen flexibel aus verschiedenen Standpunkten zu betrachten.

Nach einigen Monaten stand der Entschluss, dass ich den Practitioner besuchen möchte. Bei meinem Arbeitgeber erreichte ich, dass ich dieses Seminar auf Überstundenbasis besuchen durfte. Ohne dass ich im Detail wusste, was mich dort erwartet, fuhr ich nach Feldafing und hatte zwei wirklich wundervolle Wochen. Ich habe so viel gelacht, das Programm war echt spitze und die Seminarteilnehmer, so verschieden sie auch waren, waren einfach toll. Gerade diese Verschiedenheit der Teilnehmer, in Kombination mit der sprachlichen Implementierung von Marc und Wiebke, das Storytelling von Marc, die Sporteinlagen von Wiebke und vieles, vieles mehr, machten dieses Seminar in meiner Welt, zumindest in Deutschland, einzigartig. Vielen Dank, dass ich Euch alle kennenlernen durfte!

Zudem durfte ich lernen, dass selbst ein einfacher Tanz auf ein Kinderlied, einen riesen Spaß machen kann.

Nach dem Practitioner war ich für rund drei Wochen überdreht fröhlich. Meine Arbeitskollegen und Freunde haben sich bestimmt gefragt, was mit mir los war. Ich habe einfach alles nicht mehr so ernst genommen und viel mehr auf die Sprache meiner Kollegen, Vorgesetzten und auch von mir selbst geachtet – Stichwort „limitierende Glaubenssätze".

In ganz vielen Alltagssituationen kamen mir immer wieder die Begriffe aus dem Podcast und vom Practitioner in den Sinn: das Gesetz der Anziehung zum Beispiel oder die Frage „Wie gut geht es Dir heute?". Diese „Sprüche" haben mich immer wieder daran erinnert und ermuntert, Situationen aus einer neuen, flexibleren Warte zu sehen, stets verbunden mit den Fragen, wo das Schöne ist und was daran Spaß macht. Mit diesem neuen Blick auf die Dinge, entschied ich mich dazu, mir ein Jahr Auszeit zu gönnen – ein Sabbatjahr. Als meine Vorgesetzten merkten, dass mir das eine echte Herzensangelegenheit war, stimmten sie zu – dieser Traum wird für mich wahr!

Die Wunschtüte für dieses Jahr ist voll gefüllt. Ich halte es für eines der schönsten Dinge, diesen Planeten zu bereisen und viele neue Länder und Kulturen kennenzulernen. So reise ich dieses Jahr erstmals und gleich für acht Wochen nach Bali und Sri Lanka. Und auch die Reiseziele Australien und Neuseeland liegen „hoch im Kurs". Einen Segelschein zu machen und an den Küsten der Weltmeere das Abenteuer zu suchen, das kann ich mir auch sehr gut vorstellen. Endlich habe ich die Zeit, die ich so dringend benötige, um zur Ruhe zu kommen und mein neues Leben zu planen. Gleichzeitig behalte ich die Sicherheit meines Arbeitsplatzes bei meinem derzeitigen Arbeitgeber. Ich bin so froh und auch ein bisschen stolz, dass ich mich gegen alle Widrigkeiten durchgesetzt und den Mut aufgebracht habe, aus meiner Alltagssituation auszubrechen und einen neuen Weg einzuschlagen. Ich bin schon riesig gespannt, wie schön es weitergehen wird. Und ich kann nur jeden dazu ermutigen, seinen ganz persönlichen Traum zu verwirklichen. Das Leben ist zu kurz um zu bremsen! Go for it!

Wahrnehmung und Selbstvertrauen

Von Frank Sbresny

Seit meinem ersten Seminar in der fresh-academy haben Marc und Wiebke einen Prozess in Gang gebracht, der mich seitdem begleitet. Ich kann mich noch sehr gut erinnern, wie ich, Mitte 30, in der fresh-academy gesessen habe und voll auf Widerstand gegangen bin. Ich war der Überzeugung, alles zu wissen, erfolgreich zu sein und überhaupt hatte mir niemand was zu sagen. Ich hatte mich gut abgekapselt und konditioniert und doch hat sich ein wunderbarer Wandel vollzogen.

Nach zwei gescheiterten Beziehungen mit drei Kindern und mehreren Auszeichnungen als innovativer Unternehmer war ich körperlich und geistig gefangen, vielleicht auch am Ende. Mein Körper hatte mir ganz klar meine Grenzen aufgezeigt und von einem ehemals athletischen Typ war ich in wenigen Jahren zur Qualle mutiert.

Ich wollte mein Leben ändern. Durch mein damaliges Umfeld geprägt habe ich einige Seminare zur persönlichen und fachlichen Weiterentwicklung besucht und dadurch gehofft, meinen Weg aus der Krise zu finden. Zufällig bin ich dann im Internet auf die fresh-academy gestoßen und durch die ansprechende Homepage habe ich mich sofort angemeldet, ohne zu wissen, was mich erwartet. Diese Anmeldung hat mein Leben verändert wie noch nie etwas zuvor in meinem Leben. Es hat sich einfach alles verändert, und ich nenne hier nur die wichtigsten Veränderungen:

Meine Wahrnehmung: Früher habe ich gerne Nachrichten angesehen und drei unterschiedliche Zeitungen gelesen, um mir eine Meinung zu bilden und bei Gesprächen immer auf dem aktuellen Stand zu sein. Dabei hat es mir nichts ausgemacht, zu sehen, wie jemand zu Schaden kam. Schließlich war ich nicht betroffen beziehungsweise ich stand „ auf der richtigen Seite"… Heute schaue ich mir keine Nachrichten mehr an und habe aufgehört diese zu bewerten. Ich bin mir sehr bewusst, wie meine Wahrnehmung mein Leben beeinflusst. Durch die Impulse, Übungen und die geführten Meditationen von Marc und Wiebke ist meine Wahrnehmung viel besser geworden. Das hilft mir, mich zu entscheiden und Dinge zu tun, die gut und richtig für mich sind. Mein Umfeld hat sich dadurch sehr positiv verändert. Dafür bin ich sehr dankbar.

Meine Angst: Als Familienvater von drei Kindern, Unternehmer mit Angestellten und als Sohn meiner Eltern habe ich mich für alles verantwortlich gefühlt. So habe ich meine Rolle als Opfer ausgefüllt und völlig gegen meine Natur gelebt. Wiebke und Marc haben mir gezeigt, wie ich wieder Verantwortung für mein Leben übernehme. Heute habe ich mein Leben geordnet und Verantwortung zu 100 Prozent für mich und mein Leben übernommen. Das fühlt sich sehr gut an!

Mein Selbstvertrauen: Von außen betrachtet hatte ich schon immer ein gutes Selbstvertrauen und wusste, was mich ausmacht. Heute weiß ich, dass ich mich dabei maßlos überschätzt habe und mich immer wieder in Situationen gestürzt habe, in denen ich überfordert war. Deshalb schaue oder fühle ich jetzt stets hinein, was eine Frage oder ein Angebot mit mir macht. Wenn ich dabei kein gutes Gefühl habe, dann lehne ich dieses Angebot ab und weiß, es kommt etwas Besseres.

Mein Bild von der Welt ist ein anderes geworden und heute achte ich sehr darauf, mit welchen Menschen ich mich umgebe und vertraue mir wieder selbst, die richtigen Entscheidungen zu treffen.

Wohin haben mich die vielen Seminare bei der fresh-academy geführt? Sie haben aus mir wieder einen gefühlvollen Mann gemacht, der seine Werte lebt und sehr dankbar für alles in seinem Leben ist. Ich habe Ruhe und Gelassenheit bekommen und kann ohne Angst mein Leben in Freiheit genießen. Und ich habe mein Lachen wiedergewonnen. Vielen lieben Dank, Wiebke und Marc.

Raus in die Freiheit

Von Julia Niewöhner

Ich bin Diplom-Pädagogin, Baujahr 1982, und war bisher in keinem Arbeitsverhältnis glücklich, weshalb ich nirgends länger als zwei Jahre geblieben bin. Entweder ärgerte ich mich darüber, dass andere Kollegen den ganzen Tag aus dem Fenster guckten und trotzdem besser bezahlt wurden als ich. Oder ich verlor den Respekt vor meiner Führungskraft oder ich war von Intriganten umgeben. Kurzum: Ich fühlte mich fürchterlich und fehl am Platz. So fürchterlich, dass ich Magenprobleme bekam und regelmäßig krank wurde. Erkältungen, Magenschmerzen, sogar ein Bänderriss in der Hüfte ohne außergewöhnliche sportliche Aktivität – mein Körper sagte mir unmissverständlich, dass es so nicht weitergehen konnte. Selbst Wochenenden und Urlaube konnte ich nicht mehr richtig genießen, weil die Zeit bis zum Arbeitsbeginn einfach viel zu schnell vorbei war.

Im Frühjahr 2013 begann mein Mann dann, den Podcast der fresh-academy zu hören. Anfangs war ich skeptisch und sagte Dinge wie: „Man kann sich im Leben nicht einfach alles schön reden!" oder „Es ist doch nicht meine Schuld, dass ich mich über meinen Chef ärgere!". Doch dann hörte ich die Podcasts selbst von Anfang an und begann zu verstehen, dass ich die beruflichen Umstände nicht schlecht gelaunt hinnehmen musste, nur weil alle anderen das auch so machten.

Da ich beruflich gelangweilt und frustriert schon vor einer Weile mit einer Coaching-Ausbildung begonnen hatte, dachte ich mehr und mehr darüber nach, die gelernten Methoden einzusetzen und mich damit selbstständig zu machen.

Ein kontrastreiches Erlebnis am Arbeitsplatz markierte den Wendepunkt: Ich kam zurück von einer Praxis-Coaching-Woche, die voller gegenseitiger Wertschätzung und für mich sehr bereichernd war. Kaum zurück, wurde ich bei der Arbeit für etwas stark kritisiert und musste mich für etwas rechtfertigen, das mich eigentlich gar nicht betraf. Passenderweise gab es in dieser Zeit im Podcast Beispiele und Themen, die genau zu meiner Situation passten. Mit all diesen Eindrücken wuchs mein Wunsch nach Freiheit täglich.

Ich besprach mit meinem Mann meine Ideen und Ziele für die berufliche Entwicklung und er erstellte mir als ausgebildeter Mediator eine Kündigungsstrategie, mit der ich mich gut fühlen und keine „verbrannte Erde" hinterlassen würde. Und als ich mit gefühlter 95-prozentiger Überzeugung an einem Tag kündigen wollte, hörte ich im Auto auf dem Weg zur Arbeit Marc sagen, dass viel zu viele Menschen zugunsten einer trügerischen Sicherheit lieber unglücklich blieben. Genau das gab mir den letzten Kick.

Im Anschluss baute ich mir meine Selbstständigkeit als Coach auf. Das war eine anstrengende, aber lohnende Zeit mit viel Papierkram, kreativen Phasen für die Gestaltung der Homepage und die Namensfindung, Kostenplanung und vielem mehr. Und dann ging es los: In meinem eigenen Unternehmen biete ich nun Coachings und Seminare für Privatpersonen an, die ihre Lebensqualität durch ein stärkeres Selbstbewusstsein verbessern wollen. Ich kenne jahrelange Unsicherheit aus eigenem Erleben und kann nun umso besser andere dabei unterstützen, Vertrauen in sich selbst zurückzugewinnen.

Außerdem hat mich der Podcast auf den Geschmack gebracht, den NLP-Practitioner zu absolvieren, um mich noch mehr mit den Inhalten auseinanderzusetzen und sie beruflich nutzen zu können.

Ich bin heute viel glücklicher und freier und kann meinen Arbeitstag so gestalten, wie es mir gefällt. Ich mache beinahe täglich neue Dinge, lerne ständig dazu und wachse über mich hinaus. Ich erlebe häufig den Flow, der mich mit Spaß bis tief in die Nacht arbeiten lässt. Auch wenn sich der Weg noch etwas holprig anfühlt, so weiß ich doch, dass die Richtung stimmt und kann sagen, es lohnt sich, die Zügel des Lebens in die Hand zu nehmen und seine Zeit zu nutzen.

Visionsbild   © Rosita Classen

Das Leben ist toll!

Von Kerstin Wlotzka

*I*ch steckte lange in einem Beruf fest, der mir keinen Spaß mehr machte. Dann kam die schwere Herzoperation meines Mannes und ich rieb mich völlig auf zwischen meiner Arbeit und der Sorge um ihn. Als mein Mann sich erholt hatte, fragte ich mich, wie wir unser Leben besser, schöner und sinnvoller leben können. In dieser Phase lernte ich eine Frau kennen, die mir von der fresh-academy erzählte. Das war der Wendepunkt in meinem Leben. Ich begann den Podcast zu hören und war völlig begeistert. Ich besorgte mir sehr viel Lektüre zum Thema und las und lebte dabei richtig auf und wollte immer mehr Informationen.

Schnell wurde mir klar, dass ich etwas an meiner Arbeitssituation verändern wollte. Ein halbes Jahr später schaffte ich es, meine leitende Position aufzugeben und kürzer zu treten.

Leider zog mein Chef nicht mit und machte mir das Leben schwer. Als ich dann auch noch wegen einer kleinen Operation ausfallen sollte, wollte mein Chef mich in eine andere Filiale versetzen. Da wurde mir klar, dass ich diesen Job besser ganz aufgeben sollte. Mein Mann stand hinter mir und so gönnte ich mir eine Auszeit vom Beruf. Parallel plante mein Mann, nach seiner Herz-OP frühzeitig in Rente zu gehen. Wir schmiedeten Pläne, dann gemeinsam viel zu reisen. Doch leider erkrankte mein Mann kurz vor dem Start in die Rente an Krebs und ist zuletzt dieser Krankheit erlegen.

Durch diesen Schicksalsschlag wurde mir irgendwann noch bewusster, wie sehr ich das Leben liebe. Deshalb genieße ich heute jeden Tag und bin wieder glücklich und ein ganz anderer Mensch als früher. Ein Trance- und Entspannungswochenende in Feldafing hat mir dabei sehr gut getan. Ich trinke keinen Alkohol mehr, habe abgenommen und fühle mich richtig gut. Und ich erlebe, wie das Gesetz der Anziehung funktioniert und die Dinge mir zufallen. Die positiven Effekte sehe ich ständig im Alltag: Ich habe zum Beispiel keine Angst mehr vor dem Zahnarzt. Inzwischen habe ich einen neuen Job, der mir sehr viel Spaß macht, und ich merke, das war noch lange nicht alles, da geht noch was! Damit ich mich immer weiterentwickle, höre ich täglich Trancen, führe ein Dankbarkeitsbuch und habe ein gut gefülltes Vision Board, mit den Zielen, die ich schon klar vor mir sehe.

Da Leben ist einfach toll!

Es ist traumhaft

Von Petra

Es war Sommer 2012, ein Freund schrieb mir begeistert von seiner Entdeckung eines guten Podcasts. Das war mein Einstieg in die Welt von Wiebke Lüth und Marc Pletzer. Es gab schon über 150 der wöchentlichen Folgen, mehr als 40 Stunden! Ich begann bei Folge 1 und war fortan nur noch mit Ohrstöpseln unterwegs: bei der Gartenarbeit, beim Kochen, beim Radfahren, Spazierengehen und vielem mehr. Das, was ich da hörte, tat mir gut und war mir nicht wirklich fremd, aber ich merkte, dass ich manches zu weit aus meinem Alltag gedrängt hatte. Es war Zeit, die Dinge anzugehen.

Einen großen wahr gewordenen Traum kann ich nicht berichten. Mir fehlen konkret benennbare Ziele, die ich greifen könnte, vielleicht habe ich sie unbewusst. Und ich fühle, dass es mir oft reicht, von schönen Dingen zu träumen. Wenn ich auf mein bisheriges Leben schaue, dann erfüllt mich Dankbarkeit darüber, wie traumhaft mein Leben ist.

Als Kind träumte ich davon, wenn ich „groß" bin einmal sieben Kinder zu haben, mit ihnen in einem großen Haus mit bunten Türen zu leben. Dazu einen Bobtail als Haustier und einen Mann mit guten Nerven. Der Leitspruch, der mir dazu gefiel, lautete: „Lieber sieben Kinder und Brot, als ein Kind und 'ne Torte." Das war mein Wunsch als junger Mensch. Doch schon Reinhard Mey besingt die liebe gute Fee und dankt ihr, dass sie ihn nicht immer erhört hat.

So erging es mir auch. Ich erlebte eine herausfordernde und leidenschaftliche Studenten- und Berufszeit in einer Männerdomäne, in der ich mich sehr wohlgefühlt habe. Im Alter von 31 Jahren lernte ich meinen Mann kennen. Zwei und vier Jahre später kamen meine Tochter und mein Sohn zur Welt. Der Traum von den vielen Kindern hatte sich mit zwei Kindern bald erledigt und mir wurde klar, dass das „Bullerbü-Großfamilien-Leben" in diesem Leben noch nicht an der Reihe war. Diesmal habe ich zwei tolle Kinder und 'ne Torte. Und ich habe Zeit, Muße und Möglichkeit, die Torte zu teilen, mit wem, wann und wie ich möchte!

Traumhaft ist es, zu erleben, dass Träumen motivierend und unglaublich schön ist, auch wenn die Träume nicht wahr werden, weil neue Träume eine höhere Wertschätzung erhalten.

Ich bin dankbar, nach relativ wenigen Jahren „im Beruf" nun meinen Traumberuf als Hausfrau und Mutter zu leben, ohne einer mit Geld bezahlten Tätigkeit nachkommen zu müssen und ohne die Sehnsucht, jemals wieder „für Geld" arbeiten zu gehen. Ein Dank an dieser Stelle an meinen Mann und seinen tollen Arbeitgeber! Noch darf ich meine Kinder – fantastische Menschen, erst so klein und hilfesuchend, inzwischen (fast) groß – begleiten. Traumhaft, mein Leben als Mutter von zwei Kindern, denen ich unendlich dankbar bin, dass sie sich genau mich als Mutter ausgesucht haben!

Die Kinder werden selbstständiger, meine Zeit für mich wird mehr. Für die bevorstehende Zeit habe ich (noch) keine Träume, aber ich bin mir sicher, dass sie nicht langweilig wird. Ich bin bei mir!

Traumhaft ist es deshalb, weil ich mein Leben ohne Hypotheken aus meiner Kindheit oder Jugend leben darf. Und dass ich mich mag, wie ich bin!

Durch den wöchentlichen NLP-fresh-up Podcast und die anderen Medien der fresh-academy habe ich mein Bewusstsein gestärkt, habe verstanden, was Glaubenssätze und ihre Auswirkungen, das Gesetz der Anziehung und die fabelhaften NLP-Techniken wie das „Wegchunken" und „Reframen" sind. Ich merke, wenn man erstmal das Gesetz der Anziehung verinnerlicht hat, macht man sich im gewohnten Umfeld nicht unbedingt nur Freunde. Ich begegne Menschen, bei denen ich mir „auf die Zunge beiße", damit das Gespräch nicht allzu kompliziert wird. Ich lasse mir nicht mehr beim Small-Talk das Leid klagen, nachdem übers Wetter schon geschimpft wurde. Statt das zu verstärken, wage ich immer öfter, auf die positiven Aspekte hinzuweisen und erkläre, dass alles, was Aufmerksamkeit erfährt, groß wird. Aber damit kann man nicht immer „landen" und so macht es schon ein wenig arrogant, sich über anderer Leute „Probleme" nicht den Kopf zu zerbrechen.

Traumhaft an diesen Begegnungen ist, dass ich mich, statt aufgewühlt und angesteckt, danach gut und gelassen fühle und lächeln kann!

Bei Verbindungen, die mir am Herzen liegen, bin ich mitunter hartnäckiger. Ich „piekse" lange und immer wieder, verschicke gute Hörbücher (!), wenn mir die Worte ausgehen, und gebe die Hoffnung nicht auf, dass diese mir Nahestehenden ihr Leben bald bewusst verantworten und Spaß haben werden. Dabei möchte ich akzeptieren, dass jeder für sein Sein und Tun einen Grund hat. Aber solange ich diese Erkenntnis nicht sehe, „piekse" ich weiter.

Traumhaft ist, dass durch meine vielleicht nervende „Piekserei" meine Freundschaften nicht leiden, sondern immer mehr ankommt, was ich vermitteln möchte.

Mir ist klar, dass mein Wunsch nach weniger negativen Glaubenssätzen in meinem Umfeld nicht dem Kriterium standhält, dass etwas von mir selbst erreichbar sein soll. Aber Hilfe anzubieten tut mir gut. Vielleicht bin ich dafür hier! Ganz oft sind es wirklich Kleinigkeiten, die Freude bringen. Sei es der Postbote, der die Pakete für die gesamte Nachbarschaft hier abgeben darf. Ich genieße in solchen Momenten die glücklichen Gesichter und ihre Dankbarkeit. Ich liebe es auch, „anonym" zu helfen. Sei es der kleine Junge, der in seinem Briefkasten die ersehnten Fußballsticker-Sammelbilder findet, oder das Seniorenpaar, das am Sonntag neben der Zeitung ein Tütchen selbstgebrannte Mandeln oder ein kleines Osterpräsent vorfindet. Da reicht schon, sich die Gesichter vorzustellen … und meine Mundwinkel gehen nach oben!

Traumhaft ist das gute Gefühl, andere lächeln zu sehen!

Wenn ich mich vor der Entdeckung des NLP-fresh-up Podcasts und heute vergleiche, habe ich schon viel gelernt. Unsere Familiensituation war damals angespannt. Heute haben wir die Konflikte überwunden und alle einen inneren Wandel vollzogen, durch den wir nun gut zusammenleben können. Ich habe die Eigenverantwortung von jedem von uns besser verstanden und bin heute überzeugt, dass Kinder und Jugendliche ihren eigenen Ansprüchen genügen sollten und nicht denen ihrer Eltern. Da durfte ich lernen, loszulassen und zu erleben, dass die Kinder auf ihre Weise ihre Träume leben und erfolgreich sind.

Das gesamte Paket aus Podcast, Hörbüchern und Trancen hat mir zu so viel mehr Gelassenheit und Freude verholfen. Ich gebe meiner Aufmerksamkeit, die ich Dingen widme, mehr Bedeutung. Ich halte Abstand von negativen Meldungen, richte meinen Fokus dafür auf das Gute, das nicht immer sofort, aber mit etwas Anstrengung, überall zu finden ist. Es ist herausfordernd zu verstehen, dass jeder meiner gelebten Augenblicke von mir selbst erschaffen wurde, und ich verstehe das als ziemlich große Aufgabe, die aber mit der Zeit Spaß macht, und dafür sind wir schließlich hier.

Traumhaft an den Podcasts, Hörbüchern und Co. ist, dass meine Ansicht von Welt und Leben ein großes Stück Horizont dazugewonnen hat.

Nein, mein Leben ist kein langgehegter Traum. Ich kann auch gemein sein, habe meine Launen, bin mitunter mies drauf, und dann bestimmt auch keine Freude für meine Familie. Aber ich liebe mein Leben, bin gerne bei mir und genieße die schönen Momente, das Bewusstsein, die meiste Zeit anders sein zu können. Und das ist traumhaft. Immer wieder.

Ich wünsche mir für meine Familie, dass wir das „klassische Weltbild" noch mehr überwinden, in dem Zufall, Schicksal, Opfer und Täter und die Urteile „gut" und „schlecht" den Alltag bestimmen. Viel schöner ist es, wenn wir alle immer mehr nach dem Gesetz der Anziehung leben und uns dessen Wirkung bewusst sind.

Und ich wünsche Wiebke und Marc, dass sie weiterhin mit ihrem Leben die Welt bereichern und sage: Danke!

Veränderung ist schneller möglich als gedacht

Von Jörg Dommershausen

Ich erinnere mich noch genau an diesen November 2010: Nichts ging mehr, meine Familie schien verloren, meine berufliche Existenz löste sich auf und als ich mich auf diesem Parkplatz in Norddeutschland wiederfand..... STOPP!

Heute muss ich immer wieder daran denken und darüber lächeln, wenn ich genau an diesem Parkplatz vorbeifahre. Genau diese Stelle war es in meinem Leben die mich verändert hat. Genau zu dem Zeitpunkt, in dem scheinbar nichts mehr ging, ploppte diese Frage auf: „Wie findest du eine Lösung, um da rauszukommen?"

Was war geschehen? Mein altes Leben hatte sich wenige Jahre vorher durch eine Erkrankung radikal verändert.

Gerade da, wo ich so viel investiert hatte, nämlich in meinem Beruf, bekam ich Feedback, das ich mir vorher nicht hätte träumen lassen und nicht gewünscht hatte. Therapien und Rehabilitation haben mir dabei nicht geholfen, ein neues Leben zu führen. Übrigens etwas, was ich sehr oft auch bei den Verkehrsunfallopfern erlebe, die ich heute begleiten darf.

Ab dem Tag auf jenem Parkplatz habe ich nach Möglichkeiten Ausschau gehalten, wie ich mein Leben verbessern kann. Das, was sich in Therapien und Rehabilitation lernte, war, dass ich meine Umwelt wie Familie, Freunde, Kolleginnen und Kollegen ändern muss, um ein besseres Leben führen zu können. Das hat allerdings in eine Sackgasse geführt. Dazu kamen dann noch einige Glaubenssätze wie: „Du bist nur gut, wenn …". Noch während ich diese Zeilen schreibe, muss sich innerlich lächeln. Die Frage „Wie findest du eine Lösung für …?" stelle ich mir nicht nur selber sehr oft, sondern auch vielen meiner Klientinnen und Klienten.

Das Finden einer Lösung war ganz einfach und naheliegend: Bereits in meiner ehemaligen beruflichen Laufbahn hatte ich mich mit unterschiedlichen alternativen Coaching-Ansätzen auseinandergesetzt. Jetzt ging es für mich darum, mich selbst zu coachen und neue Strategien zu finden. Erstaunlich ist, was Internetsuchmaschinen alles zum Vorschein bringen, wenn man nur die richtigen

Fragen stellt! Übrigens nicht nur da finden sich neue Lösungen. Ich fand nicht nur viele Bücher, nach denen ich zuerst schaute, und Blogs, sondern auch einen Hinweis auf den NLP-fresh-up Podcast.

Bis dahin wusste ich nicht einmal, was ein Podcast ist. Also beschäftigte ich mich genau mit diesem Podcast und hörte ihn jede Woche. Das Erstaunliche war, dass ich von meiner Frau das Feedback erhielt, dass sich was geändert hat an mir. Ich brachte dies mit diesem Podcast in Verbindung und beschäftigte mich dann mit einem Seminar in der fresh-academy.

Ich habe mir viele Anbieter hier in Norddeutschland angesehen, da eine Ausbildung am Starnberger See für mich damals nicht erreichbar erschien. Dieses Feedback erhielt ich auch insbesondere von meinen ehemaligen Arbeitgeber.

Es ist schon interessant, was dann so ein Seminar am Starnberger See mit einem machen kann! Ich kam lustig und gut gelaunt wieder nach Hause und meine Familie hatte einige Umstellungsprobleme mit mir. Das, was vorher nicht klappte, ging mir jetzt einfach von der Hand. Nur ein Teil meines beruflichen Umfeldes kam mit mir jetzt offensichtlich überhaupt nicht mehr klar.

Nach dem ersten Seminar in der fresh-academy saß ich, und daran kann ich mich auch nur noch mit einem breiten Grinsen erinnern, vor diesem Computer bei meinem ehemaligen Arbeitgeber und stellte mir wieder eine Frage: „Was machst du hier eigentlich?"

Da kam dann das nächste Seminar in der fresh-academy wenige Wochen später sozusagen wie gerufen. In diesem Seminar ging es nämlich ausschließlich um meine eigenen persönlichen Ziele! Seit diesem Seminar haben mich das Erreichen meiner Ziele und der Weg dahin begeistert!

Auffrischung erhielt ich jede Woche durch den NLP-fresh-up Podcast und durch viele lustige und nette Menschen, die ich kennenlernte. Meine Firma reha-management-Oldenburg hatte auf einmal nicht nur einen Namen, sondern auch ein Gesicht, was mir dann von meinem ehemaligen Arbeitgeber sogar vorgeworfen wurde. Wie schön es doch ist, solch ein Feedback zu erhalten! Früher wäre ich daran verzweifelt, es jemanden nicht recht gemacht zu haben.

Wo wir gerade beim Feedback sind: Die Stimmung in meiner Familie änderte sich von Woche zu Woche, heute würde ich sogar behaupten in dramatischer Weise. In dem ich voranging (you go first), wurden wir endlich zu einer richtig fröhlichen Familie. Das ist für mich das Wichtigste, was die Seminare am Starnberger See mit sich gebracht haben. Heute wird in unserer Familie viel geredet und viel gelacht nicht mehr geschwiegen und … Es vergeht kein Tag, an dem wir nicht von uns hören oder lesen und uns positive Dinge mitteilen, sogar in den 13 Monaten, in denen eine meiner Töchter in der Nähe von Boston gelebt hat.

rehamanagement-Oldenburg formt sich mehr und mehr und mein Mitstreiter Ralf im zweiten Seminar in der fresh-academy hatte vollkommen recht: Er hatte mich darauf hingewiesen, dass ich mich entscheiden darf, wo ich meinen Schwerpunkt setze.

Die Wahl ist mir nicht schwergefallen, da die Umstände bei meinem ehemaligen Arbeitgeber sich verschlechterten. So war es leicht und einfach, ab November 2012 die komplette Selbstständigkeit zu planen. Noch heute erinnere ich mich an die Gespräche mit einem Rechtsanwalt und einem Steuerberater, die den endgültigen Entschluss untermauerten, das rehamanagement-Oldenburg eine gute Zukunft hat.

Mit diesem Ergebnis vom März 2013 durfte ich dann wieder an den Starnberger See fahren in der Gewissheit, dass meine Ausbildung zum NLP-Coach mich wieder ein Stück meinem Ziel näherbringen würde. Nach diesem Seminar im April 2013 war die Kündigung bereits beschlossen und vorformuliert. Lustig war, dass mein ehemaliger Arbeitgeber sehr viel Aufwand betrieb, mir das Leben noch mal etwas schwerzumachen. Aber zum Glück ist das längst vorbei!

Silvester 2013 durfte ich dann endlich mit meiner Frau in Bremen an der Weser in einem tollen Hotel mit Tanz und Feuerwerk meine glückliche Familie und mein neues Leben als Reha-Manager und Reha-Coach begrüßen und feiern.

Heute lebe ich jeden Tag das Leben meiner Träume. Jeden Morgen wache ich auf und freue mich auf die Dinge, die ich für meine Familie und eigene Firma machen kann. Endlich darf ich meine Kreativität ausleben. Mit dem „Auf geht's – der Reha-Podcast!" darf ich Verkehrsunfallopfer, deren Angehörige, Rechtsanwälte und Versicherungen voranbringen.

Ach ja, da war ja noch was mit meiner eigenen Gesundheit … Dieses Thema hat sich so nebenbei auch noch erledigt. Leben ist herrlich!